ББК 66.1(0)
Р 12

*Исключительное право публикации книги А. Рара «Владимир Путин. „Немец"
в Кремле» на русском языке принадлежит издательству «ОЛМА-ПРЕСС».
Выпуск произведения или части его без разрешения издательства считается
противоправным и преследуется по закону.*

Рар А.

Р12   Владимир Путин. «Немец» в Кремле / Пер. с нем.
И. Розанова. — М.: ОЛМА-ПРЕСС, 2002. — 320 с.:
ил.

ISBN 5-224-02143-X

Эта книга посвящена, может быть, самому загадочному хозяину
Кремля, так стремительно и непостижимо вышедшему на большую
сцену российской политики. Кем же является Владимир Путин на самом деле — «темной лошадкой» или человеком, способным вывести
Россию из кризиса? Автор прослеживает весь непростой жизненный
путь нынешнего президента, попутно сообщая очень интересные подробности политической жизни СССР — России, Европы и США. Ге-
рои этой книги, кроме Путина, — агенты КГБ, ФСБ, «Штази», демократы, коммунисты, олигархи, исполняющие свои роли в пьесе под
названием «большая политика».

ББК 66.1(0)

ISBN 5-224-02143-X

АЛЕКСАНДР РАР

Владимир
ПУТИН

«Немец» в Кремле

Устатаноz в Кремле

Москва
«ОЛМА-ПРЕСС»
2002

ЧАСТЬ I

Три лица

Чуть приподняв завесу тайны

9 августа 1999 года Борис Ельцин назначил новым российским премьер-министром совершенно неизвестного широкой общественности Владимира Путина. Но этим дело не ограничилось. Дальше последовало сенсационное заявление, поразившее мировую общественность: именно сорокашестилетнего Путина президент хотел бы видеть своим преемником. Неужели почти никому не известный человек за одиннадцать месяцев, оставшихся до президентских выборов, сумеет набрать необходимое количество голосов? Может быть, Ельцин сошел с ума? А может быть, у него просто сдали нервы?

В начале августа 1999 года Россия воевала с чеченскими сепаратистами, которые не только вторглись на территорию Дагестана — субъекта Российской Федерации, являющегося неотъемлемой частью ее Северо-Кавказского региона, но и объявили Москве джихад (священную войну). России ничего не оставалось, как выбрать один из двух вариантов: или уйти с Северного Кавказа, то есть фактически признать победу исламских мятежников, или использовать против чеченских боевиков военную силу. Любая попытка политического решения данной проблемы была обречена на провал. Поэтому Путин отдал приказ перейти в контрнаступление и тем самым начал вторую чеченскую войну. Российской армии потребовалось более полугода, чтобы установить контроль над территорией мятежной Чечни; при этом наша сторона понесла большие потери. Но Путин как человек, взявший на себя ответственность за развязывание военных действий, как своего рода «бог войны», снискал огромную популярность. Одержанная вооруженными силами победа вознесла Путина на вершину политической пирамиды. Иными словами, она обеспечила ему первое место в кремлевской иерархии. В автобиографии, изданной накануне президентских выборов, Путин всячески отстаивал свой взгляд на чеченский вопрос. Он утверждал, что спас Россию от распада.

Но, хотя полномасштабные военные действия закончились, долгожданный мир так и не наступил и, видимо, не скоро наступит. Напротив, именно во время войны стала особенно актуальной проблема «балканизации» Каспийского региона, который постоянно чреват военными конфликтами.

Санкт-Петербург, конец марта 1994 года

В холодный мартовский день 1994 года кортеж автомобилей с номерами санкт-петербургской мэрии точно в условленное время подъехал к особняку для почетных гостей. Высокопоставленные пассажиры вышли из черных лимузинов и быстрыми шагами направились к зданию, которое тут же окружили сотрудники охраны мэрии. Внутри уже толпились журналисты. В этот промозглый уик-энд здесь была намечена весьма необычная встреча. Впервые после распада Советского Союза в бывшей столице Российской империи должен был пройти учрежденный Фондом Кербера знаменитый Бергедорфский форум.

Журналисты тщательно изучали список приглашенных. Ведь именно для участия в заседании Бергедорфского форума сюда прибыл министр обороны ФРГ Фолькер Руэ в сопровождении своего начальника Управления стратегического планирования вице-адмирала Ульриха Вайсера. Для обсуждения проблемы наметившегося расширения НАТО на Восток из Москвы приехал политолог Андрей Кокошин, занимавший тогда должность заместителя министра обороны. Из лимузинов вышли также и другие известные политические деятели, дипломаты, журналисты, ученые. В особняке они в алфавитном порядке разместились вокруг круглого стола. В ближайшие два дня планировалось широкое обсуждение животрепещущих вопросов, связанных с проводимыми в России реформами. Телеоператорам по традиции позволили заснять открытие 101-й сессии Бергедорфского форума, а затем проводивший заседание статс-секретарь администрации федерального канцлера и президент немецко-российского форума Андреас Мейер-Ландгут вежливо попросил журналистов удалиться.

Краткую вступительную речь произнес, естественно, «хозяин дома». Мэр Санкт-Петербурга и демократ первого призыва Анатолий Собчак явно гордился тем, что смог собрать в одном из подведомственных ему зданий такое количество высокопоставленных особ. Но если он надеялся, что представители Германии, США, Франции, Англии, Польши и Эстонии будут безудержно хвалить Россию, то его ждало горькое разочарование. Тон участников сессии становился все более жестким. Если российские политики говорили о значительных успехах и четко обозначившейся прогрессивной тенденции, то представители западных держав предостерегали от возврата к прошлому. Полгода назад по приказу президента России Ельцина был разогнан, а затем расстрелян парламент. В избранном через три месяца новом высшем законодательном органе две трети мест получили партия ультранационалиста Владимира Жириновского и коммунисты. «О какой демократии вообще может идти речь?» — спрашивали критически настроенные немцы.

После обеда неожиданно взял слово человек, который до этого внимательно наблюдал за отдельными участниками дискуссии и тщательно фиксировал их выступления, но сам предпочитал оставаться в тени. Лишь немногие западные эксперты знали заместителя мэра Санкт-Петербурга. Именно в таком качестве он и значился в списке приглашенных лиц. Когда на такого рода заседаниях слово берут неизвестные личности, остальные участники дискуссии обычно позволяют себе немного расслабиться. Они выходят, шепчутся с соседями или набрасывают тезисы будущего выступления. Однако резкий, почти агрессивный тон Владимира Путина заставил всех насторожиться.

Путин осудил позицию корреспондента журнала «Цайт» в Москве Кристиана Шмидта-Хойера, считавшего, что после распада Советского Союза новое руководство России во главе с Ельциным не знает, какой должна быть новая внешняя политика страны. Дескать, в своем стремлении сместить Михаила Горбачева с поста президента распадающегося Советского Союза Кремль руководствовался исключительно прагматическими соображениями и совершенно не заботился о внешней политике. «Я считаю это мнение абсолютно неверным, — говорил Путин. — Политика ЦК КПСС во главе с Горбачевым преследовала совершенно иные цели, а именно сохранение Коммунистической партии и СССР». Однако Горбачев показал себя бездарным политиком, и это в конце концов привело к полному краху.

Затем Путин без вводных слов перешел к главной теме своего выступления — будущему Сообщества независимых государств (СНГ) и положению двадцатипятимиллионного русскоязычного меньшинства, после распада СССР внезапно оказавшегося на территориях других стран.

По словам Путина, этих русских ни в коем случае нельзя считать оккупантами, они — такие же жертвы коммунистического режима, как и другие народы бывшего Советского Союза. Эти люди частично жили теперь на территориях, которые исторически принадлежали России, как, например, Крым или Северный Казахстан. Ради сохранения всеобщего мира Россия отказалась от них.

Русские в новых независимых государствах, подчеркнул Путин, не должны подвергаться никакой дискриминации. Им следует предоставлять двойное гражданство. Он добавил, что «мировое сообщество ради сохранения всеобщего мира также должно уважать интересы Российского государства и русского народа, являющегося, несмотря ни на что, «великой нацией».

Тон Путина невольно заставил содрогнуться представителей западных держав. Заместитель мэра затронул проблему, которая крайне актуальна и для наших дней. Гибель империи была крайне болезненной. На Западе об этом хорошо знают и потому стараются не касаться данной темы во избежание конфронтации. Речь нынешнего президента также вызвала бурную реакцию. Профессор политологии из

Бремена Вольфганг Эйхведе предупредил, что появление российского варианта доктрины Монро применительно к территории бывшего Советского Союза чревато тяжкими последствиями. Историк из Англии Бартон Аш прямо спросил Путина, как в таком случае быть с британской трактовкой понятия «национальность». «Все англоязычные люди? Но тогда получится государство больше, чем Китай». По мнению другого немецкого представителя Вильгельма Хойнка, все население бывшего Советского Союза представляло собой «русскоязычное меньшинство» — таким образом, Путин слишком узко трактовал понятие «русская нация». Советник министра обороны Эстонии вообще атаковал Путина со всех сторон. Оказывается, русскоязычные жители стран Балтии сами не знают, чего хотят, а российская пропаганда только вводит их в заблуждение, не позволяя четко сориентироваться и разобраться в своих требованиях.

Однако заместитель министра обороны России и будущий секретарь Совета безопасности Кокошин попытался, напротив, поддержать Путина. По его словам, Путин был совершенно прав, когда говорил, что Россия еще не утвердилась в своих нынешних границах. Западу, продолжал Кокошин, следовало бы более объективно освещать эти процессы. Ведь Россия действительно добровольно отказалась от многих территорий, не получив взамен никакой компенсации. Поэтому маятник общественного мнения может качнуться в другую сторону, но это отнюдь не следует воспринимать как возрождение великодержавной идеи.

Затронув весьма болезненную тему, Путин невольно задал тон дискуссии. Представители Запада наконец поняли, кто их главный оппонент. Правда, в дальнейшем они разделились на сторонников и противников его позиции. Дебаты стали принимать все более острый характер. Неожиданно один из немецких участников дискуссии поддержал Путина. Председатель комитета по внешней политике бундестага Карл-Гейнц Хорнхус обвинил западные державы в том, что они, во-первых, всячески препятствуют четкому определению понятия «ближнее зарубежье», а во-вторых, не готовы внести свой вклад в установление прочного мира на Кавказе. Что же касается конкретно Германии, она не вправе, с одной стороны, отстаивать интересы российских немцев, а с другой — игнорировать беспокойство России по поводу положения внезапно потерявших родину миллионов русских людей.

Наиболее резкие критические высказывания в адрес Путина прозвучали со стороны некоторых его коллег. Так, советник Ельцина по национальным вопросам Эмиль Паин призвал Путина воздержаться от каких-либо попыток «защитить русских, оказавшихся за пределами России, ибо тем самым он лишь создаст почву для новых конфликтов внутри СНГ и сильно ухудшит положение своих подопечных. Профессор из Санкт-Петербурга Ватаньяр Ягья удивленно покачал головой: какие территории Москва, по мнению Путина, добровольно уступила новым независимым государствам? Крым был завоеван Россией только в конце XVIII века. Северный Казахстан также в свое время был аннексирован царями. Такими высказываниями, Ягья произнес эти слова, глядя в глаза сидевшего напротив Путина, он провоцирует появление имперских настроений, которые, в свою очередь, делают возможным великодержавную политику.

Внутри российской делегации назревал серьезный конфликт. Многие выразили несогласие с точкой зрения Путина. Андрей Загорский, например, заявил, что подавляющее большинство русских по горло сыто империалистической политикой прошлых лет и что крайне националистические взгляды присущи исключительно «политически активному меньшинству».

Краткая речь Путина даже на следующий день продолжала волновать некоторых участников Бергедорфского форума. Руководитель Центра по изучению российских реформ при Санкт-Петербургском университете Ингеборг Фляйшхауэр — одна из немногих женщин, присутствовавших тогда на совещании, — не скрывала, что очень озабочена заявлением Путина о возможных территориальных претензиях России. Госпожа Фляйшхауэр охарактеризовала его как порожденный азиатской традицией архетип, согласно которому территории, политые русской или славянской кровью, должны принадлежать славянам. У Путина именно такой менталитет.

После Бергедорфского форума прошло шесть лет. За это время было много конференций с аналогичными темами для дискуссий. Но за несколько дней до той встречи в Санкт-Петербурге Путин принял участие в проходившем в Гамбурге совещании глав государств — членов Европейского союза. На нем президент Эстонии Леннарт Мери в своей речи неоднократно называл русских оккупантами. В конце концов Путин встал и, не дождавшись конца его выступления, демонстративно покинул зал, громко хлопнув дверью.

В эти годы бывший офицер разведки общался не только с представителями деловых кругов. Он все чаще встречался с политическими деятелями мирового масштаба, познакомился со многими известными русологами и, слушая их прогнозы относительно будущего России, зачастую только покачивал головой. По поручению Собчака он встречал в аэропорту посещавших в те годы город на Неве глав государств, известных политиков и бизнесменов. Он умело завязывал разговор на интересующие его темы. Однажды его собеседником оказался Генри Киссинджер. Путин признался ему в своей принадлежности к КГБ и был поражен ответом американца: «Все приличные люди начинали в разведке. Я — тоже». Часто Путин, воспользовавшись благоприятным моментом, отстаивал свои взгляды, не боясь открытой полемики и даже конфронтации. Когда во время встречи в аэропорту вице-президента США Альберта Гора один из сотрудников американского консульства грубо оттолкнул российского генерала, Путин по дипломатическим каналам выразил свое недовольство, и дипломат был немедленно отозван. С другой стороны, посещение Санкт-Петербурга немецкими делегациями не сопровождалось никакими инцидентами. Иногда Путин даже выражал готовность взять на себя роль экскурсовода. Так он, например, поступил, принимая вскоре после августовского путча 1991 года делегацию Фонда Бертельсмана во главе с Марком Восснером и Манфредом Ланштейном.

Путин не скрывал, что со временем стал настоящим антикоммунистом. Коммунисты, по его мнению, сперва залили кровью великую Россию, а затем в итоге довели ее экономику до полного краха. Его самое сокровенное желание — вернуть России былое величие. Он предпочел бы сделать это демократическим путем, но, если не получится, готов прибегнуть и к авторитарным методам. В беседах Путин обычно не пользовался обтекаемыми дипломатическими формулировками, а предпочитал называть вещи своими именами. На заседаниях Бергедорфского форума у многих создалось впечатление, что Путин внимательно прислушивался к аргументам участников из других стран. Ко всеобщему удивлению, он отказался выступить во второй раз, но в перерывах старался откровенно поговорить со своими оппонентами, при этом постоянно оставаясь в поле зрения Собчака. Вечером в Юсуповском дворце состоялся торжественный прием. Собчак всячески старался очаровать гостей. Некоторых из них даже сводили в подвал — пресловутую «комнату ужасов». В ней князь Юсупов в декабре 1916 года отравил Распутина — странника-богомольца из Сибири, сумевшего убедить царицу Александру Федоровну в своих необыкновенных способностях и тем самым полностью завоевать ее доверие. Целых десять лет он из-за кулис влиял на политику Российской империи.

Распутина в наши дни вновь вспоминают в России, но уже в современном контексте. В период правления Ельцина в Кремле за прошедшие годы неоднократно появлялись личности, которых вполне можно было бы назвать преемниками Распутина. О некоторых «серых кардиналах» будет подробно рассказано ниже. Когда участники Бергедорфского форума на прощание поблагодарили Собчака за радушный прием, мэр обратил их внимание на одного из своих подчиненных: «Это Владимир Владимирович Путин, мой специалист по Германии. В дальнейшем вы можете смело обсуждать с ним все ваши проекты. Я только что назначил его своим первым заместителем».

Путин всегда поддерживал тесные связи с Германией. Он неоднократно сопровождал Собчака в его зарубежных поездках. В основном он выезжал в Германию, Францию и Италию. Во время посещения Собчаком (вскоре после августовского путча 1991 года) администрации федерального канцлера в Бонне он даже исполнял обязанности переводчика. Путин неоднократно встречался с Гельмутом Колем (но всегда в присутствии Собчака) и всегда с большим уважением отзывается о нем. Бывшему разведчику импонировали понимание Колем нынешних проблем России и его интерес к российской истории. Разумеется, ни Коль, ни кто-либо еще не мог тогда даже представить себе, что этот чиновник, которого за решительные высказывания в поддержку русскоязычного населения за глаза называли «типичным русским националистом», через шесть лет вдруг заявит о себе и станет во главе Российского государства.

Кремль, конец тысячелетия

Однажды в октябре 1999 года Путин был вынужден прервать заседание кабинета министров. Его неожиданно вызвали в Кремль. Некоторые члены кабинета сразу же насторожились: неужели новому главе правительства было суждено пробыть на своем посту лишь три месяца? Но на самом деле «царь Борис» просто сообщил фавориту о своем решении досрочно уйти в отставку. К этому решению в Москве сразу же отнеслись как к государственной тайне. Сам Путин даже не знал, как ему теперь себя вести. Импульсивный Ельцин был человеком совершенно непредсказуемым; он вполне мог передумать и отстранить Путина от должности. Сколько у него уже было потенциальных преемников! Но за два дня до Нового года Ельцин пригласил «престолонаследника» к себе для решающего разговора. По словам Путина, между ним и Ельциным никогда не было особой душевной близости. Более того, отношения двух государственных деятелей даже нельзя было назвать дружескими. Путин отнюдь не преклонялся перед Ельциным, а тот в свою очередь вовсе не питал к нему отеческих чувств. Они были прагматиками и в повседневном общении предпочитали деловой тон. Ельцина не интересовали истинные желания Путина. От него, как, впрочем, и от всех остальных, он требовал только беспрекословного подчинения. Так было и в тот памятный день. На вопрос, готов ли он взять на себя ответственность за судьбу страны, Путин ответил: да!

31 декабря 1999 года, незадолго до того, как звон Кремлевских курантов возвестил о начале нового тысячелетия, Ельцин покинул свою резиденцию. В ее стенах он целых десять лет правил Россией или — по утверждению многих — властвовал над ней. Плотнее закутавшись в роскошную шубу, он символическим жестом уступил свой пост Путину. Новый хозяин Кремля был на 20 лет моложе его. Эти кадры затем обошли весь мир. Путин молча проводил пожилого, больного человека до его лимузина. Чуть раньше Ельцин передал ему настоящий символ президентской власти — подключенный к системе управления российскими стратегическими ядерными силами абонентский комплект — знаменитый «ядерный чемоданчик». Благодаря ему Россия может в случае необходимости нанести ядерный удар по любому агрессору. Путин настоял на непременном присутствии на церемонии передачи власти патриарха Алексия II. Глава Русской православной церкви был вынужден прервать торжественное богослужение и спешно отправиться в Кремль.

Ельцин еще долго махал рукой своим ближайшим соратникам. На кадрах, запечатлевших последний эпизод его политической биографии, нет ни одного члена «семьи» за исключением руководителя президентской администрации Волошина и пресс-секретаря Якушкина. Бронированный лимузин Ельцина — настоящая крепость на колесах, оснащенная по последнему слову техники, — медленно тронулся с места и, набрав скорость, понесся по московским улицам. Путин с мрачным видом замер у входа в

Кремлевский дворец. Неужели в России началась новая эпоха? Неужели Старик навсегда ушел с политической сцены? Или же он через какое-то время внезапно вернется — от него всегда можно было ожидать чего угодно — и во всеуслышание объявит, что изменил свое решение и намерен оставаться у власти до июня 2000 года?

Следует признать, что Ельцин выбрал наиболее благоприятный момент для своей отставки. Формально срок его полномочий действительно истекал только в июне 2000 года. Но и он сам как личность, и его политика уже давно изрядно надоели подавляющему большинству российских граждан. Война в Чечне превратила Путина в самостоятельную политическую фигуру, не нуждающуюся больше в могущественном покровителе. Уже никто не сомневался в том, что в ближайшие годы именно Путин, и никто другой, станет выразителем надежд большей части населения России на лучшую жизнь. В этих условиях каждый лишний день в Кремле только понижал и без того упавший рейтинг Ельцина. Президент России не просто остановил свой выбор на Путине — он сам «возложил корону на его главу», а затем пожелал, чтобы народ в ходе демократических выборов «благословил его на царство». Отставка Ельцина в последние часы уходящего тысячелетия — поступок, несомненно, заслуживающий уважения. Люди стали относиться к Ельцину с большей симпатией, и не исключено, что в будущем он может рассчитывать на определенные политические дивиденды.

Во всяком случае, в новогоднюю ночь никто не сказал о нем дурного слова. В своем выступлении первый российский президент попросил у народа прощения за свои ошибки и невыполненные обещания. В тот день произошло подлинно историческое событие.

В XX веке в России неоднократно менялись как формы правления, так и сами правители. Из одиннадцати только пятеро оставались у власти до своей кончины. Еще пятерых свергли или, как императора Николая II и Михаила Горбачева — последнего в этом списке, — вынудили «отречься от престола». Одиннадцатый и последний правитель России в XX веке ушел достойно и уж точно не в результате переворота. Он просто выбрал своим преемником человека, которому ранее помог сделать политическую карьеру практически с нуля. Вопреки распространенному мнению, Ельцин не стал цепляться за власть и по собственной воле покинул Кремль. Вполне возможно, что именно благодаря этому мужественному поступку он займет достойное место в истории.

Но неужели Ельцин выбрал Путина лишь потому, что никто другой, по его мнению, не сумеет справиться со всеми проблемами современной России? Избранный им способ ухода из политики не позволяет положительно ответить на этот вопрос. По мнению многих наблюдателей, за широким демократическим жестом скрывался также точный политический расчет. После такого ухода уже ничто не могло помешать победе Путина на президентских выборах. Ведь через полгода ситуация могла снова измениться и отнюдь не в пользу «престолонаследника». Ельцин прекрасно понимал, что после добровольной отставки ему потребуется гарантия личной безопасности, и поэтому он просто был обязан помешать приходу к власти в России любого другого политического деятеля. Грубо говоря, он публично пометил карты всех остальных претендентов на высший государственный пост и лишил их шансов на проведение успешной избирательной кампании. В то же время Путин вместе с новой должностью получил в свое распоряжение колоссальные административные ресурсы.

Наблюдатели так и не смогли ответить на вопрос: не использовались ли демократические принципы для иных, неблаговидных целей? Порой кажется, что некие влиятельные личности ловко манипулировали этим процессом из-за высоких стен Кремля. Так ли уж беспочвенны приводимые «Шпигелем» факты? Ведь в опубликованной в одном из его номеров статье говорилось, что лица из ближайшего окружения Ельцина, надеявшиеся при поддержке Путина добиться большего, заставили упрямого Старика уйти в отставку. А может быть, Ельцин, известный своей склонностью к откровенно садистским поступкам, просто-напросто обвел вокруг пальца друзей и врагов и натравил бывшего офицера КГБ Путина на опостылевших ему олигархов с целью очистить государственный аппарат России от слившихся с ним коррумпированных чиновников? Ведь сам он был уже не в состоянии предпринять необходимые для этого меры. В таком случае, не явилась ли смена правителей в Кремле в действительности блестящим спектаклем, продемонстрированным миру в канун Нового года? Отработанный прием в борьбе за усиление влияния и упрочение власти? Ловкий ход, позволяющий в результате установить абсолютный контроль над природными ресурсами потенциально самой богатой в мире страны?

Санкт-Петербург, февраль 2000 года

В городе на Неве проходила траурная церемония. Здесь со всеми государственными почестями хоронили Анатолия Собчака. Шестидесятидвухлетний бывший мэр Санкт-Петербурга скоропостижно скончался от сердечного приступа во время своей поездки в Калининград. Похороны производили гнетущее впечатление. Путин в своей надгробной речи — он говорил буквально со слезами на глазах — высоко оценил Собчака, назвав его выдающимся организатором, и дал понять, что покойный — своего рода «великомученик», до смерти «затравленный» политическими противниками. Однако Путин ни разу не произнес ключевых слов: «реформа» и «демократия». Со стороны вся церемония выглядела довольно странно: случайно или нет, но рядом с Путиным не оказалось ни одного политика, известного своими демократическими взглядами. Анатолий Чубайс и его соратники — демократы первого призыва стояли далеко в стороне. Некоторые журналисты даже говорили потом о торжественных похоронах российской демократии.

26 марта Путин, получив 52 процента голосов, уже в первом туре был избран президентом России. Самое поразительное, что столь убедительную победу одержал человек, который еще полгода назад был абсолютно неизвестен подавляющему большинству избирателей. Оспаривать результаты выборов не имело смысла. Остальным кандидатам оставалось лишь признать свое поражение, а в Москве появился первый анекдот про Путина: «В далекой провинции человек вместо давно ожидаемой зарплаты вдруг получает от правительства контейнер с гуманитарной помощью, а в нем телевизор, радиоприемник, газеты и несколько банок консервов. Он включает телевизор — на экране Путин. Включает радио — и слышит голос Путина. Просматривает газеты — на всех полосах изображение Путина. «Боюсь даже консервы открывать», — признается голодный провинциал».

В марте 2000 года федеральные войска установили контроль над большей частью территории Чечни.

В стране начался экономический рост. Западные банки-кредиторы списали 16 миллиардов долларов, то есть половину долгов бывшего СССР — очень дорогой подарок новым кремлевским руководителям. Многие на Западе надеялись, что новый президент сумеет переломить ситуацию и добиться значительных успехов в реформировании экономики и государственного устройства России. Сам Путин умело использовал эти ожидания, всячески демонстрируя, что является единственным гарантом стабильности в стране. Сразу вспомнился 1984 год, когда сравнительно молодой Михаил Горбачев тоже стал основным претендентом на «престол», готовясь принять бразды правления из рук смертельно больного Генерального секретаря ЦК КПСС Константина Черненко, и Запад тут же приветствовал в его лице государственного деятеля, с которым, по выражению Маргарет Тэтчер, «можно делать бизнес». Практически то же самое заявила в январе 2000 года другая первая леди мировой политики — государственный секретарь США Мадлен Олбрайт, окончательно убедившись в непреклонной решимости Путина продолжать реформы. Президент США Билл Клинтон, высказавшийся о Путине точно так же, как Тэтчер о Горбачеве, лично взялся за перо и написал для журнала «Тайм» статью о Ельцине, в которой, в частности, пожелал его преемнику как можно скорее освободить Грозный от боевиков. Министр иностранных дел ФРГ Йошка Фишер, британский премьер-министр Тони Блэр, генеральный секретарь НАТО Джордж Робертсон — все они один за другим отправились в Москву, чтобы определить свое отношение к новому кремлевскому лидеру. С некоторым опозданием в Россию прибыла также делегация высокопоставленных представителей финансово-промышленной элиты Германии. Отто-Вольф фон Амеронген и Клаус Мангольд из Комитета по связям со странами Восточной Европы при Союзе германских промышленников и предпринимателей не скрывали своего удовлетворения: оказывается, Кремль готов прорубить еще одно окно в Европу. Они ясно давали понять, что Запад намерен протянуть руку Путину.

Неожиданно выяснилось, что крайне сложно собрать материал для биографии нового хозяина Кремля. Почти никто ничего не знал о жизни человека, много лет прослужившего в КГБ. За несколько недель до президентских выборов журналисты со всего мира лихорадочно искали сколько-нибудь заметные следы пребывания Путина в Дрездене и Санкт-Петербурге — городе, где он жил до своего переезда в Москву в конце лета 1996 года. Кое-какие сведения удалось получить от бывших сослуживцев Путина, тещи нового президента и его соучеников. В целом знакомые Путина отзывались о нем только положительно, но также появилась информация, не соответствующая созданному пропагандистским аппаратом Кремля образу нового правителя России и явно способная подмочить его репутацию. С целью избежать возможной дискредитации Путина кремлевская команда предприняла поистине гениальный ход и выпустила в свет интервью Путина. Еще до появления в печати первых версий биографий будущего президента трем известным журналистам — среди них была и тесно сотрудничающая со многими зарубежными изданиями Наталья Геворкян — была предоставлена возможность провести несколько дней на одной из государственных дач. Там Путин подробно описал им весь свой жизненный путь. Посильный вклад в создание привлекательного имиджа нового хозяина Кремля внесли также жена Людмила, дочки-школьницы, его бывшая учительница и два-три его близких друга. Сотрудники пресс-службы Кремля отобрали и тщательно проанализировали все появившиеся в последние недели перед выборами в российских и зарубежных средствах массовой информации, а также в Интернете материалы, посвященные будущему победителю президентской гонки. Журналисты не задавали Путину никаких щекотливых вопросов. Он тоже постарался обойти все острые углы, явно опасаясь, что любое неосторожное слово может лишить его мистического ореола. Смерть друга, не владевшего приемами дзюдо, но по просьбе Путина вышедшего на татами, посещение эротического шоу на улице Репеербан в Гамбурге, темная история с покупкой в студенческие годы неизвестно на какие деньги автомобиля, гибель в Ленинграде под его колесами случайного прохожего, разведывательная деятельность на территории бывшей ГДР, отношения с Собчаком, провал на выборах губернатора Санкт-Петербурга и, наконец, стремительный взлет к вершинам российской власти — все эти моменты Путин постарался преподнести в наиболее выгодном 'ля себя свете.

Книга вышла в одном из московских издательств за несколько дней до выборов. Разумеется, кремлевская администрация выступила в роли цензора и вычеркнула несколько сомнительных с ее точки зрения пассажей. Впрочем, здесь ее намерения совпали с пожеланиями жены Путина. Ее муж, согласившись на публикацию некоторых достаточно интересных фактов из своей личной жизни, лишил тем самым политических оппонентов возможности интерпретировать их в соответствующем духе. Но интерес к его биографии по-прежнему огромен, и поэтому еще долго не прекратятся попытки собрать как можно больше сведений о жизни «неведомого кремлевского царя». Ведь составленная на основе его интервью трем видным московским журналистам книга так и не дала ответа на вопросы, что собой представляет «сфинкс по имени Путин». Кто он — выдающийся государственный деятель, способный в XXI веке обеспечить демократической России достойное место в мировом сообществе (так, во всяком случае, предрекал в своей прощальной речи его предшественник) или же в лице Путина мы получили «внушающего ужас короля», готового ввергнуть страну в крайне опасную новую конфронтацию с Западом?

«Славный мальчик»

Владимир Путин родился 7 октября 1952 года. Заканчивалась целая историческая эпоха. Сталину оставалось жить только пять месяцев. В середине октября он провел свой последний партийный съезд, который должен был положить начало новой волне кровавых чисток. Состав ЦК был в значительной степени обновлен за счет таких молодых кадров, как, например, Леонид Брежнев. На более низком уровне выделялись своей активностью представители нового поколения: например, комсомольские активисты Михаил Горбачев и Борис Ельцин уже вовсю убеждали своих соучеников по юридическому факультету Московского государственного университета и соответственно строительному факультету Уральского политехнического института в необходимости придерживаться официальной линии партии.

При Сталине Россия стала настоящей мировой державой. После разгрома фашистской Германии и окончания Второй мировой войны под его властью оказалась вся Восточная Европа. После создания советскими учеными атомной бомбы стране уже не угрожала внешняя агрессия. Семидесятитрехлетний Сталин умер 5 марта 1953 года. После себя он оставил гигантскую империю, не имевшую равных в мировой истории. Но эта империя была символом агрессивной коммунистической идеологии. Политика Сталина спровоцировала «холодную войну» и едва не привела к новой мировой войне. После смерти диктатора от его преемников можно было ожидать чего угодно. Внешние признаки распада империи нашли выражение в народных восстаниях в Восточной Германии (1953) и Венгрии (1956), жестоко подавленных наследниками Сталина с помощью танков. Не менее ожесточенно велась борьба за власть внутри страны. Всемогущий Лаврентий Берия, еще недавно возглавлявший всю систему органов государственной безопасности, был обвинен в шпионаже и казнен. Через два года Георгий Маленков был смещен с поста Председателя Совета Министров. В школе маленький Володя на стенах и первых страницах учебников видел портреты уже только одного советского лидера — Никиты Хрущева, победившего всех своих соперников.

В «период оттепели» Путин рос в своем родном городе Ленинграде. Бывшая столица Российской империи была почти полностью разрушена во время войны. Три года — с 1941-го по 1944-й — продолжалась печально знаменитая Ленинградская блокада. Для расчистки улиц от развалин потребовалось семь лет, однако еще долго не удавалось вернуть городу прежний облик. У нынешнего президента России в блокаду умер средний брат, а бабушку Елизавету Алексеевну в октябре 1941 года немцы расстреляли за связь с партизанами.

Путин никогда не скрывал своего происхождения. Спиридон, его дед по отцу, был поваром, но не совсем обычным. Сперва он готовил пищу Ленину, а затем Сталину. Человек на такой должности и при такой близости к кремлевской верхушке не мог не быть штатным сотрудником Народного комиссариата внутренних дел — предшественника КГБ. Спиридон ежедневно обслуживал диктатора, и потому за ним наверняка следили даже более тщательно, чем за членами Политбюро. Его отец — прадед Путина — до Октябрьской революции жил в Рыбинске и занимался там сбытом швейных машин «Зингер». Жена Спиридона Ольга — бабушка Путина — была родом из очень простой семьи.

Отец Путина Владимир родился в 1911 году в Санкт-Петербурге. Во время Первой мировой войны предреволюционные неурядицы вынудили его семью перебраться под Тверь. Неподалеку от него в деревне родилась бабушка Путина, там вырос и начал работать его отец, там же в 1928 году он познакомился со своей будущей женой Марией Ивановной Шеломовой. В это время дед Путина уже жил на одной из подмосковных сталинских дач и, как было сказано выше, находился под постоянной опекой НКВД. Владимир Путин-старший в молодости принимал самое активное участие в развернувшейся по всему Советскому Союзу антирелигиозной кампании и возглавлял в своем районе молодежный атеистический кружок.

В 1932 году родители будущего президента переехали в Ленинград к брату Марии Ивану, служившему на Балтийском флоте. Сперва отец Путина работал в охране вагоностроительного завода. Мать устроилась туда же медсестрой. Позднее Владимир Путин-старший перешел в слесарный цех и почти сразу же был призван в Красную Армию. Служил он на той же подводной лодке, что и его шурин. После начала Великой Отечественной войны он был зачислен в истребительный батальон НКВД. В задачу этих подразделений особого назначения входило проведение диверсий во вражеском тылу. Отец Путина успел принять участие в проводимой на территории Эстонии операции по подрыву эшелона с боеприпасами. Его отряд попал в засаду, сам он был тяжело ранен осколками гранаты. После выздоровления Путин-старший воевал уже в действительной армии и дважды буквально чудом избежал гибели, однако боли в ногах не оставляли его до самой смерти. Он умер в августе 1999 года за несколько дней до назначения сына главой правительства. Матери Путина осколками сильно посекло лицо. Она скончалась от рака в Санкт-Петербурге в 1998 году.

После войны Владимир и Мария Путины вместе с остальными ленинградцами дружно взялись за восстановление города. Владимир-старший устроился мастером на вагоностроительный завод имени Егорова. Мария Путина работала сперва уборщицей, затем сторожем на складе. Владимиру Путину был 41 год, а его жене немногим меньше, когда у них родился третий сын, которого назвали Владимиром. Мальчику было три года, когда отец с гордостью объявил, что пущена в эксплуатацию состоящая из восьми станций первая линия Ленинградского метрополитена общей протяженностью одиннадцать километров и все вагоны выпущены на его родном заводе.

Семья Путиных ютилась в двадцатиметровой комнате коммуналки в Басковом переулке. Воду приходилось таскать ведрами на пятый этаж. По лестнице шныряли крысы, за которыми Владимир в детстве гонялся с палкой. Загнанные в угол, они иногда даже бросались на людей. Когда Путину исполнилось пять лет, мать отправилась вместе с ним и пожилой соседкой в ближайшую церковь и втайне от отца окрестила его. Путина-старшего совсем недавно избрали секретарем парторганизации цеха, и крещение сына могло иметь для него самые печальные последствия.

Аналогичные случаи имели тогда место во многих советских семьях.

Стремление к достатку не поощрялось советской властью. В ходу были совершенно иные ценности. За три дня до пятилетия Владимира всю страну облетела радостная весть: осуществлен успешный запуск первого в мире искусственного спутника Земли. Все граждане Советского Союза буквально прилипли к радиоприемникам, слушая сообщение о том, что спутник прошел над территорией Соединенных Штатов Америки — главного соперника СССР. Успех настолько вскружил голову Хрущеву, что он даже пообещал вскоре догнать и перегнать США!

В сентябре 1960 года восьмилетний Володя был зачислен в школу № 193. По словам его учителей, он оказался трудным подростком. Вова вырос на улице, умел драться и всегда бил первым, и дети очень боялись его. Вместе со своими одноклассниками он наводил страх на всю округу, дрался со шпаной с соседних улиц и был неоднократно порот отцом. Все эти обстоятельства не могли не наложить отпечаток на его характер. Путин довольно рано научился скрывать свои чувства и почти всегда четко определял, откуда может исходить угроза. Из-за дурной репутации Володю долго не принимали в пионеры, что, впрочем, его нисколько не смущало. Отец держал его в ежовых рукавицах, учительница постоянно жаловалась на него. Только в четвертом классе поведение юного Путина изменилось, благодаря тренеру, который буквально за руку увел его с улицы. Володя начал заниматься и, к немалому удивлению учителей, даже записался в кружок по изучению немецкого языка.

В октябре 1964 года Владимиру исполнилось двенадцать лет. Новый всплеск борьбы за власть в стране, завершившийся низвержением Хрущева с политического Олимпа, никак не отразился на жизни семьи Путиных. На заводе, где трудился отец, и в школе, где учился сын, лишь заменили портреты, и теперь вместо лысого Хрущева на окружающих сурово взирал новый партийный лидер с густыми черными бровями.

Один из российских психоаналитиков рискнул создать на своем сайте в Интернете психологический портрет Путина. В его понимании, Владимир в раннем детстве был очень неуверен в себе. Однако со временем он понял, что способен на волевые усилия, довольно быстро научился мыслить аналитически и стал заниматься спортом. Вероятно, в секции самбо и дзюдо его привело желание постоянно одерживать верх на школьном дворе над своими гораздо более сильными одноклассниками. Правда, вначале Владимир по традиции занялся боксом, но, после того как ему разбили нос, перешел в секцию самбо. Вообще, в казавшихся ему перспективными сферах деятельности он достаточно быстро достигал хороших результатов. Уже в молодости он производил впечатление сдержанного и крайне педантичного человека, не любил беспорядка и недисциплинированности, старался не рисковать и не совершать необдуманных поступков. Владимир никогда не бросал старых друзей и особенно ценил такие человеческие качества, как верность и лояльность, именно потому, что сам являлся их идеальным воплощением. Опять же поэтому он всегда избегал случайных знакомств.

В шестом классе образумившегося Владимира наконец приняли в пионеры. В 1968 году Путин закончил восемь классов и по тогдашним правилам мог дальше не учиться, а например, как и отец, пойти работать на завод. Однако его родители очень хотели, чтобы сын стал инженером. По их настоянию Владимир продолжил учебу в 281-й средней школе в Советском переулке. Она считалась элитарным учебным заведением с химическим уклоном. Разумеется, Владимиру предстояло еще сдать вступительный экзамен.

Первая классная руководительница Путина Минна Моисеевна Юдицкая позднее эмигрировала в Израиль. Еще две его учительницы Тамара Стельмахова и Вера Малышкина живут в Санкт-Петербурге и каждому, кто пожелает их выслушать, сообщают, что пятнадцатилетний Путин был очень старательным учеником, но вовсе не отличником. По физике, химии, математике, геометрии он имел только твердую тройку. Характерно, что он всегда как-то робко улыбался. Одним словом, в глазах учителей он постепенно стал типичным «славным мальчиком». Девочек в его классе было больше, и некоторые, подражая своим сверстницам за рубежом, приходили в школу в укороченных форменных платьях. Одна из них, секретарь комсомольской организации Таня Наприенкова, одно время была влюблена в Путина. Позднее она вышла замуж за немца из ГДР. С тех пор они больше не виделись.

Путин всерьез увлекался западной музыкой и на вечеринках даже ставил кассеты с официально запрещенными записями песен «Битлз». Он довольно быстро научился играть на гитаре и с удовольствием пел песни Владимира Высоцкого, на исполнение которых властями также было наложено табу.

В еще большей степени Путин интересовался литературой. Его одноклассники хорошо помнят, как на литературных вечерах он при свечах читал стихи. Вполне возможно, что дома он также украдкой читал «самиздатовскую» литературу. Во всяком случае, у него внезапно пробудился интерес к включенному тогда в школьную программу совершенно новому предмету — обществоведению. Занятия же химией и другими естественными науками не доставляли ему никакого удовольствия.

Владимир чуть ли не первым вступил в кружок политинформаторов, активно участвовал в проведении политвечеров и охотно выступал с докладами о международном положении в переполненном актовом зале. О его тогдашних политических взглядах почти ничего не известно. У пятнадцатилетнего Владимира были летние каникулы, когда советские дивизии перешли границу Чехословакии и «Пражская весна» погибла под гусеницами танков. Прозвучали робкие голоса протеста против вторжения войск Варшавского Договора в социалистическую страну. Появились первые группы правозащитников, сразу же подвергшиеся жестоким репрессиям со стороны КГБ. Однако за рубежом этим людям начали оказывать моральную и политическую поддержку, которой так не хватало предыдущим поколениям диссидентов. Многим из них даже позволили покинуть страну.

В начале семидесятых годов к власти в Ленинграде пришел новый первый секретарь обкома Григорий Романов, оказавшийся настоящим сталинистом. Будучи самым молодым членом всемогущего Политбюро, мечтал о посте генерального секретаря. В своей вотчине он объявил беспощадную войну конформистам, диссидентов преследовал с такой яростью, что превзошел в этом остальных региональных партийных руководителей на всей обширной территории Советского Союза. По его инициативе судьи выносили самые суровые приговоры за одно только чтение «самиздата». Писатели, художники, актеры и музыканты-неформалы, в шестидесятые годы еще пользовавшиеся полученной в «период оттепели» относительной свободой творчества, начали один за другим покидать Ленинград.

Высокомерный партийный босс откровенно наслаждался фактически неограниченной властью. На свадьбу дочери он взял из специального хранилища Эрмитажа драгоценнейший фарфоровый сервиз XVIII века, который был разбит пьяными гостями. В конце концов сведения о его разнузданном поведении дошли до хозяев Кремля. Он стал для них бельмом на глазу, и не случайно через десять лет новый генеральный секретарь Горбачев, объявив войну с коррупцией, начал именно с Григория Романова. В наши дни эта некогда одиозная фамилия благополучно забыта, но в 1985 году Романов вполне мог быть избран генеральным секретарем. Горбачеву и поддерживавшему его КГБ пришлось использовать все свои возможности, чтобы помешать приходу к власти в стране партийного функционера из Ленинграда, который всерьез намеревался вновь бросить вызов США и продолжать гонку вооружений.

Портреты членов Политбюро красовались на страницах учебников и плакатов, и поэтому их лица были знакомы любому советскому школьнику. Первым в списке числился глава партии и государства Леонид Брежнев. За ним следовали Председатель Совета Министров Алексей Косыгин, министр обороны Дмитрий Устинов — оба в свое время имели непосредственное отношение к ленинградскому военно-промышленному комплексу — и Михаил Суслов. На кремлевском Олимпе он пользовался репутацией «серого кардинала», отвечавшим за чистоту и цельность коммунистической идеологии. Но Владимиру Путину, наверное, особенно хорошо запомнилось лицо пятидесятилетнего Юрия Андропова, в 1967 году назначенного председателем КГБ. Через пять лет по настоянию Брежнева его ввели в состав Политбюро — верный признак усиления политического влияния возглавляемого им ведомства, в свое время ставшего мрачным символом диктатуры Сталина. Тогда Путин, конечно, даже представить себе не мог, что через 30 лет он займет на Лубянке место Андропова.

Летом 1970 года семнадцатилетний Владимир постучал в массивную дверь дома № 4 на Литейном проспекте. Большинство ленинградцев старалось как можно реже приближаться к этому зданию, в котором находилось Управление КГБ. Будущий начальник Путина так рассказал о его визите в интервью «Комсомольской правде»: «Желание работать в КГБ появилось у Путина если не в детстве, то, по крайней мере, в юности. Сразу же после окончания школы он пришел к нам в управление и с порога заявил: «Хочу у вас работать». По словам Путина, сначала он мечтал стать летчиком, но уже в 16 лет твердо решил, что непременно будет носить погоны офицера КГБ. Здесь, конечно, не последнюю роль сыграл тот факт, что его дед когда-то работал в этой системе. Правда, будущие сослуживцы Путина были тогда несколько удивлены, потому что к ним уже давно никто не обращался с подобной просьбой. Юному посетителю сразу же дали понять, что это возможно только после прохождения службы в армии или окончания высшего учебного заведения. «А предпочтительнее какого?» — спросил Владимир. «Юридического», — ответили ему. Тогда Путин использовал все возможности для поступления на юридический факультет Ленинградского университета, находившегося на 22-й линии Васильевского острова, то есть в центральной части города. Это было непросто. Ему пришлось преодолеть сопротивление родителей, надеявшихся, что их сын выберет профессию инженера. Но в конце концов Владимир все же настоял на своем. Но тут выяснилось, что для зачисления на юридический факультет необходимо получить рекомендацию от райкома партии или комсомола. Исключение делали только для тех, кто окончил среднюю школу с отличными оценками. К чести Путина нужно сказать, что он успешно преодолел все препоны и с первой же попытки поступил на желанный факультет.

Через несколько недель Путин отпраздновал свое восемнадцатилетие, а на следующий день услышал по радио, что Александр Солженицын стал лауреатом Нобелевской премии по литературе. По всей вероятности, Путин к этому времени уже прочел повесть Солженицына «Один день Ивана Денисовича». О Горбачеве, занимавшем тогда пост первого секретаря Ставропольского крайкома партии, было известно, что он относился к диссидентам с определенной долей симпатии. Напротив, первый секретарь Свердловского обкома Ельцин, в середине семидесятых годов приказавший снести дом Ипатьева, в подвале которого в 1918 году была расстреляна царская семья, избегал любых контактов с конформистами и вообще своими манерами и стилем управления во многом был схож с Григорием Романовым.

О чем думал Владимир Путин, слушая сообщение о награждении Солженицына? Вряд ли он был сильно удручен или обрадован им. Огорчен же Путин был тем, что, как он сам говорил позднее, его по возрасту не взяли на службу в КГБ. В одном из интервью Путин всячески оправдывал существование так называемых «информаторов» и утверждал, что государство имеет право использовать тайных агентов для получения необходимой информации.

Но вряд ли Владимир Путин собирался заниматься таким бессмысленным и малопочтенным делом, как травля диссидентов. Несомненно, его привлекала иная сфера деятельности КГБ. Ведь именно в тот памятный год правительство Вилли Брандта начало проводить свою знаменитую восточную политику, и в отношениях Советского Союза с Западом наметился переход к разрядке международной напряженности. В результате ФРГ сделалось основным европейским торгово-экономическим партнером СССР. В феврале 1970 года между Москвой и Бонном было заключено первое соглашение о поставках природного газа. В августе федеральный канцлер Брандт и Леонид Брежнев подписали в Москве договор, заложивший основу дальнейших отношений между двумя государствами.

Хотел ли Владимир стать советским Джеймсом Бондом? Едва ли. Во-первых, ему не хватало нужной подготовки. Он не служил в армии, но в университете на всех факультетах имелись военные кафедры, и Путину, как, впрочем, и другим студентам, вовсе не надо было надевать погоны и идти под ружье. Конечно, Путину пришлось отправиться на военные сборы на последнем курсе, однако он и его сверстники наверняка восприняли их как своеобразные уроки физкультуры с несколько большей нагрузкой. После окончания университета Путину было присвоено звание «лейтенант запаса».

В свободное время он по-прежнему активно занимался спортом, успешно осваивая новые приемы самбо и дзюдо. Согласно официальной установке, боевыми единоборствами могли заниматься только те, кто так или иначе был связан с КГБ и милицией.

В 1973 году на третьем курсе Путин стал мастером спорта по самбо, в 1975 году — по дзюдо, а еще через год, уже будучи сотрудником КГБ, выиграл первенство города по этому виду японской национальной борьбы. Правда, один раз он все же проиграл схватку с тогдашним чемпионом мира Владимиром Кюлленниным. Один из однокурсников Путина рассказал корреспонденту еженедельника «Московские новости» историю, в которой будущий президент представет в довольно неприглядном свете. Одержимый желанием добиться высоких спортивных результатов, он на втором курсе уговорил одного из своих друзей, никогда не занимавшегося таким серьезным видом спорта, как дзюдо, заменить на соревнованиях заболевшего члена команды. За день до состязаний Путин попытался обучить приятеля нескольким приемам. Но это не помогло, и история закончилась трагически. Во время схватки у друга Путина произошло смещение позвонков. Вскоре он умер в больнице. Капитан команды Путин несколько лет испытывал муки совести. Ко всему прочему его чуть было не исключили из университета. По словам сокурсника, на похоронах он плакал навзрыд. Однако сам Путин в книге «От первого лица» описывает этот эпизод совершенно по-другому.

На втором курсе Владимир познакомился с человеком, в дальнейшем сыгравшим в его жизни огромную, если не главную роль. Именно ему он обязан своей блестящей политической карьерой. Доценту Ленинградского государственного университета Анатолию Собчаку было тогда чуть больше тридцати лет. Путин два раза в неделю исправно посещал его лекции по гражданскому праву, но в остальное время предпочитал держаться от него подальше: ведь в университете Собчак слыл чуть ли не диссидентом. В 1973 году он представил к защите кандидатскую диссертацию, посвященную проблеме демонополизации государственной собственности, чем страшно разгневал своих непосредственных руководителей. В результате ученую степень ему присвоили только через десять лет.

В 1974 году в середине четвертого курса сбылась наконец давняя мечта студента Путина. Сотрудник КГБ позвонил ему домой и предложил встретиться. На следующий день Владимир, сгорая от нетерпения, стоял в условленном месте. Позвонившего все не было, и Путин решил, что он уже не придет. Наконец офицер КГБ пришел, сразу же предложил Путину работать в его организации и многозначительно заметил, что им нужен далеко не всякий студент-правовед, а лишь перспективный «кадр». Действительно, на юридическом факультете такое предложение, помимо Путина, получили еще лишь три студента. Работа в КГБ считалась престижной не только из-за высокой зарплаты. Многих привлекала также возможность получить необычную подготовку. Несколькими годами раньше КГБ пыталось привлечь к сотрудничеству Собчака, но он наотрез отказался иметь дело с этой организацией.

Путину пришлось еще целый год ждать официального приглашения в отдел кадров ленинградского филиала всесильного КГБ. Некоторые же полагали, что он уже давно связан с органами госбезопасности. Одна его сокурсница вспоминает, что была крайне удивлена, когда на последнем курсе Володя вдруг подъехал к факультету на «Запорожце». «Я выиграл его в лотерею», — сообщил он удивленным однокурсникам. Однако уже через много лет в одном из интервью Путин утверждал, что автомобиль выиграла его мать. Родители, вместо того чтобы выгодно продать его и тем самым пополнить семейный бюджет, отдали «Запорожец» сыну, но произошло это не на последнем, а на третьем курсе.

Впрочем, деньги на покупку «Запорожца» Путин вполне мог раздобыть и сам. В стройотряде за лето он с друзьями заработал по тысяче рублей каждый. Учитывая, что среднемесячная зарплата в СССР составляла тогда примерно 150 рублей, это была огромная сумма. Впрочем, Владимир легко потратил с трудом заработанные деньги и в дальнейшем не раз демонстрировал полнейшее равнодушие к ним.

В книге «От первого лица» он с нескрываемым удовольствием описывает, как после окончания работы в стройотряде с двумя приятелями отправился отдыхать на Черное море. Уже через несколько дней деньги кончились, и им пришлось чуть ли не зайцами добираться домой сперва на пароходе, затем на поезде.

В октябре 1975 года Путину исполнилось 23 года. Его дипломная работа, посвященная проблеме предоставления режима наибольшего благоприятствования в международной торговле, получила оценку «отлично». Отныне он с полным правом мог называть себя юристом. Сбылась также заветная мечта Владимира: его взяли на работу в КГБ. Через несколько дней стало известно о присвоении Нобелевской премии мира известному физику и правозащитнику Андрею Сахарову. Жестоко преследуемые властями советские диссиденты могли теперь не так мрачно смотреть в будущее. В КГБ были крайне разочарованы этим обстоятельством, и на немногочисленных сторонников Сахарова обрушилась новая волна репрессий. Но Путина это не слишком волновало. Он по-прежнему оставался верен своему идеалу разведчика. Впереди у него была очень напряженная жизнь. Путин даже не представлял, насколько она окажется яркой и интересной.

На невидимом фронте

Общий трудовой стаж Владимира Путина составляет 25 лет. 15 из них он прослужил в КГБ и впоследствии при каждом удобном случае уверял, что нисколько в этом не раскаивается. Об этом периоде своей жизни Путин достаточно подробно информировал российских читателей в книге «От первого лица».

Вопрос, насколько он был объективен, остается открытым. Ведь в современной России никто не задумывается над тем, в какой степени долгое пребывание в рядах сотрудников службы безопасности тоталитарного государства отрицательно сказалось на характере и мировосприятии нового президента России. Эта проблема больше волнует Запад.

Появившиеся в немецкой печати сообщения о том, что Путин в середине семидесятых годов сразу же после окончания университета был направлен в Бонн и там, прикрываясь аккредитацией корреспондента ТАСС, занимался шпионской деятельностью, а затем был выслан из ФРГ по настоянию Федеральной службы по защите конституционного строя, не соответствуют действительности. В Ленинградском управлении КГБ Путин сперва работал в секретариате, а затем был переведен во Второй отдел, то есть в контрразведку. Никто из его тогдашних друзей и знакомых толком не знал, чем он, собственно говоря, занимается. Путин сперва говорил всем, что получил направление в милицию. Здание, в котором он прослужил десять лет, знакомо едва ли не каждому ленинградцу. В наши дни зарубежные туристы скорее даже с любопытством взирают на высокий дом на Литейном проспекте в самом центре бывшей столицы Российской империи. Но не следует забывать, что прежде это была настоящая обитель страха. Приход в нее Путина совпал по времени с многочисленными процессами против диссидентов и ожесточенной травлей художников-неформалов, осмелившихся противостоять официальному искусству и коммунистической идеологии. КГБ конфисковывало их картины или, как на печально известной выставке в Москве, давило их бульдозерами. Путин же был очень обеспокоен тем, что партия поручала проведение подобных акций именно его ведомству. В беседе с журналистами он рассказал, как на одном из оперативных совещаний резко выступил против методов работы некоторых сотрудников управления. По его словам, они пришли в органы безопасности еще во времена Сталина и привыкли совершенно не считаться с законом. (Правда, задним числом можно утверждать все, что угодно.)

Борьба с диссидентами не входила в служебные обязанности Путина. Руководство управления, зная о его любви к спорту, решило, что ему как нельзя лучше подходит роль «надзирателя» за выезжающими в другие страны советскими туристами и спортсменами. Некоторое время его включали в состав туристических групп и спортивных делегаций с целью оградить наших граждан от чуждого влияния и пресечь все попытки представителей эмигрантских организаций незаметно подсунуть им такие запрещенные в СССР издания, как, например, журнал «Посев». Но Путина использовали также и на тех участках невидимого фронта, где не требовалась предельная концентрация сил и внимания. Бывшие сокурсники часто видели его во время крестного хода среди дружинников — блюстителей порядка в штатском с красными повязками на руках. Власти в Советском Союзе стремились не допустить присутствия молодежи на богослужениях, и потому КГБ внимательно следило за всеми, кто посещал церкви. После одного из таких пасхальных дежурств к Путину на автобусной остановке пристал пьяный хулиган, и будущий президент приемом дзюдо швырнул его на землю. В дальнейшем в его жизни было много таких инцидентов.

Через полгода работы в контрразведке Путину предложили перейти в Первое главное управление, занимавшееся проведением разведывательных операций в зарубежных странах. Попасть в это элитное подразделение КГБ было очень сложно. Все биографы Путина сходятся на том, что ему пришлось доказывать свою пригодность для службы в разведке, занимаясь на годичных курсах спецподготовки в Москве. Его бывший инструктор рассказал в интервью одной российской газете, что каждого новичка там сперва заставляли прыгать с парашютом для преодоления чувства страха, а затем обучали владению всеми видами агентурного снаряжения и иностранным языкам. Но для успешной карьеры необходимо было вступить в партию. Путин именно так и сделал.

Работать в Первом главном управлении было престижно прежде всего потому, что его сотрудники могли выезжать в длительные зарубежные командировки. Поэтому попасть туда стремились именно отпрыски номенклатуры. Они тут же занимали «теплые места», быстрее остальных продвигались по служебной лестнице и за границей их, как правило, ждала более интересная и менее опасная работа. Руководство считало, что они заслуживают гораздо большего доверия, чем те, кто, подобно Путину, родился в рабоче-крестьянской семье. Профессиональные навыки принимались во внимание довольно редко. Путин же не мог смириться с ролью человека второго сорта и поэтому заставил себя делать больше, чем от него требовалось. У других курсантов он снискал репутацию карьериста, но Путина это нисколько не волновало. Он прекрасно понимал, что ему остается лишь упорно ждать своего часа. Возможности доказать, что за рубежом он способен действовать не хуже, чем на территории СССР, Путину пришлось дожидаться целых десять лет. Пока же ему приходилось искать возможность отличиться в пределах родного города. Ему поручили подбирать вербовочные подходы к гражданам западных государств.

Скорее всего, двадцатипятилетний Путин имел

дело со своими сверстниками-студентами. Какими же методами он мог заставить иностранцев работать на советскую разведку? Одним из таких методов был, безусловно, шантаж. Иностранного студента было совсем несложно схватить на месте преступления в тот момент, когда он, например, продавал валюту частному лицу, имел при себе запрещенную политическую или религиозную литературу или совершал еще какое-либо правонарушение, и, пригрозив ему высылкой из страны, сменить потом гнев на милость, дружески побеседовать с несчастным и по возможности «договориться» с ним. Гораздо труднее было найти людей, готовых сотрудничать с КГБ по идейным соображениям. Летом 1975 года в Хельсинки главы правительственных делегаций почти всех европейских государств и США в торжественной обстановке подписали заключительный акт Совещания по безопасности и сотрудничеству в Европе. СССР взял на себя обязательство уважать права человека. Сразу же увеличилось количество правозащитных организаций, выступавших за свободу слова и реформирование политического строя в соответствии с демократическими принципами. Репрессии, которым они подвергались, не делали брежневский режим более привлекательным в глазах западной общественности. Однако, с другой стороны, благодаря широкому обсуждению так называемого Двойного решения НАТО и проблемы нейтронной бомбы движение сторонников мира в западноевропейских странах не просто пополнило свои ряды, но и приняло массовый характер. В наши дни уже ни для кого не секрет, что оно в значительной степени финансировалось Советским Союзом. Значит ли это, что Путин стремился завербовать кое-кого из активистов этого движения, представлявших различные левые течения в государствах — членах НАТО? По мнению людей, в те годы общавшихся с ним, объектом его оперативных разработок были преимущественно финны.

Любой из жителей западно- и североевропейских государств, во второй половине семидесятых годов учившийся в Ленинграде, приехавший в город в составе туристических групп или с деловыми целями, вполне мог вступить в контакт с невысоким голубоглазым мужчиной со спортивной фигурой. Держался он довольно скованно, но тем не менее производил приятное впечатление и представлялся обычно инженером, интересующимся событиями политической и спортивной жизни в западных странах. Но никто из иностранцев, контактировавших тогда с Путиным, ни разу публично не высказался на эту интересную, но скользкую тему. Причина, видимо, заключается в том, что по возвращении на родину они немедленно изливали душу сотрудникам служб госбезопасности и сразу же забывали о Путине. Сделать это было совсем не сложно, ибо внешне он ничем не отличался от любого другого мало-мальски знакомого им советского гражданина. Сейчас Путин говорит, что приобретенный тогда опыт очень пригодился ему в жизни. В одной из бесед с журналистами он не без гордости заявил, что в те годы стал «настоящим специалистом по общению с людьми».

За время службы в Ленинградском управлении КГБ Путин завязал дружеские отношения с двумя своими сверстниками. Через 25 лет все трое заняли высшие посты в иерархии государственной власти Российской Федерации. Президент Владимир Путин, секретарь Совета безопасности Сергей Иванов, директор Федеральной службы безопасности Николай Патрушев — эти трое в 2000 году вершат судьбы России.

В 1980 году в Москве прошли летние Олимпийские игры. Сотрудникам КГБ по всему Советскому

Союзу было приказано направить в столицу наиболее способных офицеров с целью взять под контроль хлынувший туда поток иностранных туристов и по возможности попытаться завербовать кого-нибудь из них. Журналистам «Комсомольской правды» удалось найти бывшего сослуживца Путина, в 1980—1985 годах сидевшего с ним в одном кабинете в здании на Литейном проспекте. Игорь Антонов был на редкость откровенен — информация буквально лилась из него ручьем. Он, в частности, рассказал, что в начале восьмидесятых годов Путину была поручена очень ответственная работа по вербовке агентуры. На вопрос, в каком районе — США, Азии или Европе, Антонов ответил, что Путину удалось добиться «значительных успехов» в создании агентурной сети в тылу «одного из наших самых серьезных противников». До него это не удавалось никому. Кроме того, Путин, оказывается, умел вербовать агентов без использования компромата. Денег он им тоже не предлагал. Он просто сумел за два года напряженной работы переубедить многих иностранцев — у себя на родине они были далеко не последними людьми — и сделать их своими единомышленниками. Не менее успешно действовал Путин на территории ГДР. Правда, позднее выяснилось, что за время пребывания в Восточной Германии Путин завербовал только двух по-настоящему ценных агентов. Так, во всяком случае, утверждал в беседе с корреспондентом радио «Свобода» другой его сослуживец.

Путину было 30 лет и один месяц, когда умер Леонид Брежнев, 18 лет возглавлявший партию и государство. И сразу же резко осел фундамент, на котором стояла гигантская советская империя. Брежнев и другие старики во всемогущем Политбюро своим упорным нежеланием проводить хоть какие-нибудь реформы создали крайне опасную ситуацию, когда, образно выражаясь, плотина уже не выдерживала мощного потока воды и ее необходимо было любым способом выпустить. Сотрудники КГБ, как никто другой, знали об истинном положении в стране. Наиболее информированными были офицеры внешней разведки, внимательно изучившие истинные причины упадка советской экономики и представившие свои выводы в многочисленных докладных записках, снабженных грифами «только для служебного пользования» и даже «совершенно секретно». Среди них был, естественно, и Владимир Путин.

Вторжение советских войск в Афганистан едва не привело к разрыву отношений с западными державами, которые даже ввели экономические санкции против Москвы. С именем Андропова, занявшего высшие посты в партии и государстве, свои надежды на лучшее будущее страны связывало отнюдь не только руководство КГБ. После его прихода к власти народ словно пробудился от спячки и с надеждой ждал перемен. Большинство населения полагало, что Андропов, который в свои 68 лет был одним из самых молодых членов Политбюро, без колебаний возьмет курс на модернизацию. В Советском Союзе даже начал зарождаться своеобразный культ личности Андропова. Все как-то сразу забыли о таких негативных моментах деятельности бывшего шефа КГБ в генеральских погонах, как преследование инакомыслящих, жестокие расправы над политическими противниками советского режима и организацию государственных переворотов в странах третьего мира. Как простые люди, так и часть так называемой прогрессивно мыслящей элиты думали, что Андропов, являвшийся в их глазах символом «законности и порядка», единственный советский лидер, способный не только возродить экономику, но и провести необходимые демократические реформы.

Кое-кто из советской интеллигенции, сильно обнадеженный начавшимся при Хрущеве и сразу же закончившимся при его преемнике «периодом оттепели», теперь безудержно расхваливал «просвещенного государя», видя в нем гарант преобразования общества на основе либеральных идей. Лидеры ведущих стран Запада, напротив, весьма настороженно отнеслись к появлению на авансцене советской политики бывшего шефа тайной полиции. Президент США Рональд Рейган поспешил объявить Советский Союз «империей зла». Благодаря полученным от ЦРУ данным он был прекрасно осведомлен о состоянии советской экономики и решил воспользоваться уникальным шансом, чтобы втянуть СССР в новый виток гонки вооружений (программа «Звездных войн»*) и окончательно развалить его экономику.

Между тем есть все основания утверждать, что Андропов действительно был скрытым реформатором. Теперь уже известно, что, еще возглавляя КГБ, он всячески покровительствовал довольно многочисленной группе интеллектуалов, разрабатывавших проекты реорганизации общественно-экономического устройства Советского Союза. В отличие от большинства диссидентов такие либерально мыслящие экономисты, политологи и журналисты, как Георгий Арбатов, Евгений Примаков, Олег Богомолов, Федор Бурлацкий, Георгий Шахназаров и Татьяна Заславская, в своих аналитических разработках не только не требовали изменения существующего государственного строя, но даже не посягали на его основы. Поэтому Андропов видел в них стратегических союзников.

Новый советский лидер считал себя сторонником «китайской модели» общественно-политического

* Так называемая «Стратегическая оборонная инициатива» (СОИ). — *Ред.*

44

развития. На раннем этапе своей деятельности он собирался осторожно реформировать экономику, ни в коей мере не ослабляя контроля над процессом со стороны партийно-государственного аппарата. К реформе политической системы он собирался приступить в последнюю очередь и вообще предпочел бы предоставить решение этой задачи своим преемникам. Для претворения в жизнь далеко идущих планов Андропову требовались умные, образованные и абсолютно лояльные по отношению к нему сотрудники, менее коррумпированные, чем остальная номенклатура. Таких людей он мог найти только в стенах ранее подведомственного ему КГБ. Еще до своего перехода на работу в ЦК он поручил нескольким особо доверенным лицам разработать план использования созданной Дэн Сяопином «китайской модели» государственного капитализма применительно к советским условиям.

Но надеждам Андропова не суждено было сбыться. Слишком недолго — в 1982—1984 годах — довелось ему руководить государством. Во-первых, из-за болезни почек Андропов был вынужден находиться под постоянным контролем врачей, сделавших ему несколько операций, и фактически правил мировой державой с больничной койки. Во-вторых, реформаторские планы Андропова не устраивали большинство остальных членов Политбюро. На прошедших за время нахождения Андропова у власти нескольких пленумах ЦК КПСС ему удалось ввести в состав высшего политического руководства несколько партийных кадров нового типа. Однако он так и не смог довести до конца начатую борьбу с коррупцией, основными объектами которой были семья Брежнева и ее ближайшее окружение. В конечном итоге партократия смогла одержать победу над сторонниками Андропова из аппарата КГБ.

Смертельно больному Андропову пришлось признать свое поражение. Как и основатель Советского государства Ленин, он также дрожащими руками написал прощальное письмо ЦК КПСС с просьбой избрать его преемником самого молодого — по сравнению с остальными — члена Политбюро Михаила Горбачева. Но партийная номенклатура проигнорировала завещание Андропова. Во главе партии и государства встал ее типичный представитель — пожилой и дряхлый Константин Черненко. Сутулый, похожий на нахохлившегося ворона, он едва стоял на ногах, тяжело дышал, постоянно кашлял и еле-еле выговаривал слова хриплым, дребезжащим голосом. Черненко давно болел астмой; уже через несколько недель после своего прихода к власти он, подобно своему предшественнику, также надолго исчез за стенами Кремлевской больницы. В такой ситуации невозможно было проводить осмысленную внутреннюю и внешнюю политику. После смерти Черненко в марте 1985 года старцам из Политбюро пришлось скрепя сердце согласиться на избрание Горбачева Генеральным секретарем.

Тем временем Путин регулярно получал от начальства самые лучшие аттестации. Его руководителей смущало только одно обстоятельство. Молодой перспективный сотрудник в 30 лет все еще оставался холостяком. Он часто подолгу разговаривал по телефону и явно не по служебным делам. Вполне возможно, что у него даже роман с хорошенькой сослуживицей. Но у него не было главного — семьи, без которой, по единодушному мнению, нельзя было упорядочить личную жизнь. Правда, Путин довольно долго поддерживал близкие отношения с молодой красивой женщиной — врачом по профессии — и даже собирался жениться на ней, но незадолго до свадьбы они расстались. А руководство КГБ крайне неохотно посылало неженатых сотрудников в длительные заграничные командировки.

28 июля 1983 года Путин наконец отпраздновал свадьбу. Его избранница Людмила Шкребнева работала стюардессой на внутренних линиях «Аэрофлота». Она родилась в январе 1958 года в бывшей столице Восточной Пруссии Кенигсберге, после войны ставшей Калининградом. В 17 лет эта очаровательная девушка пошла работать на почту, через некоторое время освоила профессию токаря на калининградском заводе «Торгмаш», затем устроилась медсестрой в городскую больницу, а в свободное время руководила драмкружком во Дворце пионеров. Все знакомые Людмилы отзываются о ней как о добросердечной, искренней женщине, умеющей при любых обстоятельствах вести себя просто и естественно. Близкий друг семьи Путиных накануне выборов президента так охарактеризовал его жену: «Из Людмилы получится превосходная первая леди. Она, как и Раиса Горбачева, всегда поддерживала и будет поддерживать мужа. Только в отличие от нее она более искренняя, более человечная и уж, конечно, не такая надменная».

Путин еще только постигал основы профессии чекиста, когда его будущая супруга поступила в Калининградский технологический институт. Уже на втором курсе она ушла из него, решив стать стюардессой. В 1980 году она успешно сдала вступительные экзамены на вечернее отделение филологического факультета Ленинградского университета и активно занялась изучением испанского языка.

Владимир и Людмила познакомились в 1981 году на спектакле знаменитого советского сатирика Аркадия Райкина. По соображениям конспирации Путину тогда нельзя было говорить, что он служит в КГБ, и Людмила никак не могла понять, каким образом простому инженеру удавалось доставать билеты на самые престижные спектакли и концерты, попасть на которые было практически невозможно. Только через два года Путин сделал Людмиле предложение; он так долго ходил вокруг да около, что ей даже показалось, что он намерен расстаться с ней.

Перед свадьбой Владимир и Людмила съездили к родителям в Калининград. Отец Людмилы — Александр Абрамович, как и Путин-старший, был простым рабочим. Мать — Екатерина Тихоновна работала кассиром на бензоколонке.

Сыграв свадьбу, Путины поселились в квартире родителей Владимира на проспекте Стачек. У них не было возможности приобрести кооперативную квартиру. Людмила по-прежнему изучала иностранные языки. За два года помимо испанского и французского она, словно предвидя, что им с мужем придется жить в ГДР, выучила также немецкий язык. Тема ее дипломной работы — грамматика современного испанского языка.

Когда Горбачев в марте 1985 года стал Генеральным секретарем, майору КГБ Путину было 32 года. Когда на историческом апрельском пленуме новый советский лидер возвестил о начале перестройки, у Путина родилась дочь. За плечами у счастливого отца был десятилетний опыт работы в спецслужбах. Теперь он был готов к выполнению новых задач. Из Москвы, где на Путина уже давно обратили внимание, пришел приказ направить его для повышения квалификации в Краснознаменный институт имени Андропова*. Все курсанты на время учебы получили псевдонимы. Путина называли Платовым. Учился он хорошо, на экзамене по стрельбе получил оценку «отлично» и даже был назначен старшиной отделения.

---

* Ныне Академия внешней разведки. — *Здесь и далее примеч. переводчика.*

В период перестройки у КГБ появились новые функции. Это означало, что отныне в обязанности многих его сотрудников входило содействие реформированию однопартийной системы и внедрению рыночных элементов в закоснелые структуры контролирующего экономику партийно-государственного аппарата. Сопротивление советской бюрократии, сумевшей сорвать осуществление планов даже такого сильного политического деятеля, как Андропов, было настолько упорным, что казалось, его просто невозможно преодолеть. Тем не менее Горбачеву с его перестройкой удалось зайти гораздо дальше Хрущева с его периодом оттепели. Целью нового Генерального секретаря было радикальное преобразование советской системы. Для ее достижения Горбачев опирался на многочисленных консультантов своего давнего покровителя Андропова и стремился использовать аппарат КГБ — во главе него был поставлен относительно молодой генерал Крючков — для слома партийной номенклатуры.

В результате активных действий сторонников реформаторской политики внутри КГБ — среди них преобладали молодые офицеры наподобие Путина — под многими партийными боссами, привыкшими к роскоши и безответственности, зашатались кресла, так как Горбачев получил на них серьезный компромат. Сотрудники КГБ яростно преследовали столичных и провинциальных партийных функционеров самого высокого ранга. Но для удаления из Политбюро своих главных политических противников Горбачеву потребовалось более трех лет. В октябре 1988 года он последовал примеру трех своих предшественников и также настоял на избрании себя еще и Председателем Президиума Верховного Совета, сосредоточив тем самым в своих руках колоссальную власть. Однако до перелома в стране было еще далеко. Для радикального реформирования экономики и управленческой системы Советского Союза на основе рыночной идеологии и демократических принципов необходимо было отказаться от чрезмерной централизации власти, то есть сузить обширные полномочия командно-карательного аппарата, создать демократические институты, внести изменения в конституцию и перейти к экономическому стимулированию народного хозяйства, то есть, попросту говоря, разрешить частную инициативу.

Кроме того, для выполнения своей исторической миссии Горбачеву требовалась поддержка Запада. В такой могучей державе, как СССР, период перемен чреват самыми неожиданными поворотами, и западные державы, исходя из собственных интересов, были просто обязаны оказать содействие реформам.

В своих грандиозных планах реформирования советской модели социализма Горбачев не ограничивался пределами родной страны. По его мнению, другие государства — члены Варшавского Договора ни в коем случае не должны были избежать процесса модернизации. Для стран, где у власти все еще находились старики, по своим консервативным взглядам схожие с Брежневым, были разработаны свои варианты перестройки.

Если на территории СССР сотрудники органов госбезопасности обязаны были добывать компромат на высокопоставленных представителей управленческой элиты, то офицерам внешней разведки Горбачев поручил подавить возможные очаги сопротивления реформаторскому курсу в «советских колониях» в Восточной Европе. В Польше, Чехословакии и в первую очередь ГДР Москва усиленно разыскивала новых, более дальновидных партийных деятелей, сочетавших внешний лоск с приверженностью основным идеям социализма и способных реформировать существующий общественный строй, не потеряв при этом власть.

Сведения о разведывательной деятельности Путина в ГДР крайне противоречивы. Известно, что в 1985 году он приехал с семьей в Дрезден. Формально он был зачислен в состав Группы советских войск в Германии, но на самом деле служил в советской разведке, тесно сотрудничавшей с Министерством государственной безопасности ГДР («Штази»). Согласно его собственным высказываниям, он работал «по линии политической разведки». Аппарат представительства КГБ в ГДР насчитывал тогда 1000 сотрудников, и лишь восемь из них работали в Дрездене под руководством генерала Владимира Широкова. Территориально ГДР делилась на 14 округов. Дрезден был административным центром одного из них. Отставной генерал КГБ, когда-то «курировавший» ГДР в Первом главном управлении, сообщил корреспонденту «Комсомольской правды», что всегда был доволен результатами деятельности Путина.

В предвыборные месяцы журналисты со всего мира съехались в Германию с целью совершить поездку «по путинским местам». Они старательно искали следы пребывания Путина в Дрездене и Лейпциге, Бонне и Берлине, досконально расспрашивали всех известных в разведке людей, но так толком ничего и не узнали. Бывший начальник Первого главного управления Владимир Крючков, в 1988—1991 годах возглавлявший КГБ, вообще не помнил Путина. Эта фамилия также ничего не говорила легендарному руководителю Разведывательного управления Министерства государственной безопасности ГДР Маркусу Вольфу. Бывший секретарь Дрезденского окружного комитета СЕПГ Ганс Модров уверял, что никогда в жизни не встречался с Путиным, а бывший высокопоставленный сотрудник советской разведки генерал Олег Калугин при упоминании фамилии Путина только равнодушно пожал плечами.

Объяснить это можно только тремя обстоятельствами. Возможно, Путин по возрасту просто не мог занимать сколько-нибудь ответственный пост. Не исключено также, что он был типичным кабинетным работником и ему не поручали важных заданий. Но есть и еще одна версия, вполне имеющая право на существование. Согласно ей, Путин был настолько законспирирован, что о его существовании не знали даже в вышестоящих инстанциях. Чем внимательнее биографы Путина изучают этот период его жизни, тем противоречивее оказываются данные о нем. Похоже, бойцы так называемого «невидимого фронта» в Москве изо всех сил пытаются́ прикрыть данный период плотной завесой секретности или просто направить журналистов по ложному следу. Возникает вопрос: а не являемся ли мы свидетелями зарождения очередного культа личности? Ведь в восьмидесятые годы тоже имела место фетишизация личности бывшего главы спецслужб. Сам Путин довольно подробно рассказал в своих интервью о том, чем ему довелось заниматься в Дрездене. Оказывается, он тщательно собирал нужные сведения и после аналитической обработки отправлял их в Москву. В частности, ему удалось не только спрогнозировать падение Берлинской стены, но и предложить свой вариант решения «проблемы ГДР». Техническим и экономическим шпионажем он не занимался и никогда не пытался раздобыть секретную информацию на территории ФРГ, иначе после объединения Германии немецкая контрразведка никогда бы не разрешила ему въезд в страну. По словам Путина, в Кельне хорошо осведомлены о его деятельности в Дрездене, так как все документальные материалы из архивов «Штази», касающиеся его пребывания в Восточной Германии, после падения Берлинской стены были полностью переданы спецслужбам ФРГ, и никакие неприятные сюрпризы его не ждут.

Похоже, что в архивах этих ведомств содержится крайне мало данных о Путине. Но даже если бы там имелся по-настоящему сенсационный материал, власти ФРГ никогда бы не рискнули публично изобличать человека, от которого в ближайшие годы в значительной степени будут зависеть как российско-германские отношения, так и стабильность в Европе.

Группа советской разведки в Дрездене размещалась в доме № 4 на Ангеликаштрассе. Серого цвета вилла в аристократическом квартале Лошвиц находилась прямо напротив окружного управления МГБ. Но Путин заглядывал туда крайне редко. Зато он регулярно посещал части расположенной в Восточной Германии и насчитывающей 380 000 человек Западной группы войск, штаб-квартиры представительства КГБ в Карлсхорсте, а также генеральное консульство СССР в Лейпциге. Он заезжал туда потому, что работал в ГДР под «крышей» заместителя председателя окружного отделения Общества советско-германской дружбы и в Лейпциге мог установить контакты с лицами, представляющими определенный оперативный интерес. Разумеется, он постоянно бывал также на Лейпцигской ярмарке и познакомился там со многими известными людьми. Правда, проживавшим в Восточной Германии советским гражданам и представителям первой волны русской эмиграции не составляло большого труда определить принадлежность Путина к спецслужбам, и поэтому они старались не общаться с ним и его семьей. Путина это крайне раздражало, так как он считал себя порядочным человеком, не способным на подлый поступок. Действительно, в Дрездене и Лейпциге о нем и его семье отзывались только положительно.

Путины занимали стандартную двухкомнатную квартиру с прихожей и чуланом на третьем этаже сборно-щитового дома № 101, расположенного на Радебергерштрассе. Во второй половине 1986 года у них родилась вторая дочь. Путин сохранил самые добрые воспоминания о своей службе в ГДР. В свободное время он руководствовался принципом «у каждого свои слабости» и в результате стал любителем такого традиционного немецкого напитка, как пиво. По выходным он вместе с женой и дочерьми выезжал на маленькой серой «Ладе» на прогулку в Саксонскую Швейцарию, а вечерами вместе с Людмилой заходил в небольшие открытые кафе, где заказывал пиво и жареные колбаски.

На досуге он с удовольствием читал в подлиннике Шиллера и Гете и даже вступил в дрезденское отделение Общества любителей рыбной ловли.

Репортеру еженедельника «Вельт ам зонтаг» удалось разыскать пивную «Ам Тор», завсегдатаями которой были сотрудники дрезденского филиала советской разведки. К глубокому разочарованию любителей сенсаций, ее владелец рассказал, что ни разу не видел Путина пьяным. Русский часто заходил в его заведение, садился за один и тот же угловой столик (для особо любопытных туристов там сейчас оборудован «Уголок Путина»), заказывал кружку пива и внимательно наблюдал за посетителями. Время от времени он беседовал с ними о каких-то пустяках и никогда не высказывал своих политических взглядов. По праздникам он угощал их водкой, которую всегда приносил с собой. В официальной обстановке капитан КГБ Путин почти не пил. Вскоре после его приезда в ГДР Горбачев объявил о начале знаменитой антиалкогольной кампании. На одном из приемов, устроенных сотрудниками «Штази», Путин, к их великому удивлению, вылил стакан водки в цветочный горшок.

Любой из офицеров КГБ, служивших тогда в ГДР, на вопрос о степени важности работы его коллег в Дрездене лишь усмехнется в ответ. В Дрезден не направляли перспективных офицеров — там вряд ли можно было получить важные сведения, касающиеся ГДР. Офицеров разведки, которым прочили большое будущее, посылали в США, страны Западной Европы и третьего мира. В государствах Восточного блока работали, как правило, сотрудники ПГУ со средними способностями, разоблаченные западными спецслужбами разведчики или — об этом также не следует забывать — люди со специальными заданиями.

Был ли Путин одним из них? Он старательно избегал и избегает любых разговоров на эту тему. Из книги «От первого лица» нам известно, что после окончания Краснознаменного института имени Андропова ему предложили на выбор две страны — ФРГ и ГДР. Но перед тем как отправиться в Бонн или другой западногерманский город, требовалось прослужить несколько лет начальником отдела центрального аппарата КГБ. Но Путин не намерен был больше ждать. Ему хотелось побывать в другой стране, посмотреть на другую жизнь. Не последнюю роль здесь играли также материальные соображения, и с этой точки зрения длительная командировка в Восточную Германию давала большие преимущества. В отличие от Ленинграда в Дрездене Путин часть зарплаты получал в свободно конвертируемой валюте. Правда, сперва он надеялся попасть в столицу ГДР, ибо тогда мог бы распространить свою сферу деятельности на Западный Берлин, где проходила граница между двумя враждебными военно-политическими блоками. Но все-таки в конце концов он оказался в провинциальном городе.

В беседах с журналистами Путин особо подчеркнул, что в ГДР он занимался только изучением политической ситуации в странах НАТО, главным образом в ФРГ, собирал информацию о политических партиях в обеих частях Германии и составлял для Центра досье как на ведущих немецких политических деятелей, так и на представителей молодого поколения политиков. Через своих информаторов он пытался получить из Бонна и других западноевропейских городов важные сведения о стратегии и тактике государств — членов Атлантического пакта и их позиции на предстоящих переговорах по разоружению. Видимо, в обязанности Путина входила также вербовка жителей ГДР, выезжавших в страны Западной Европы по служебным делам или на постоянное место жительства. По данным газеты «Зэксише цайтунг», негласным сотрудником Путина был, в частности, некто Райнер Зоннтаг, по заданию КГБ засланный в одну из западногерманских праворадикальных организаций. Ранее неоднократно судимый в ГДР, Зоннтаг вскоре стал сутенером и был убит в Мюнхене.

Путин, безусловно, гарантировал лицам, пожелавшим навсегда покинуть ГДР, скорейшее удовлетворение их просьб властями Восточной Германии в том случае, если они согласятся после своего отъезда на Запад работать на советскую разведку. Таким образом, он, по мнению нескольких бывших сотрудников «Штази», сумел внедрить нескольких «кротов» в структуры концерна «Сименс».

Безусловно, тогда с Путиным познакомились и некоторые западные бизнесмены, приезжавшие в Дрезден и Лейпциг. Многие западногерманские экономисты часто посещали Дрезденский университет. Иностранцы обычно останавливались в отеле «Бельвю», где их уже поджидали работавшие на «Штази» проститутки.

Вскоре Путин и его сослуживцы получили новые задания. Горбачев поручил им позаботиться о создании за рубежом более привлекательного образа Советского Союза, ибо СССР формально отказался от агрессивной политики и коммунистической идеологии. Горбачев и КГБ надеялись тогда, что после модернизации их государство станет одним из гарантов стабильности в мировой политике и будет принято в «общеевропейский дом». Теперь для привлечения к сотрудничеству жителей западных стран применялись совершенно другие аргументы. Многие из видных представителей политической и деловой элиты в странах НАТО, не скрывавших своих симпатий к провозглашенной Горбачевым перестройке, охотно контактировали с советской разведкой. На Западе с надеждой восприняли весть о проходящих на Востоке переменах. Страх перед некогда грозным КГБ практически исчез.

Советскому Союзу требовалось преодолеть свое отставание не только в таких областях человеческих знаний, как микроэлектроника и вычислительная техника, но и в сфере информационных технологий. Без этого реорганизация экономических и социально-политических институтов была невозможна. Самым простым и дешевым способом получения новейших результатов научно-технических исследований был шпионаж. В Дрездене находился довольно известный завод по производству компьютерной техники «Роботрон», не только снабжавший своими изделиями все страны Восточного блока, но и поддерживавший контакты с концернами «Сименс» и «Ай-Би-Эм». В книге «От первого лица» Путин откровенно рассказывает, как его коллеги из отдела, занимавшиеся научно-техническим шпионажем, купили за несколько миллионов долларов разработанный на Западе сверхсекретный проект, относящийся к сфере высоких технологий. Руководство в Москве осыпало организаторов и исполнителей операции орденами. Но затем выяснилось, что в этой области СССР значительно отстает от западных держав и не имеет возможностей для осуществления данного проекта, который остался лежать в сейфе. Если имелся в виду план создания истребителя «Еврофайтер», то тогда вполне понятно, почему новый российский президент питает такую симпатию к научным разработкам в системе военно-промышленного комплекса.

Чем же на самом деле занимался Путин в Восточной Германии? Был ли он причастен к закулисным политическим интригам, о которых ничего не знали его коллеги из Министерства государственной безопасности ГДР? Почему сослуживцы прозвали его «Штази»? Путин, приехавший в ГДР в звании капитана, непрерывно поднимался по служебной лестнице и в итоге вернулся в Советский Союз в чине подполковника, сделав неплохую по тогдашним меркам карьеру. В 1987 году Путин вместе со многими другими сотрудниками представительства КГБ был награжден золотой медалью «За выдающиеся заслуги перед национальной Народной армией ГДР», но этой награды советских офицеров удостоили исключительно в честь семидесятилетия Октябрьской революции. 7 февраля 1988 года Путин был награжден бронзовой медалью «За заслуги» Министерства государственной безопасности ГДР, хотя никаких особых заслуг за ним не числилось. И совсем непонятно, почему Президиум Верховного Совета СССР наградил его орденом «Знак Почета».

Один высокопоставленный американский дипломат довольно скептически отозвался о Путине: «Мы еще слишком мало знаем этого человека и вынуждены тратить много времени и сил на освещение некоторых темных моментов в его биографии». Совершенно неясно, какую роль он сыграл в развале

ГДР. Как он расценивал перемены, происходившие в стране пребывания, как революционные? Откуда он наблюдал за падением Берлинской стены? Как воспринял демонстрацию, прошедшую в Дрездене практически у дома, где размещалась их группа? И не был ли он, по мнению многих, участником инициированного Горбачевым заговора, целью которого было смещение Эриха Хонеккера с высших партийных и государственных постов?

Как стало известно уже в наши дни, руководство КГБ в Москве еще в 1987 году предвидело крах ГДР. Сразу же после прихода к власти Горбачева советская разведка активизировала свои контакты с представителями интеллектуальной элиты в государствах Восточного блока с целью распространить там идеи перестройки. В июне 1987 года тогдашний начальник Первого главного управления Крючков тайно посетил Дрезден и Восточный Берлин, чтобы выяснить истинное положение дел в Восточной Германии. В доме известного физика Манфреда фон Арденне он откровенно поддержал идею демократизации общественного строя в ГДР и предложил обсудить возможность замены Эриха Хонеккера более молодым, «прогрессивно мыслящим» секретарем ЦК Эгоном Кренцем или заурядным первым секретарем Дрезденского окружкома СЕПГ Гансом Модровом. В Москве понимали, что осуществлению ее планов мешает только присутствие Хонеккера и группы его единомышленников в высших эшелонах власти. Поэтому КГБ приступило к проведению одной из самых секретных операций под кодовым названием «Луч» с использованием специально подготовленных офицеров.

Теперь Путин по вполне понятным причинам категорически отрицает свою причастность к этой акции, о которой долго ничего не знали ни высшее руководство СЕПГ, ни генералы «Штази». Кому в России наших дней хочется, чтобы его имя связывали с Горбачевым и крахом Варшавского Договора? Но если Путин действительно входил в эту группу, то от него требовался теперь переход от вербовки западногерманских инженеров и бизнесменов к использованию в интересах Москвы оппозиционно настроенных членов партий, входивших в «Демократический блок» *, известных служителей церкви и, разумеется, сотрудников восточногерманских спецслужб. Ведь речь шла — ни много ни мало — о подготовке государственного переворота в дружественной стране. В интервью «Зэксише цайтунг» в марте 2000 года бывший подполковник «Штази» Петер Аккерман утверждал, что в январе 1990 года Путин лично пытался привлечь его к сотрудничеству с КГБ. Какую цель ставила перед собой эта мощная организация, подрывая основы коммунистического строя в ГДР? Вряд ли она добивалась воссоединения двух ~~неменких~~ государств. Путин и его сослуживцы наверняка не могли предвидеть такой вариант развития общественно-политического процесса на подведомственной им территории. Высшее политическое руководство СССР во главе с Горбачевым требовало от них только отстранения от власти группы закоренелых сталинистов и содействия процессу преобразования ГДР в социалистическое государство нового образца.

Аналогичные операции КГБ, вероятно, проводило также и в других государствах Восточного блока. В данном случае никто даже гипотетически не представлял себе возможности распада Варшавского Договора. В наши дни как-то не принято вспоминать, что «бархатная революция» в Чехословакии победила не без помощи советской разведки. Что же касает-

---

* Объединение всех политических партий и наиболее массовых общественных организаций ГДР.

ся событий в ГДР, то Андреас Беме и Рольф-Георг Рейт подробно исследовали степень участия в них группы «Луч» в опубликованной в 1999 году книге «Заговор».

В одной из вышеупомянутых бесед с журналистами Путин с нескрываемым возмущением отзывается о своих коллегах из «Штази», до последнего времени сохраняющих веру в коммунистические идеалы. Для Путина, осознавшего необходимость проводимой Горбачевым и его соратниками перестройки всей структуры управления в Советском Союзе, такая позиция была совершенно неприемлема. Бывшие сотрудники органов безопасности ГДР, напротив, описывают Путина как замкнутого и очень осторожного человека, умеющего скрывать мысли и чувства и предпочитавшего действовать за кулисами. Поэтому многие просто не замечали его. Но, с другой стороны, Путин поражал офицеров «Штази» своей почти феноменальной памятью на лица. Они также отдавали должное его незаурядному уму, образованности и умению молчать. Он никогда не принимал скоропалительных решений и не верил чужим клятвам, предпочитая в таких ситуациях полагаться на собственную интуицию.

Сотрудники «Штази» не скрывали также своего удивления от способности Путина применять на практике принципы строго иерархической философской системы, лежавшие в основе такого японского вида спорта, как дзюдо. Он тщательно соблюдал субординацию и никогда не производил впечатления карьериста, хотя, безусловно, стремился продвинуться по службе. Коллеги ценили его за самообладание и самодисциплину, однако в действительности Путину, человеку эмоциональному, порой было довольно сложно скрывать свои чувства. По мнению одного из сослуживцев, Владимир «сильно нервничал» в трудных ситуациях. Часто он машинально прятал руки в карманах, очевидно, желая таким образом скрыть свои душевные переживания. В беседах с друзьями и коллегами Путин любил называть себя «типичным представителем красной бюрократии» и с гордостью рассказывал об активном участии деда в революционных событиях в Санкт-Петербурге в октябре 1917 года.

Не следует также забывать, что Путин был членом парткома представительства советской разведки в ГДР. Это опять же наводит на мысль о его близости к властным структурам. Безусловно, он играл весьма значительную роль в налаживании тесных связей между Дрезденом и Ленинградом, ставшими в конце концов городами-побратимами. Тогдашний первый секретарь Ленинградского обкома Владимир Соловьев неоднократно посещал Дрезден и, по некоторым данным, выполнял специальные задания Горбачева. По слухам, именно через него кремлевский лидер поддерживал «особые отношения» с Модровом.

В 1989 году Горбачев приехал в ГДР на празднование сорокалетия со дня основания этого государства. Он побывал в Лейпциге, а в Восточном Берлине произнес знаменитую фразу: «Опоздавшего жизнь сама накажет». Сотрудники представительства КГБ подробно информировали его о ситуации в высшем руководстве СЕПГ. После отъезда Горбачева в ГДР начались народные волнения. Операция «Луч» вступила в завершающую стадию.

Путин покинул ГДР в январе 1990 года, через два месяца после крушения Берлинской стены. Нельзя сказать, что уезжал он в спокойной обстановке. Еще 29 марта 1989 года начальник дрезденского окружного управления МГБ Хорст Бем подал непосредственному начальнику Путина генералу Широкову рапорт, в котором обвинил его подчиненных в попытках завербовать офицеров вооруженных сил ГДР. Очевидно, руководители к этому времени уже располагали определенной информацией о чрезмерной активности группы «Луч», и разгневанный Хонеккер поручил Бему собрать доказательства «подрывной деятельности» Модрова, пообещав ему взамен пост министра государственной безопасности. По данным немецкого историка Ганса-Йоахима Хоппе, Бем даже должен был отдать приказ арестовать Путина по обвинению в «получении сведений, составляющих военную тайну ГДР». После демократической революции Бем покончил с собой.

Однако вполне возможно, что в Центре были недовольны результатом работы группы «Луч», не сумевшей справиться с поставленной перед ней задачей. Ее члены не смогли правильно оценить расстановку политических сил в Восточной Германии и степень революционной активности значительной части населения. Массовые демонстрации в Лейпциге и Дрездене стали для них полной неожиданностью. Руководство советской разведки в ГДР было твердо уверено в том, что полностью контролирует ситуацию в стране, хотя уже за несколько месяцев до ноябрьских событий это было не так. В результате о падении Берлинской стены в штаб-квартире представительства КГБ в Карлсхорсте узнали не от офицера связи в Министерстве государственной безопасности, а из информационных выпусков западногерманского телевидения.

После падения стены несколько правозащитников призвали к захвату архивов «Штази». Путин, наверное, никогда не забудет 6 декабря 1989 года, когда разъяренная толпа едва не ворвалась в дом № 4 на Ангеликаштрассе, где размещалось дрезденское отделение КГБ. Он позвонил в штаб Западной группы войск в Восточном Берлине и попросил помощи, но услышал в ответ, что из Москвы не поступало никаких распоряжений. Тогда офицеры КГБ приготовились отразить штурм с оружием в руках. Тридцатисемилетний подполковник Путин лично вышел к агрессивно настроенной толпе, выдал себя за переводчика и предложил всем отойти от места расположения советской воинской части. «Я солдат и готов погибнуть!» — крикнул он возмущенным правозащитникам.

Позднее Путин рассказал журналистке Наталье Геворкян, что именно в тот момент он понял: СССР больше нет. Москва молчала, и никто не пришел к ним на помощь. Путин затопил печь и несколько дней бросал в огонь плоды своей пятилетней разведывательной деятельности в пользу уже фактически не существующего государства. В итоге он сжег такое количество документов, что печь развалилась.

Совершенно непонятно, что именно произошло после возвращения Путина из ГДР. Нет никаких данных, подтверждающих версию, согласно которой он действительно получил предложение занять ответственный пост в немецком отделе центрального аппарата КГБ в Москве. По другим сведениям, непосредственное начальство Путина после краха ГДР отнеслось к молодому подполковнику, мягко говоря, с прохладцей и предложило ему перейти на работу в Ленинградский университет помощником ректора по международным связям. Эту номенклатурную должность, как правило, занимали ветераны КГБ. Путин оказался там, где начинал 15 лет назад. В его обязанности входила слежка за иностранными студентами и их вербовка. Только теперь он сидел не в тиши таинственного здания на Литейном проспекте, а в самом эпицентре бурной университетской жизни.

На глазах Путина обрушился социалистический строй в ГДР. Уже тогда ему стало понятно, что избранный Горбачевым вариант перестройки в СССР и странах Восточной Европы в корне ошибочен. В ГДР и других государствах Варшавского Договора отстранение от власти догматично настроенных партийных руководителей и либерализация политического режима произошли в результате активных действий народных масс. Горбачев же рассчитывал устроить «революцию сверху» и, отказавшись от господствующего положения коммунистических партий во властных структурах, реформировать авторитарно-бюрократические системы, опираясь на такие ее столпы, как армия или служба безопасности. Однако в результате резких социально-политических перемен политбюрократия лишилась какой бы то ни было опоры. В Румынии многие сотрудники «Секуритат» даже поплатились жизнью за свою принадлежность к этой организации.

Мог ли Советский Союз существовать после распада Варшавского Договора? Богатый жизненный опыт подсказывал молодому подполковнику, что нет никаких оснований надеяться на лучшее. Глава КГБ Крючков как раз издал секретный приказ, обязавший всех своих подчиненных использовать все средства для разрешения порожденных перестройкой проблем и сохранения советской системы. В этом приказе прямо говорилось, что для этого требуется помешать возникновению политической оппозиции. Умный и образованный председатель КГБ пока еще не решился уподобиться тем изрядно перенервничавшим генералам Советской Армии, которые в апреле 1989 года приказали разогнать демонстрацию в Тбилиси, а в январе 1990 года ввести войска в Баку*. Он пока еще не был намерен прибегать к репрессивным мерам в отношении инакомыслящих и собирался

---

* В данном случае генералы лишь выполняли приказ высшего политического руководства СССР.

лишь внедрить своих тайных агентов в зарождающиеся демократические организации с целью взять их под контроль КГБ. В случае необходимости тем самым можно было разложить эти организации изнутри и дискредитировать их в глазах большинства населения.

Крючков приказал своим офицерам снять мундиры и под видом представителей интеллигенции примкнуть к демократам. Разработанный план предусматривал избрание на предстоящих весной 1990 года выборах депутатов Верховных Советов России и других союзных республик как можно большего числа лиц, непосредственно связанных с КГБ. Был даже создан специальный центр по обучению этих людей стратегии и тактике предвыборной борьбы. Органы безопасности на местах снабжали нужных кандидатов соответствующей информацией и компроматом на соперников.

Об этой стороне деятельности КГБ тогда очень много писали на Западе. Исследовательский институт при объединенной редакции «Свободная Европа/радио „Свобода"» опубликовал много аналитических докладов на эту тему. Многие западные эксперты полагают, что в начале девяностых годов основную роль в осуществлении перестройки играло именно КГБ. После того как Горбачев задолго до августовского путча 1991 года лишил КПСС почти всех властных функций, судьба Советского Союза в последние полтора года его существования зависела только от КГБ, остававшегося единственным дееспособным государственным институтом.

Весь 1990 год несанкционированное Кремлем демократическое движение упорно набирало силу. Выведенный из Политбюро по настоянию Горбачева и объявленный партийной верхушкой «предателем» Борис Ельцин, а также вернувшийся из ссылки Андрей Сахаров, самый знаменитый диссидент и лауреат Нобелевской премии мира, стали подлинными вождями новой российской демократии. В КГБ быстро поняли, что рано или поздно в СССР, как и в Восточной Европе, к власти в результате свободных выборов придут политики нового типа наподобие Ельцина. В своем стремлении контролировать процесс демократизации КГБ не ограничилось описанными выше мерами, а предприняло довольно рискованные шаги по созданию «карманной оппозиции». В июне 1990 года был основан так называемый «Центристский блок». С его помощью КГБ надеялось породить иллюзию существования некой «золотой середины» — политической силы умеренно демократической ориентации, стремящейся сохранить СССР и отличной как от «вечно вчерашних» догматиков из коммунистического лагеря, так и сплотившихся вокруг Ельцина радикальных демократов. Программа «Центристского блока» была на редкость примитивной и сводилась к требованию ликвидации коммунистической системы при сохранении Советского Союза в качестве супердержавы. Коммунистическую идеологию предполагалось заменить крайним национализмом, плановое хозяйство — государственным капитализмом, а Политбюро — Комитетом национального спасения, который должен был ввести в стране чрезвычайное положение и восстановить порядок в экономической и политической сферах с помощью армии и КГБ. Крючков даже публично встретился с лидерами блока в надежде придать им политический вес в глазах части населения, зараженного самодержавными и шовинистическими настроениями. «Центристский блок» состоял из нескольких карликовых партий, почти все руководство которых было связано с КГБ.

Одна из таких организаций гордо именовала себя

Либерально-демократической партией (ЛДПР). Во главе нее стоял ранее никому не известный Владимир Жириновский. Тогда никто не мог предположить, что этот политический авантюрист через несколько лет станет самым скандальным персонажем российской политической сцены. В июне 1991 года Жириновский решил баллотироваться на пост президента РСФСР. У него почти не было шансов на успех, но зато в декабре 1993 года он поразил Россию и западные страны своей победой на парламентских выборах. Депутаты от ЛДПР образовали крупнейшую фракцию в Государственной думе. Речи Жириновского с явным расистским подтекстом приводили многих в ужас. С другой стороны, демократам не оставалось ничего другого, как признать, что подлинные организаторы победы ЛДПР на выборах 1993 года — политтехнологи из бывшего КГБ — на этот раз поработали хорошо и результативно.

Однако «вариант Жириновского» представлял собой только частичное решение проблемы. В декабре 1993 года прошли обкатку приемы грамотного манипулирования умами миллионов избирателей, весьма пригодившиеся через шесть лет, когда положение было гораздо более серьезным. Очень важно было осознать, что место Жириновского вполне может занять кто-нибудь еще.

В ~~Ленинграде~~ *Петербурге* также заметно усилилось демократическое движение, признанным лидером которого стал бывший университетский преподаватель Путина Анатолий Собчак. Весной 1989 года при поддержке своих студентов он стал членом I съезда народных депутатов СССР. От радикальных демократов Собчак отличался гораздо более умеренными взглядами и не скрывал своих разногласий с теми, кто призывал к ликвидации Советского Союза. Будучи убежденным антикоммунистом, он выступал за полномасштабную демократизацию политической системы при сохранении за государственными институтами таких важных функций, как, например, охрана общественного порядка в стране. Поэтому многие либералы обвиняли его в «авторитарных настроениях». Однако Горбачеву Собчак настолько понравился, что он даже сперва предложил ему пост вице-президента СССР, а затем премьер-министра. В свою очередь, Ельцин был готов выдвинуть ленинградского юриста на пост вице-президента РСФСР. КГБ уже внимательно присматривалось к перспективному политику, а «Центристский блок» намеревался провозгласить Собчака председателем Комитета национального спасения.

В мае 1990 года Крючков пригласил всех аккредитованных в Москве иностранных послов и первым делом заверил их в том, что КГБ будет и далее непреклонно поддерживать перестройку. Но потом он поспешил сменить тему и счел нужным подчеркнуть, что в КГБ служит очень много высококвалифицированных аналитиков и специалистов по деловым контактам с западными фирмами. По словам Крючкова, наиболее выдающиеся уже создали не только аналитические отделы, занимающиеся изучением положения в Советском Союзе, но еще и самые настоящие службы разведки и экономической безопасности. По сравнению с ними советский частный бизнес еще очень слаб, неопытен и не располагает подобными структурами. Поэтому КГБ просто обязано оказать ему всяческое содействие. Крючков призвал присутствующих с пониманием отнестись к тому, что его ведомство усилило контроль за экономическими процессами.

У тридцатисемилетнего Путина этот период наверняка ассоциировался со «смутным временем». Четыре года он прожил в ГДР — государстве, которое исчезло с географической карты. Теперь он был вынужден констатировать, что его родная страна тоже находится на грани распада. В обеих некогда сверхмогущественных организациях, которые являлись опорами социалистического строя и с которыми он связал свою судьбу — КПСС и КГБ, — наблюдались явные признаки разложения. Многие его коллеги уволились из органов и ловко воспользовались в своих интересах экономической ситуацией в Ленинграде. Вскоре они уже занимали ключевые должности на приватизированных предприятиях или создавали различные охранные структуры для защиты «новых русских» и их западных партнеров от набиравшей силу ленинградской мафии.

Кое-кто из сослуживцев Путина использовал свои связи за рубежом для отмывания партийных денег. Другие продолжали держаться за прежнее место работы, хотя всерьез опасались, что их может постигнуть судьба офицеров «Штази» или даже более худшая участь сотрудников «Секуритат». Некоторые сослуживцы Путина почти не имели средств к существованию, так как государство перестало регулярно платить зарплату. Наступила эпоха тотального дефицита или, проще говоря, пустых прилавков, и великая держава оказалась в унизительной зависимости от поступления гуманитарной помощи с Запада. Но, несмотря на это, находящаяся в распоряжении этих людей служебная информация позволяла им ориентироваться в новых условиях гораздо лучше, чем остальным. Правда, Путин пока еще не определился и, чтобы не терять времени, начал собирать материал для кандидатской диссертации, темой которой — международное частное право.

В начале 1990 года ректор Ленинградского университета Станислав Меркурьев вылетел в Нью-Йорк. С ним были еще два человека. Один из них —

Анатолий Собчак — должен был выступить с лекцией в тамошнем университете. Второму — кадровому офицеру КГБ Путину — Меркурьев просто предложил сопроводить его. За время поездки Собчак и Путин, видевшиеся в последний раз 15 лет тому назад, прониклись друг к другу симпатией. В мае того же года Собчак был избран председателем Ленсовета. После распада управленческих структур КПСС этот пост считался наиболее ответственным в городе. Через несколько дней он пригласил Путина для серьезного разговора. В дальнейшем они по-разному рассказывали об этой встрече. По версии Собчака, Путин дал ему понять, что крайне разочарован действиями руководства КГБ и подал заявление на увольнение из органов. Именно поэтому Собчак предложил ему должность своего помощника. По словам же Путина, все было совершенно иначе. Он не стал скрывать от удивленного председателя Ленсовета, что является действующим офицером КГБ. После некоторых колебаний Собчак пригласил его к себе на работу.

Вполне возможно, что Собчаку был нужен именно такой человек, как Путин, поскольку положение первого никак нельзя было назвать стабильным. В его окружении можно было встретить кого угодно, вот только профессионалов, обладающих глубокими познаниями в экономике и политике, там почти не было. Сразу же после назначения помощником Собчака Путин навестил бывшего коллегу Игоря Антонова и рассказал ему о своей новой работе. «Знаешь, Игорь, — сказал он, — я просто поражен некомпетентностью и непрофессионализмом этих демократов!» Путин предложил приятелю также перейти в аппарат Ленсовета, но Антонов вежливо отказался, так как не хотел связываться с демократами. Он попытался уговорить Путина остаться в КГБ, сулил ему скорое получение звания полковника, но новоиспеченный помощник новоизбранного председателя Ленсовета был непреклонен и на прощание прямо заявил: «Нет, Игорь, ты не прав. Собчака даже не нужно уговаривать. Нам предстоят великие дела...» Затем Путин зашел к своему непосредственному начальнику и сказал, что хочет с ним посоветоваться: «Мне Анатолий Александрович предложил перейти к нему на работу. Если нужно, я готов уволиться». Мне ответили: «Нет, зачем. Иди, спокойно работай, никаких вопросов». Путин очень обрадовался такому ответу и поспешил вернуться в Смольный, где размещался Ленсовет. Он не только сохранил хорошие отношения с бывшим руководством, но и продолжал получать второй денежный оклад, положенный офицеру действующего резерва КГБ.

Некоторые демократы из окружения Собчака быстро выяснили, кого приблизил к себе их шеф. Кое-кто даже пытался шантажировать Путина его прошлым. В ответ он публично заявил о своей принадлежности к КГБ. Но Собчака эта проблема совершенно не волновала. Более того, его как нельзя больше устраивала биография Путина, поскольку теперь он мог воспользоваться не просто богатым жизненным опытом своего помощника, но еще и его связями с бывшими коллегами. Недавно созданные демократические партии и организации были буквально наводнены явными и скрытыми сотрудниками КГБ. Многие из них специально проникли в демократические структуры для превращения их в своего рода «инструменты влияния» тайной полиции. Правда, целый ряд офицеров перешел на сторону демократов по идейным соображениям, но их дальнейшее поведение было совершенно непредсказуемо. Наконец, кто-то просто надеялся на более успешную карьеру в зарождающихся новых структурах власти.

Внутри съезда народных депутатов парламента, впервые за всю историю Советского Союза избранного относительно свободно, группа демократически настроенных политиков создала «Межрегиональную депутатскую группу», со временем превратившуюся в «генеральный штаб» демократических сил. Ее сопредседателями стали Ельцин и Сахаров. Существование этого объединения доставило немало беспокойства как лично Горбачеву, так и почти всему руководящему составу КГБ. Партийный лидер надеялся, что сможет из-за стен Кремля регулировать темпы реформ и при необходимости резко снижать их. Кроме того, честолюбивый кремлевский правитель хотел, чтобы как внутри страны, так и за ее пределами его считали не просто единственным инициатором происходивших в Советском Союзе перемен, но и своеобразным их символом. Однако Ельцин и Сахаров сумели перехватить у него инициативу. Чтобы не потерять окончательно контроль над демократическими процессами, Горбачев начал регулярно посылать на встречи его руководителей своего советника по внутриполитическим вопросам Евгения Примакова, известного своими тесными связями со спецслужбами.

Во второй половине 1990 года политическая ситуация в Советском Союзе накалилась до предела. На прошедшем летом XXVIII и, как выяснилось в дальнейшем, последнем съезде КПСС партия официально отказалась от монополии на власть*, законодательно закрепленной на протяжении нескольких десятилетий. Отныне Горбачев мог опираться только на КГБ. Крючков стал фактически вторым человеком в государстве. Горбачев предоставлял ему все новые и

---

* Это не совсем так. Партийная монополия на власть существовала с начала двадцатых годов, однако ее «направляющая и руководящая роль» была узаконена только в Конституции 1977 года.

новые полномочия. Но руководство КГБ, в 1985— 1989 годах считавшее его истинным наследником Андропова, поддержавшее его в борьбе с отъявленными сталинистами из Политбюро и отводившее себе роль чуть ли не флагмана перестройки, под угрозой распада великой державы превратилось в ярого противника реформ. Крючков попытался полностью изменить политический курс, но было уже поздно. Волна демократизации захлестнула уже и сам аппарат КГБ в центре и на местах. В итоге этот монолит раскололся на два враждебных лагеря. Если в одном из них преобладали сторонники использования военной силы для предотвращения распада Советского Союза, то в другом, представленном в основном молодыми офицерами, настаивали на продолжении процесса демократизации. Без них исход путча, организованного Крючковым в августе 1991 года, вполне мог быть иным, ибо формально в КГБ состояло 70 процентов от общего числа всех сотрудников советских спецслужб.

Крючков со страхом наблюдал за попытками Ельцина, избранного в июне 1991 года Председателем Верховного Совета РСФСР, создать собственную систему органов государственной безопасности. Довольно много офицеров КГБ, и среди них проживавший в Ленинграде Сергей Степашин*, открыто выразили готовность перейти на сторону демократов, а бывший начальник одного из основных подразделений Первого главного управления генерал Калугин даже стал кем-то вроде советника Ельцина по вопросам безопасности. Именно ему Собчак летом 1990 года предложил провести демократическую реформу Ленинградского управления КГБ. Калугин отказался, и тогда Собчак подобрал для этой миссии более подходящего

---

* Степашин в то время не имел никакого отношения к КГБ. Он был политработником и служил во внутренних войсках.

кандидата, лучше знакомого с истинным положением дел в Ленинграде. Крючков чувствовал, что его загоняют в угол. По его мнению, окончательная катастрофа должна была произойти в тот момент, когда Горбачев начал бы искать союза с радикальными демократами. Глава КГБ тщательно контролировал все источники поступления информации к генеральному секретарю, занимавшему теперь и пост президента распадающегося государства, и даже попытался полностью отрезать его от окружающего мира. Он не скрывал, что его цель — убедить Горбачева в необходимости введения чрезвычайного положения для сохранения устоев социализма, то есть прежнего, лишь несколько измененного иерархического режима партийно-государственной бюрократии.

В конце 1990 года Горбачев, казалось, слушал уже только одного Крючкова. Первый и последний президент СССР один за другим подписывал указы, предоставлявшие КГБ огромные полномочия контроля за всей хозяйственной жизнью страны. Отныне политическая полиция имела право отслеживать внешнеторговые операции и финансовые потоки на всей территории Советского Союза. Особенно пристально она наблюдала за деятельностью недавно возникших совместных предприятий. Многие сотрудники КГБ были внедрены в них в целях улучшения финансово-материальной базы своего ведомства. По мнению западных экспертов, именно в эти годы были заложены основы успешно функционирующей в наши дни системы коммерческих предприятий, незримыми нитями связанных с органами безопасности посткоммунистической России. В январе 1991 года Горбачев позволил Крючкову взять под контроль все поставки гуманитарной помощи. Демократы тут же обвинили его ведомство в том, что оно направляло гуманитарную помощь исключительно в те регионы, где у власти находились их политические противники.

В декабре 1990 года Крючков мог праздновать победу. С политической сцены начали исчезать близкие Горбачеву лица, известные своими либеральными взглядами. Среди них был и Эдуард Шеварднадзе, ушедший в отставку с поста министра иностранных дел в знак протеста против ужесточения политической линии Кремля. В январе 1991 года по приказу Горбачева в столицы провозгласивших свою независимость Прибалтийских республик были введены войска*, чтобы помешать их окончательному выходу из Советского Союза. В мае объем полномочий Крючкова еще более расширился. Помимо перевода в его распоряжение двух воздушно-десантных дивизий, во временное подчинение КГБ были переданы также несколько армейских подразделений специального назначения. Такой колоссальной властью эта спецслужба не располагала со времен Сталина. Но Крючков так и не смог добиться осуществления своей главной цели и убедить Горбачева объявить себя диктатором со всеми вытекающими отсюда последствиями. В июне 1991 года у председателя КГБ окончательно сдали нервы. Вместе с еще несколькими сторонниками восстановления номенклатурного самодержавия он потребовал от Горбачева передать часть своих полномочий премьер-министру Валентину Павлову. Только теперь у президента СССР открылись глаза и он, наконец, понял, что руководство КГБ действительно хочет отказаться от курса реформ, положить начало новому периоду репрессий, установить диктатуру и вернуться к жестко централизованной системе управления. Но у Горбачева не было уже сил защищаться. Не было у него и надежных союзников. Попытка заменить Крючкова таким

_____
* Войска вошли только в Вильнюс.

умеренно настроенным политиком, как бывший министр внутренних дел Вадим Бакатин, ни к чему не привела. Фактически Горбачев оказался в полной политической изоляции и даже не заметил признаков активно готовящегося партийной номенклатурой, армейскими генералами и КГБ государственного переворота.

В Ленинграде ситуация развивалась следующим образом. Собчак прекрасно понимал, что КГБ в его городе непременно попробует создать «пятую колонну» в рядах возглавляемого им демократического движения. В борьбе за контроль над городскими властными структурами, среди которых одним из самых главных было Ленинградское управление КГБ, он был готов применить самые жесткие методы. С другой стороны, Собчак, к ужасу многих радикальных демократов-либералов, косвенно поддержал требование Крючкова ввести в стране чрезвычайное положение. Популярная ленинградская газета «Смена» даже обвинила председателя Ленсовета в «сговоре с Крючковым».

Экономическое положение в городе было настолько тяжелым, что Собчак был вынужден прибегнуть к крайним мерам. Он запретил вывоз из Ленинграда продуктов и ввел совместное патрулирование городских улиц воинскими подразделениями и милицией, чтобы хоть немного улучшить крайне негативную криминогенную обстановку. Можно ли утверждать, что именно благодаря связям Путина он не позволил сплести вокруг себя сеть хитроумных интриг и в итоге сумел выстоять в закулисной борьбе за власть? Во всяком случае, его новый помощник был великолепно осведомлен о методах работы спецслужб и наверняка горел желанием посчитаться со своими бывшими начальниками, не поощрившими должным образом молодого подполковника. Ведь после краха политического режима в ГДР ему, за время своей деятельности в Восточной Германии добившемуся таких блестящих результатов, фактически не нашлось больше места в системе КГБ.

Путин знал не только всех сотрудников своего бывшего управления, но еще и связанных с ними должностных лиц из окружения Собчака. Рядом с Путиным ленинградский реформатор мог не бояться вступить с центральными органами власти в, казалось бы, абсолютно бесперспективную борьбу, исход которой мог быть для проигравшего весьма печален. Однажды к Путину в кабинет зашли два бывших сослуживца и попросили оказать им любезность и получить от Собчака подпись под нужным документом. В ответ Путин со словами: «Вы видите, этот человек мне доверяет... Что вы хотите от меня?» — вытащил из ящика письменного стола чистый бланк с подписью председателя Ленсовета. После их ухода он в ярости написал письмо в управление с просьбой «избавить» его от обязанности «следить» за Собчаком. Путин неоднократно помогал своему новому шефу выпутаться из, казалось бы, совершенно безнадежного положения. Когда один из помощников Собчака записал на пленку его беседу с резидентом французской разведки в Санкт-Петербурге, Путин приказал немедленно обыскать квартиру этого человека и изъять кассету с компроматом. В отношении Путина Собчак проявил поразительное чутье. Это кадровое приобретение оказалось для председателя Ленсовета поистине бесценным.

Генератор реформ с берегов Невы

За время работы в ГДР Путин не только приобрел богатый жизненный опыт, но и довел знание ~~немецкого~~ языка до совершенства. Все его предшественники в Кремле за исключением Ленина практически никогда не жили долго за границей и не владели иностранными языками. Многие даже сравнивают Путина с Петром Великим, специально отправившимся в Нидерланды для изучения основ кораблестроения и последующего применения полученных знаний в России. Но положение в тогдашней Голландии с ее прогрессивным политико-экономическим укладом нельзя даже сравнивать с ситуацией в ГДР восьмидесятых годов. В Дрездене — городе, в котором Путин прожил пять лет, — нельзя было, например, принимать передачи западногерманского телевидения. Хотя ГДР считалась наиболее технически развитой из всех государств Восточного блока, ее политическая система была схожа с архаичными институтами власти самых отсталых стран Восточной Европы. События, происходившие буквально на глазах Путина, привели к тому, что политические процессы стали неуправляемыми. В результате начался демонтаж государственных структур ГДР.

После возвращения в Ленинград Путин с горечью убедился, что здесь складывается аналогичная ситуация. Город на Неве находился в состоянии экономического коллапса. Над Советским Союзом нависла реальная угроза голода, с Запада сплошным потоком шла гуманитарная помощь. Но в отличие от ГДР в Ленинграде к власти пришли демократические силы, способные, по крайней мере, пробудить в измученных, разуверившихся людях надежду на улучшение. У многих прогрессивно мыслящих ленинградцев она ассоциировалась с известным своими демократическими взглядами председателем Ленсовета Анатолием Собчаком. Вплоть до августовского путча рядом с ним часто можно было видеть молодого рыжеволосого человека, отвечавшего за проведение в городе экономической реформы. Его звали Анатолий Чубайс.

Задолго до отъезда из ГДР Путин позаботился об улучшении своих жилищных условий в Ленинграде. Он понимал, что им никак нельзя возвращаться в тесную родительскую квартиру. Однако раздельно жить им тоже было нельзя, поскольку его пожилые родители нуждались в уходе. Поэтому еще в 1987 году Путин попросил знакомых в Ленинградском управлении КГБ помочь ему. В конце концов Владимир и Мария Путины переехали в новую, гораздо более просторную трехкомнатную квартиру общей площадью 99 квадратных метров. Через три года туда вселился также Путин-младший с женой и дочерьми.

Многие соседи хорошо помнят день их приезда. Особенно сильное впечатление произвела на них купленная в Дрездене черная «Волга». Людмила Путина быстро прославилась в городе своим умением водить машину на предельно допустимой скорости. Самого Путина его соседи по дому № 42 на Среднеохтинском проспекте видели крайне редко. Иногда вечерами он выгуливал собаку. Порой их навещали друзья. Путин практически ни с кем не общался. Один из наиболее любопытных соседей выяснил, что Путин работает в КГБ, и во время совместного выгула собак попытался обсудить с ним что-то наболевшее. Однако Путин отвечал очень коротко и, как потом пожаловался сосед, довольно раздраженно. Вообще в первые месяцы после возвращения из ГДР Путин ходил с хмурым видом и заметно нервничал.

Человеку, долго находившемуся вдали от Ленинграда, а потом вернувшемуся в родной город в период перемен, было очень нелегко разобраться в его тогдашней бурной политической жизни. Люди словно пробудились от летаргического сна. Партии, движения и общественные организации росли как грибы после дождя. В 1991 году городу на Неве было возвращено его историческое название. Санкт-Петербург вновь стал окном в Европу. Российский рынок привлекал многих иностранных предпринимателей возможностью быстро разбогатеть. Путин до глубокой ночи засиживался в своем кабинете в Смольном. Над его письменным столом висел портрет императора Петра Великого, а в дальнем углу стоял небольшой бюст Ленина. В общем Путин был доволен своей новой должностью. Он мог свободно выезжать за рубеж и играл далеко не последнюю роль в разработке планов экономического и культурного возрождения бывшей столицы Российской империи. В отличие от многих нуворишей из окружения Собчака, ничего не понимавших в экономике, Путин, действительно, хорошо разбирался в политических и экономических процессах как в самой России, так и за ее пределами. Для получения нужной информации ему достаточно было позвонить любому из своих многочисленных знакомых в управлении КГБ. Словно инфракрасный луч, Путин высвечивал все новые возникавшие в его родном городе политические организации и коммерческие структуры. Он всегда точно знал, к кому из лиц, близких к Собчаку, тянутся нити и кто конкретно стоит за той или иной торгово-финансовой операцией. Путин хорошо разбирался в иерархии городского преступного мира, довольно легко разгадывал интриги, которые плело его родное КГБ с целью посадить как можно больше своих людей на все значительные должности в новых экономических структурах.

Молодой боннский предприниматель Андрей Тварковски в годы перемен во всех сферах российской общественной жизни почти постоянно находился в Ленинграде. Его офис размещался на проспекте Стачек неподалеку от старой квартиры Путина. Здесь он нашел себе делового партнера и создал вместе с ним фирму «Совекс», занимавшуюся изготовлением на экспорт деревянных и хрустальных изделий. Сперва из-за рубежа непрерывно поступали деньги за пользовавшийся там неплохим спросом товар. Компаньоны даже решили расширить производство и увеличить персонал фирмы до 500 человек. Но тут началась эпоха полнейшего беззакония, и почувствовавшая силу мафия просто вытеснила Тварковски с российского рынка. Аналогичная участь ожидала многих западных первопроходцев, рискнувших заняться бизнесом в России. Сперва преступные авторитеты братья Васильевы потребовали от фирмы Тварковски 100 000 марок за «покровительство» и иномарку. Нужно сказать, что появившиеся во времена перестройки производственные и торгово-закупочные кооперативы также подвергались жестокому моральному и физическому давлению со стороны банд рэкетиров. Через какое-то время выяснилось, что без контактов с мафией свободная экономическая деятельность невозможна. Частным предприятиям приходилось платить от десяти до тридцати процентов прибыли за «крышу», защищавшую их от «наездов» других организованных преступных группировок и «выбивавшую» долги. Помимо уголовных элементов «крышей» занимались также коррумпированные сотрудники правоохранительных органов, в первую очередь милиции и налоговой полиции. По данным Министерства внутренних дел России, в середине 1998 года «дань» с различных коммерческих организаций взимали примерно 30% сотрудников оперативных служб. С процветающих фирм, а затем и с банков требовали уже не регулярных отчислений, а включения своих людей в состав дирекций и правлений с последующим захватом торгового предприятия или финансового учреждения. Система «крыш» долгое время была неотъемлемым элементом хозяйственной жизни посткоммунистической России и выполняла роль связующего звена между легальной и теневой экономикой.

КГБ вело свою собственную игру. Когда отстраненному от дел Тварковски начали напрямую угрожать расправой, он решил обратиться за помощью в КГБ. Принявший его сотрудник был очень любезен и обещал всяческое содействие, но затем внезапно поддержал российского компаньона. Все обращения Тварковски в ленинградский и московский суды ни к чему не привели. Вывод, к которому ~~они~~ *он* пришел, был таков: «С волками жить — по-волчьи выть».

Многие западные бизнесмены оказались более удачливыми, чем их немецкий коллега. Впрочем, возможно, они просто знали, к кому обращаться в Ленинграде. Например, тогдашний исполнительный директор Комитета по связям со странами Восточной Европы при Союзе германских промышленников и предпринимателей Карл-Герман Флик во время своих многочисленных визитов в город на Неве предпочитал вести переговоры только с Путиным, который относился к Германии с особой симпатией. В начале девяностых годов представители деловых кругов ФРГ решили, что для их санкт-петербургской резиденции лучше всего подходит очень удобно расположенное здание бывшего генерального консульства ГДР на Большом проспекте, находившееся в собственности Ленсовета. Германскому министерству иностранных дел после долгих и трудных переговоров удалось добиться продления договора на аренду дома № 10 по Большому проспекту. Российскую сторону на этой встрече представлял Владимир Путин.

В конце мая 1991 года Собчак и Путин приехали в Германию по приглашению Комитета по связям со странами Восточной Европы. 24 мая торжественное открытие в Ленинграде представительства Союза германских промышленников и предпринимателей было достойным образом отмечено в Кельне на вилле председателя вышеупомянутого комитета Отто-Вольфа фон Амеронгена. Будучи превосходным знатоком русской истории и литературы, он получил огромное удовольствие от общения с ленинградцем, не скрывавшим своих симпатий к Германии. Через несколько месяцев Собчак и Путин вновь посетили Германию, и Амеронген устроил им неофициальную встречу с федеральным канцлером Колем. Путин выполнял на ней роль переводчика. Ни Колю, ни Амеронгену даже в голову не могло прийти, что этого скромного, эрудированного, но совершенно лишенного харизмы человека ждет такая блестящая карьера.

В конце марта 1992 года Путин в третий раз прибыл в Германию по приглашению Комитета по связям со странами Восточной Европы и принял участие в проходившем в Берлине съезде представителей агентов по управлению государственным имуществом, посвященном проблеме перевода ее в частную собственность. 25 марта он и Финк сидели в ресторане на третьем этаже отеля «Хилтон». Они с аппетитом ели, пили и мечтали о возобновлении дружеских связей между Россией и Германией. «Откуда ты так великолепно знаешь немецкий язык?» — спросил Финк своего нового друга. «Я часто бывал в Доме советской науки и техники на Фридрихштрассе», — ловко уклонился от ответа Путин. Финк хорошо помнит, с какой горечью его сосед по столу говорил о бедственном состоянии российской экономики. Он также постоянно подчеркивал необходимость дальнейшего использования хозяйственного потенциала Восточной Германии в системе российско-германских экономических связей.

Путина также часто вспоминает нынешний генеральный уполномоченный правления концерна «Сименс» Вольфганг Розенбауэр. Гамбургский предприниматель неоднократно встречался с Путиным в Ганзейском городе* и с большим уважением отзывается о нем. Розенбауэр продолжал поддерживать контакты с Путиным и после его переезда в Москву. В свою очередь Путин после заключения договора о сотрудничестве между городами на Эльбе и Неве регулярно ездил в Гамбург. В свободное время так полюбивший Германию ленинградец с удовольствием бродил в одиночку по улицам, заглядывал в небольшие кафе, набираясь впечатлений и делая кое-какие важные для себя выводы. С каждым визитом воссоединенная Германия нравилась ему все больше и больше. Благодаря отличному знанию немецкого языка он не испытывал никаких неудобств и даже отправил дочерей для языковой практики в одну из гамбургских школ. Одному приятелю он как-то признался после пары кружек пива: «Знаешь, у меня вторая натура немецкая!» Короче говоря, на немецкой земле Путин чувствовал себя как рыба в воде.

Во время первого визита в Гамбурге двое членов российской делегации уговорили Путина съездить в Санкт-Паули** и посмотреть эротическое шоу. При виде абсолютно голой маленькой негритянки, похоже, совсем еще девочки, жена одного из спутников будущего президента упала в обморок. Сейчас Путин от души смеется над этим эпизодом. В Гамбурге он также заглядывал в казино, говорит, что изучал опыт работы такого рода заведений на Западе, поскольку

---

* Второе название Гамбурга. Ганза — созданное в XII веке объединение купцов, наладивших обширные торговые связи с городами на побережье Балтийского моря и Новгородом.
** Гамбургский квартал, славящийся обилием злачных заведений, зачастую с весьма сомнительной репутацией.

собирался навести порядок в игорном бизнесе Санкт-Петербурга. Путин по-прежнему с удовольствием читает немецкую прессу и внимательно следит за политическими событиями в Германии. Биографии немецких политиков он тщательно изучил еще в ГДР. Тогда он лично собирал информацию о них. Кое-какие интимные подробности жизни восточно- и западногерманских политических деятелей наверняка содержались в посылаемых им в Центр досье. Один немецкий друг Путина так высказался о нем: «Путин не просто знает Германию, он очень любит ее. Когда он работал в Санкт-Петербурге, то всего лишь два раза побывал в США. Зато в Германию он ездил раз двенадцать». Путину нравятся еще две страны, входящие в Европейский союз: Испания, где его жена охотно проводит отпуск, и Финляндия, где чета Путиных с удовольствием каталась на лыжах.

Кинорежиссеру из Санкт-Петербурга — еврею по национальности — Игорю Шадхану особенно хорошо запомнился ночной разговор с Путиным в одном из боннских кафе. Шадхан завел тогда разговор о нравственной оценке Холокоста* в объединенной Германии. Путин спросил кинорежиссера, не хотел ли он снять фильм о немцах, помогающих русским женщинам, овдовевшим в годы войны. Он явно находился под впечатлением проводимой в Германии акции «Знак искупления» и поэтому твердо сказал Шадхану: «Немцы уже не такие, как раньше». В другой раз он счел нужным подчеркнуть, что многие офицеры КГБ осуждают преступления, совершенные в свое время сотрудниками ЧК—НКВД—МГБ.

12 июня 1991 года Анатолий Собчак одержал убедительную победу на первых демократических выбо-

---

* Этим термином в зарубежной литературе принято называть истребление евреев нацистами в годы Второй мировой войны.

рах главы городской администрации. В тот же день Ельцин был избран президентом России, формально пока еще остающейся одной из республик в составе СССР. Путина, отлично зарекомендовавшего себя в ходе визитов в Германию и в другие западные страны, Собчак назначил председателем Комитета по внешним связям при мэрии Санкт-Петербурга. Таким образом, он стал кем-то вроде министра иностранных дел городской администрации, состоявшей в большинстве своем из демократов.

За пять лет своего пребывания на этой должности Путин практически объездил весь мир, составив конкуренцию даже российскому министру иностранных дел Андрею Козыреву. Его привлекали не только европейские страны. Так, например, он съездил в Израиль по приглашению тамошнего министра иностранных дел. По собственному признанию Путина, эта командировка была для него своего рода паломничеством. Бывший сотрудник КГБ всерьез увлекся религией. Перед отъездом мать так напутствовала его: «Сходи к могиле Господа нашего и освяти на ней свой крестильный крест». С этими словами мать протянула взрослому сыну его крестильный крест, о существовании которого он, возможно, даже и не подозревал. Путин был настолько очарован Израилем, что позднее провел там свой отпуск с семьей. По слухам, именно он через несколько лет сумел уговорить своего наставника и покровителя Ельцина совершить поездку по святым местам.

19 августа 1991 года грянул знаменитый путч. Было объявлено о создании пресловутого Государственного комитета по чрезвычайному положению (ГКЧП). На московских улицах появились танки и бронетранспортеры. Председатель КГБ Крючков перешел от угроз к действиям и вместе с руководителями министерств обороны и внутренних дел, гото-

вых ради восстановления партийно-государственной гегемонии даже на антиконституционный переворот, инициировал заговор*. Горбачев, отдыхавший на своей роскошной крымской даче в Форосе, оказался фактически под домашним арестом. «Хунта» намеревалась немедленно арестовать лидеров демократического движения, однако президенту России и группе лиц из его ближайшего окружения удалось благополучно добраться до здания парламента, являвшегося одновременно резиденцией Ельцина и вскоре ставшего оплотом российской демократии в борьбе с путчистами. Подступы к Белому дому были перегорожены баррикадами из самосвалов, троллейбусов, асфальтовых катков и бетонных плит, а площадь перед ним уже к вечеру 20 августа была запружена людьми, откровенно пренебрегшими распоряжением новоявленных «лидеров» о запрете любых митингов и манифестаций и образовавших своеобразный живой щит. Заговорщики, надеявшиеся совершить бескровный переворот и установить диктаторский режим мирным путем, никак не рассчитывали на активное сопротивление со стороны российского руководства и появление ощетинившегося баррикадами нового центра власти. Прорыв живого кольца был чреват невиданной кровавой бойней, и поэтому никто из членов ГКЧП не рискнул взять на себя ответственность и отдать приказ о штурме Белого дома. Ряды заговорщиков дрогнули. Некоторые из них в панике начали безудержно пить, а другие своими нелепыми приказами и действиями только накаляли атмосферу. В результате они почти сразу утратили всякий авторитет в глазах военных.

---

* Среди заговорщиков, отстаивавших идею возврата к командно-административным методам управления, были отнюдь не только главы силовых ведомств. В состав ГКЧП вошли вице-президент, премьер-министр, видный партийный олигарх, курировавший в ЦК проблемы военно-промышленного комплекса, а также руководители организаций, представлявших интересы промышленной и колхозно-совхозной монополий.

Один из офицеров танковой роты, получивший приказ занять позиции вокруг Белого дома, приказал развернуть орудия в противоположную сторону. А выдвинувшийся для рекогносцировки на Краснопресненскую набережную с одним из батальонов Тульской воздушно-десантной дивизии ее командир, генерал-майор Александр Лебедь, прошедший Афганистан, после разговора с Ельциным заявил, что ни при каких обстоятельствах не допустит кровопролития. В результате почти вся государственная элита отказалась поддержать путчистов, и уже на второй день стало ясно, что их планы полностью провалились.

В первый день путча мэр Санкт-Петербурга находился на даче Ельцина и не без оснований опасался за свою жизнь. Когда их кортеж удачно проскочил засаду, устроенную бойцами спецгруппы «Альфа» неподалеку от ворот правительственного поселка в Архангельском*, он не стал дожидаться в Москве дальнейшего развития событий, а немедленно вылетел в Санкт-Петербург для организации выступлений демократических сил. Политические противники Собчака намеревались воспользоваться благоприятным моментом для расправы с ним. Из Москвы в городское управление КГБ поступил приказ арестовать Собчака сразу же после его прилета. Но в аэропорту Пулково сотрудники КГБ, к великому удивлению, обнаружили возле самолета вооруженных людей в милицейской форме. Оказывается, Путин, спешно вернувшийся из отпуска и узнавший о готовящемся аресте своего шефа, принял решение любым способом защитить лидера санкт-петербургских демократов. Тем самым он не просто отмежевался от своего бывшего начальства, но и открыто выступил против него.

---

* Позднее Собчак говорил, что в тот момент для ареста всего политического руководства России достаточно было одного взвода.

Путин лично приехал в аэропорт в сопровождении бойцов ОМОНа, посадил Собчака в его машину и вместе с ним на бешеной скорости пронесся по опустевшим улицам. После долгих переговоров с мэром и его «ангелом-хранителем» руководство КГБ согласилось соблюдать нейтралитет. Очевидно, Путин сумел убедить обе стороны заключить тайную сделку. Во всяком случае, после августовских событий Собчак преподнес демократам неприятный сюрприз, внезапно назначив главами трех районных администраций бывших офицеров КГБ. Путин тоже подал рапорт об увольнении, чтобы его имя больше не ассоциировалось со спецслужбами. Новым начальником Санкт-Петербургского управления КГБ, преобразованного в Министерство безопасности, был назначен Сергей Степашин.

После поражения путчистов позиции Собчака еще более укрепились. Во время поездок по России и зарубежных визитов его и Ельцина чествовали как спасителей молодой российской демократии. В последние месяцы 1991 года Горбачев окончательно утратил всякое политическое влияние, и фактическая власть полностью перешла к демократам во главе с Ельциным. На территории разваливающейся советской империи ситуацию в той или иной степени контролировали уже не союзные структуры, а главы 15 суверенных республик, еще недавно входивших в ее состав. В октябре 1991 года Ельцин объявил о начале первого этапа радикальной экономической реформы, нацеленной на скорейшую интеграцию России и западных стран. На авансцене российской политики появились такие новые персонажи, как автор отвергнутой Горбачевым программы «500 дней» Григорий Явлинский. Он предполагал вывести за этот срок страну из хаоса путем быстрой приватизации и перехода к рыночной экономике.

Последующие драматические события по накалу не знали себе равных. 8 декабря мир стал свидетелем уникального исторического явления. В Беловежской Пуще Борис Ельцин, председатель Верховного Совета Белоруссии Станислав Шушкевич и только что избранный президентом Украины Леонид Кравчук договорились мирно разойтись и в дальнейшем поддерживать между собой отношения уже на межгосударственном уровне. Это означало, что супердержава под гордым названием «Союз Советских Социалистических Республик» прекратила свое существование. После Нового года Горбачев навсегда покинул свою резиденцию в Кремле. Для будущего президента России этот день стал поводом для окончательного расставания с прошлым. Путин спрятал свой партбилет в ящик письменного стола и запер его. Там он лежит до сих пор.

Ельцин как признанный лидер демократической России пользовался огромной популярностью. Собчак всячески поддерживал его. В январе 1992 года Ельцин приступил к радикальной перестройке всего экономического механизма. Следовало использовать благоприятную ситуацию для слома тоталитарной системы управления и утверждения в стране демократии и рыночной идеологии. После распада Советского Союза коммунистическая номенклатура пребывала в шоке и не могла оказать серьезного сопротивления реформаторским силам. В Санкт-Петербурге ее представители на какое-то время вообще исчезли с политической сцены. Но Собчак наверняка хорошо запомнил слова своего недавнего соперника на выборах мэра Бориса Гидаспова. После ухода со своего поста бывший первый секретарь Ленинградского обкома откровенно заявил: «На месте КГБ и партии я бы затаился где-нибудь. Когда людям надоест демократия, когда они устанут от нее, им потребуется сильная рука. Придет время, когда люди уже не будут отличать демократа от авторитарного правителя. Главное, чтобы прилавки были полны».

Взрывное развитие рыночных отношений в такой совершенно неподготовленной для этого стране, как Россия, породило феномен, который сами русские назвали «диким капитализмом». Ельцин, ничего не понимавший в экономике, по рекомендации Геннадия Бурбулиса, ранее руководившего его предвыборным штабом, а потом возглавившего группу советников президента, назначил на ряд ответственных постов группу молодых экономистов. «Молодые вояки» попытались при постоянной поддержке американских консультантов за несколько месяцев заменить систему планового хозяйства рыночной экономикой. Результаты были, мягко говоря, не слишком впечатляющими. Меры, предпринятые по настоянию тогдашнего вице-премьера по экономическим вопросам Егора Гайдара, были теоретически правильными, но совершенно не учитывали всю сложность реалий постсоветской России. Еще накануне вечером население ничего не знало о предстоящей обвальной либерализации цен. В итоге производители резко подняли цены на свою продукцию. Это привело к стремительному подорожанию практически всех товаров и услуг. Запуск печатного станка во имя такой благородной цели, как повышение покупательной способности граждан, еще больше раскрутил маховик инфляции. К тому же люди за ночь лишились всех своих сбережений. Политика, проводимая поборником радикальной рыночной идеологии Егором Гайдаром, в сущности придерживавшимся свойственной классическому капитализму прошлого века формулы «L'aisser faire»*, привела к обнищанию значительной части населения.

---

* «Не вмешивайся» *(фр.)* — данный принцип лежал в основе требований полного невмешательства.

В большинстве своем российские граждане пока еще доверяли правительству реформаторов и отказывались выбрать в качестве альтернативного варианта реставрацию коммунистического режима. Во второй половине 1992 года экономист из Санкт-Петербурга и член команды Гайдара Чубайс начал осуществление грандиозной программы приватизации. Правильно ли производился перевод государственной собственности в руки частных владельцев и дал ли он положительный эффект? По этому поводу в России до сих пор нет единого мнения.

Жители Санкт-Петербурга также ощутили на себе последствия реформаторской политики. Председатель Комитета по внешним связям мэрии прилагал все усилия для того, чтобы в ситуации, когда государственный корабль в любой момент мог перевернуться и пойти ко дну, обеспечить бесперебойные поставки в город гуманитарной помощи. В 1992 году в условиях социальной нестабильности и резкого снижения жизненного уровня народа коммунисты и другие противники реформ решили, что у них есть шанс свергнуть ненавистный ельцинский режим. Опасаясь, что на намеченном на апрель VI съезде народных депутатов хор голосов, требующих отставки президента и «корректировки» курса реформ, будет слишком мощным, Ельцин за две недели до его начала поспешил сместить с поста первого вице-премьера ненавистного подавляющему большинству народных избранников Геннадия Бурбулиса, считавшегося «серым кардиналом». Правда, в июле Ельцин назначил Гайдара временно исполняющим обязанности премьер-министра, но уже в декабре на VII съезде народных депутатов под впечатлением слухов о готовящейся коллективной антипрезидентской акции заменил его типичным представителем номенклатуры Виктором Черномырдиным. Демократы один за другим сдавали свои позиции.

В сентябре 1993 года политическая атмосфера в России накалилась до предела. Своим знаменитым указом № 1200 Ельцин решил поставить точку в затянувшемся противостоянии между ним и объединившимися вокруг Председателя Верховного Совета Руслана Хасбулатова сторонниками радикального номенклатурного реванша. В ответ депутаты, враждебно настроенные к Ельцину, на внеочередном съезде объявили перешедшего на их сторону вице-президента Александра Руцкого исполняющим обязанности главы государства. В России в очередной раз возникла опасная ситуация двоевластия*. Страна оказалась на грани гражданской войны. На Западе политики содрогались от ужаса при одной мысли о том, что российские власти могут утратить контроль над ядерным оружием. В Санкт-Петербурге активизировались сторонники оппозиции, считавшие для себя делом чести рассчитаться с «окопавшимися в мэрии демократами» за позорный провал августовского путча. Но, на их несчастье, органы безопасности в городе возглавлял бывший сослуживец и друг Путина Виктор Черкесов. Ему удалось предотвратить раскол подведомственной ему спецслужбы на два враждебных лагеря.

Путин оказался как бы между двух огней. Люди из окружения Собчака, считавшие себя истинными демократами, не скрывали своего негативного отношения к Путину и никак не могли простить ему былой принадлежности к КГБ. Они откровенно возмущались тем, что мэр в сложных ситуациях все чаще полагался на профессионализм своего «министра

---

* Впервые такое положение создалось после Февральской революции 1917 года, когда параллельно существовали органы буржуазной власти и Советы.

иностранных дел», доверял ему больше, чем кому бы то ни было, и под его влиянием усвоил авторитарный стиль руководства. Реакционным силам Путин тоже не нравился. Он не скрывал, что является теперь убежденным антикоммунистом, и поэтому, как никто другой, препятствовал их возвращению во власть.

Но первый конфликт возник у Путина именно с демократами. Еще в начале своей деятельности в новом качестве в 1990 году ему пришлось оспаривать обвинения, выдвинутые двумя депутатами Ленсовета демократической ориентации. По мнению Марины Салье и Юрия Гладкова, Путин при оформлении лицензий на экспорт сырья и цветных металлов в обмен на поставки продовольствия неоднократно нарушал закон. Руководимая демократами депутатская комиссия (расследование продолжалось до 1992 года) установила факт нецелевого расходования средств городского бюджета и потребовала от Собчака немедленного увольнения бывшего сотрудника КГБ. Мэр даже не удостоил их ответом. Впоследствии выяснилось, что недостающая сумма не идет ни в какое сравнение с объемами хищений, совершенных коррумпированными чиновниками мэрии и районных администраций. Вина Путина заключалась лишь в том, что он доверился знакомым коммерсантам, обещавшим в обмен на разрешение на вывоз сырья часть полученной выручки потратить на приобретение нужных городу товаров. Как и следовало ожидать, «новые русские» не сдержали своего слова. Путин, желая загладить свой промах, решил взять местных бизнесменов под жесткий контроль с помощью методов, освоенных им за время службы в разведке.

Едва он начал работать в этом направлении, как тут же подвергся нападкам со стороны одного из самых ярых оппонентов Собчака. Председатель Ленсовета Александр Беляев обвинил его в намеренном подрыве устоев городского хозяйства и использовании для этого приемов, заимствованных из арсеналов спецслужб. Якобы Путин создал в Санкт-Петербурге собственную агентурную сеть для сбора компромата на городские коммерческие организации. Беляев даже утверждал, будто Путин продавал полученные сведения иностранным фирмам.

На самом деле все было далеко не так. Путин как председатель Комитета по внешним связям ввел в Санкт-Петербурге систему регистрации частных предприятий, имеющих право на внешнеэкономическую деятельность, для дальнейшей передачи информации о них Министерству финансов. Мелкие нарушения объяснялись исключительно его чрезмерным усердием. Ведь через него проходили все контакты с заново получающими городскую аккредитацию дипломатическими представительствами. От него одного зависела судьба инвестиционного проекта, представленного на подпись Собчаку. Путину приходилось учитывать интересы многих хозяйственных структур и в первую очередь иностранных фирм, потоком устремившихся в Санкт-Петербург и доверившихся вице-мэру как высшему представителю государственной власти. И уж тем более он был обязан оправдать доверие таких крупных американских компаний, как «Кока-кола», «Ригли» и «Жиллетт». Именно он добросовестно снабжал потенциальных инвесторов необходимой информацией. Вполне возможно, что он также не оставлял без ответа запросы западных бизнесменов относительно истинного состояния дел их санкт-петербургских партнеров. Он никогда не давал повода для недовольства. При его содействии КПМГ смогло заключить с мэрией выгодный договор об оказании ей консультационных услуг. Именно благодаря Путину первые филиалы иностранных банков в России появились не где-нибудь, а в городе на Неве. Это были отделения «БМП Дрезденер-банк» и банка «Насьональ де Пари».

Тогда, в годы крутых перемен, деятельность большинства иностранных фирм в России не обходилась без явных или скрытых нарушений закона. Так, за обычную деловую встречу с высокопоставленным чиновником городской администрации западный бизнесмен был должен выложить несколько сотен долларов. Обед с мэром стоил уже 1000 долларов. К чести Путина, его политические противники так и не смогли раздобыть сколько-нибудь серьезный компромат на него. Известно лишь, что иногда он оказывал любезность кому-нибудь из сильных мира сего. Например, Путин помог дочери директора Эрмитажа устроиться на работу в отделение Дрезденского банка и добился предоставления налоговых льгот санкт-петербургскому филиалу компании «Кокакола».

Полное отсутствие компромата на нынешнего хозяина Кремля поражает — хотя бы потому, что через руки Путина тогда проходили миллионные суммы. Он находился в центре деловой жизни Санкт-Петербурга. Западные предприниматели хорошо помнят его роль в приватизации гостиниц «Астория», «Москва», «Прибалтийская» и «Пулковская». К сожалению, тогда не удалось добиться создания в городе сети отелей международного класса с иностранным участием. Мэрия Санкт-Петербурга не смогла дать зарубежным инвесторам четких гарантий и тем самым существенно уменьшить инвестиционные риски.

Американец Грэхем Хьюмес, наверное, никогда не забудет, как Путин, отстаивая интересы западных бизнесменов, ловко обходил разнообразные бюрократические препоны. Хьюмес прибыл в город на Неве в 1993 году. Его фирма специализировалась на поставках мороженого масла для последующей продажи его на санкт-петербургской продовольственной бирже. Оставшаяся от уплаты налогов прибыль вкладывалась в небольшие местные предприятия, принадлежавшие представителям среднего класса. Московским чиновникам такой бизнес пришелся не по душе. Но Путин обещал Хьюмесу поддержку и даже заручился подписью премьер-министра Черномырдина.

Как-то к Путину на прием записалась группа московских бизнесменов. Им срочно нужно было встретиться с Собчаком. Путин согласился и провел их в конференц-зал. Позднее он достаточно откровенно рассказал об этой встрече: «Как выяснилось, это были грузины. Они довольно бурно обсуждали свои дела. Вдруг один из них заснул прямо за столом. Я сказал себе: этот тип никогда больше не переступит порога мэрии. Каково же было мое удивление, когда через несколько лет я узнал, что это был не кто иной, как Борис Абрамович Березовский!» Так пересеклись пути двух людей, чьи имена со временем не будут сходить с газетных полос, а судьбы причудливым образом переплетутся между собой. Оба они в значительной мере определили дальнейшее историческое развитие России.

К сожалению, западные журналисты и историки, занимающиеся изучением биографии Путина, гораздо больше внимания уделяют его «чекистскому прошлому», а не блестящим результатам его работы в Санкт-Петербурге в 1990—1996 годах, когда он зарекомендовал себя превосходным менеджером. Приобретенный тогда богатый опыт, безусловно, пригодится ему на посту президента. Не случайно после победы на выборах он постоянно подчеркивал, что создание в стране благоприятного инвестиционного климата даст гораздо больший эффект, чем получение новых кредитов у западных государств.

Решившись на открытую и жесткую конфронтацию с Верховным Советом, Ельцин никак не ожидал такого всплеска насилия с обеих сторон. Когда 3 октября 1993 года толпа смяла милицейские кордоны на Смоленской площади, а затем прорвалась к Дому Советов, Руцкой с балкона призвал с отнятым у милиционеров и солдат внутренних войск оружием идти на штурм мэрии и захват телецентра в Останкине. Ночью в столицу вошли правительственные войска. Танки и бронетранспортеры расположились около гостиницы «Украина». Утром начался обстрел Белого дома. Во второй половине дня главари мятежников вышли из подъезда с поднятыми руками. Их тут же отвезли в следственный изолятор Министерства безопасности «Лефортово»*. В указе Ельцина за номером 1200 говорилось, что место распущенного Верховного Совета должен занять новый орган законодательной власти — Государственная дума. Выборы в нее были назначены на декабрь 1993 года. Демократические силы, казалось, упрочили свое влияние почти всюду. Не стал исключением и Санкт-Петербург.

Результаты первых действительно свободных парламентских выборов в России оказались поистине катастрофическими, ибо победу на них одержал ультранационалист Владимир Жириновский. Собчак также баллотировался в Думу. Он примкнул к бывшему мэру Москвы Гавриилу Попову, основавшему «Движение демократических реформ», преобразованное позднее в «Российское движение демократических реформ», чтобы вместе с несколькими свои-

---

* В феврале 1994 года Государственная дума приняла постановление, амнистировавшее их, а также находившихся под следствием членов ГКЧП.

ми сторонниками пройти в нижнюю палату по партийному списку. Однако соперничество между партиями демократического направления было слишком велико. Сплотившиеся вокруг Гайдара демократы-либералы создали партию «Выбор России». Им противостояло основанное Явлинским общественно-политическое движение «Яблоко». «Выбор России» считался «партией власти», и поэтому среди выдвинутых ею по партийному списку кандидатов значилось несколько губернаторов. Кремлевская администрация помогала ей проводить избирательную кампанию, средства на нее выделили близкие Кремлю финансовые магнаты. Все региональные лидеры получили указание поддерживать новую «партию власти». Но Собчак был весьма амбициозным политиком и непременно хотел попасть в парламент во главе своего «Движения». Однако портить отношения с кремлевской верхушкой он тоже не хотел и поэтому предложил своему вице-мэру вступить в «Выбор России» и стать координатором избирательной кампании Гайдара в Санкт-Петербурге. Путин сперва сопротивлялся как мог. Это предложение ему вообще очень не понравилось. Многолетняя служба в разведке приучила его не появляться на широкой публике.

Раскол демократов на несколько партий и движений имел для них самые печальные последствия. В Санкт-Петербурге, например, вообще создалась гротескная ситуация, когда в лагере реформаторов Путин и Собчак боролись друг с другом. Сбитые с толку избиратели не могли понять, за кого из них нужно отдать свой голос. Отсутствие единства в демократическом лагере сыграло на руку коммунистам и Жириновскому. Их партии, к ужасу российских либералов и западной общественности, образовали в Думе две крупнейшие фракции. Попов и Собчак с их

«Движением демократических реформ» так и не смогли преодолеть пятипроцентный барьер.

Несмотря на участившиеся резкие выпады в адрес Путина, Собчак по-прежнему полностью доверял ему. Многие в Санкт-Петербурге считали Путина подлинным хозяином города, «серым кардиналом», ловко проворачивающим свои дела за спиной ничего не подозревающего Собчака. Мэр же высоко ценил своего заместителя за то, что Путин не стремился выдвинуться на первый план, не проявлял политических амбиций и всегда информировал его обо всех своих начинаниях. Путин теперь осуществлял контроль за политической ситуацией в городе во время участившихся зарубежных поездок Собчака и был даже назначен председателем Комиссии по оперативным вопросам, которая имела право призвать к ответу руководителей всех городских учреждений, в том числе силовых ведомств. В марте 1999 года Собчак сделал Путина своим первым заместителем, открыв ему тем самым дорогу в большую политику.

Самое удивительное, что, по общему мнению, у Путина напрочь отсутствовали качества, необходимые для политика. Он не обладал ораторским даром, публичным речам предпочитал закулисный торг и очень не любил выступать в городском Законодательном собрании. Но он, как никто другой, умел договариваться в тиши кабинетов. Надменный, плохо владевший собой Собчак, способный настроить против себя даже близких людей, вообще не мог найти с депутатами общий язык. Поэтому таким деликатным делом, как достижение компромисса с ними, занимался исключительно Путин.

Профессор Дмитрий Ленков, в свое время исполнявший обязанности координатора фракции «Демократическая Россия» в Законодательном собрании

Санкт-Петербурга, убежден, что по характеру и складу ума Путин гораздо больший европеец, чем Собчак. Бывший мэр часто нарушал элементарные правила приличия, был вспыльчив, раздражителен и любую критику в свой адрес воспринимал как оскорбление. Путин же, по словам Ленкова, умел в нужный момент успокоить своего чересчур властного, не привыкшего прислушиваться к другим шефа и удержать его от необдуманных поступков. Без него Собчак рано или поздно заключил бы какую-нибудь сомнительную сделку и имел бы потом серьезные неприятности. Другими словами, Путин спас его репутацию, потому что помог избежать многих искушений. Благодаря ему, Собчак не оказался замешанным ни в одном громком коррупционном скандале.

Поэтому мэр буквально завалил Путина работой, давая ему самые разнообразные, порой, казалось бы, невыполнимые поручения. От него требовали то навести порядок в городском игорном бизнесе, то заняться реконструкцией аэропорта в Пулкове, то организовать торжественное открытие Литовского торгового центра. Целыми днями в его кабинете толпились бизнесмены чуть ли не со всего мира. Японцы хотели создать здесь совместное предприятие по производству телекоммуникационного оборудования, американцы из компании «Кока-кола» — расширить отведенный им участок городской земли и увеличить объем производства популярного напитка, а представители российских немцев просили разрешить им поселиться в Санкт-Петербурге. Следует отметить, что в отличие от Путина Собчак не любил заниматься конкретными проектами, но зато обожал популистские акции. Так, например, вместо того, чтобы модернизировать метрополитен, он потратил миллионы из городского бюджета на проведение Игр доброй воли.

Еще одной проблемой было отсутствие признаков обещанного экономического подъема. Путин и Собчак в своих выступлениях рисовали картину прекрасного будущего, ожидавшего жителей Санкт-Петербурга в случае создания здесь свободной экономической зоны и притока зарубежных инвестиций. Город на Неве должен был превратиться в символ благополучия. Но падение производства и рост безработицы не давали оснований для столь радужного прогноза. Более того, в середине девяностых годов наиболее притягательным для иностранных инвесторов стала Москва. Экономическая политика мэра российской столицы Юрия Лужкова оказалась гораздо более эффективной, чем все начинания и проекты Собчака.

В мае 1995 года мэр пригласил к себе Путина для обстоятельного разговора. В преддверии новых парламентских выборов от былого единства демократов не осталось и следа. В Государственной думе первого созыва тон задавали националисты во главе с Жириновским и коммунисты. В декабре у демократов тоже было мало шансов, поскольку они, как и два года назад, раскололись на множество мелких, соперничающих между собой партий и движений. В Москве место «Выбора России» Гайдара заняло созданное на деньги нескольких «придворных» финансовых магнатов общественно-политическое движение «Наш дом — Россия» (НДР), лидером которого стал премьер-министр Черномырдин. Подобно своему предшественнику, новая «партия власти» также обратилась за поддержкой к влиятельным у себя на родине губернаторам и главам городских администраций. Непокорным региональным лидерам Кремль чуть ли не в открытую угрожал экономическими санкциями.

Путин был вынужден выручать шефа. Правда, на

этот раз Собчак решил не баллотироваться в Думу ни по одномандатному округу, ни по партийному списку своего «Движения». Вместо этого он поручил вице-мэру провести в Санкт-Петербурге избирательную кампанию «Нашего Дома — России» так, чтобы Кремль остался ею доволен. По настоянию Собчака Путин также согласился возглавить региональное отделение этой организации. Для Черномырдина крайне важно было упрочить позиции своего движения именно в северной столице. Поэтому он даже включил Путина в состав политсовета НДР, в кулуарах именуемого не иначе как «Политбюро», со сроком пребывания в нем до июня 1997 года. Но Путин не имел опыта проведения избирательных кампаний и совершил все ошибки, какие только может совершить дилетант. Как и в старые добрые советские времена, он распорядился развесить на всех центральных улицах плакаты с изображением Черномырдина и одной и той же подписью под ним. Когда позднее от него потребовали объяснений, он лишь коротко ответил: «Такие плакаты мне присылали из Москвы. Я же не мог их выбросить». Впоследствии выяснилось, что вся предвыборная стратегия «партии власти» была принципиально неверной. В итоге из кандидатов в депутаты-одномандатники, выставленных ею от каждого из восьми районов Санкт-Петербурга, ни один не набрал нужного числа голосов. А по количеству депутатов, прошедших в городе на Неве в Думу по партийным спискам, НДР занял только третье место, уступив «Яблоку» и «Выбору России». После долгих, мучительно трудных переговоров — не обошлось, разумеется, без интриг и взаимных обвинений — между различными демократическими партиями была достигнута договоренность о том, что в нижней палате Санкт-Петербург будут представлять два депутата от «Нашего дома — России», избранные по партийному списку. Один из мандатов достался жене Собчака Людмиле Нарусовой.

Если Путин надеялся, что после выборов вновь сможет заняться привычным делом, то он жестоко ошибся. Весной 1996 года вице-мэр снова получил «особое задание». На предстоящих выборах губернатора Санкт-Петербурга вопрос стоял уже о политическом будущем Собчака. Поэтому именно Путин был назначен руководителем его предвыборного штаба. Ему немедленно пришла в голову поистине «гениальная» мысль провести выборы на несколько недель раньше установленного срока и таким образом лишить соперников возможности организовать успешную избирательную кампанию. Сложнее всего было не получить согласие президента, а убедить депутатов Законодательного собрания в необходимости такого шага. Народные избранники долго отказывались принять предложение Путина, но в конце концов ему удалось заставить их пойти на уступки. Правда, для этого вице-мэру пришлось побеседовать наедине чуть ли не с каждым депутатом.

После переноса срока выборов с 16 июня на 19 мая Путин с присущей ему энергией ринулся в предвыборную схватку. Однако многое из задуманного им не удалось — по двум основным причинам. Во-первых, непомерно честолюбивая Людмила Нарусова постоянно вмешивалась в работу предвыборного штаба. Во-вторых, неожиданную активность проявили политические противники Собчака, также стремившиеся занять губернаторское кресло. Многие известные политики самой различной ориентации выступили против мэра. В очередной раз с нападками на него обрушился его злейший враг в Законодательном собрании Александр Беляев. После начала избирательной кампании он обвинил

Путина и Собчака в нелегальном вывозе в Англию миллиона долларов и покупке через подставных лиц роскошных вилл на Атлантическом побережье Франции. К этому времени «новые русские» уже вовсю скупали недвижимость во Франции, Испании и Швейцарии. Поскольку летом 1995 года Путин с семьей провел отпуск в Бенидорме, ему немедленно приписали приобретение вместе с несколькими санкт-петербургскими бизнесменами дорогих апартаментов в Коста-Бланка.

В ответ Путин обвинил Беляева в клевете и подал на него в суд, но совершил ошибку, направив исковое заявление не по месту жительства ответчика. Одна из санкт-петербургских газет с иронией отмечала в этой связи, что «сотруднику спецслужб следовало бы, по крайней мере, знать, где обитает человек, с которым он собрался судиться». Суд не принял также второе заявление Путина, обосновав это тем, что оно неправильно оформлено. В итоге иск вице-мэра был удовлетворен, но ему было отказано в возмещении морального ущерба. По слухам, разъяренный Путин в зале суда громогласно требовал оставить его в покое, ибо он даже не знает, где находится Атлантическое побережье.

С самого начала Путин выбрал ошибочную предвыборную стратегию. Видимо, он убедил себя в том, что наибольшая опасность для Собчака исходит от радикальных демократов, и сосредоточил все внимание на наиболее ярком их представителе — молодом и энергичном Юрии Болдыреве, сумевшем создать себе в глазах широкой общественности имидж кристально честного человека и непримиримого борца с коррупцией в городской администрации. Поэтому Путин не слишком серьезно отнесся к другому конкуренту — бывшему сослуживцу Владимиру Яковлеву, который оставил пост заместителя мэра, чтобы самому попробовать силы в предвыборной схватке. Собчак и Путин восприняли поступок Яковлева как предательство и не скрывали своего презрения к нему. Путин даже назвал его Иудой, однако бывшему вице-мэру удалось создать себе имидж хорошего хозяйственника и привлечь на свою сторону большинство избирателей.

Внезапно в предвыборную кампанию вмешались высокопоставленные московские чиновники. Черномырдин в благодарность за помощь на думских выборах 1995 года открыто поддержал Собчака. Мэр, ко всеобщему удивлению, даже вступил в возглавляемое его заместителем региональное отделение НДР.

Но они оба не могли предположить, что ход избирательной кампании, как, впрочем, и их собственная судьба, предрешен заранее. Трое едва ли не самых влиятельных приближенных президента — начальник его службы безопасности Александр Коржаков, первый вице-премьер Олег Сосковец и директор Федеральной службы безопасности Михаил Барсуков — уже лихорадочно искали достойного с их точки зрения преемника больному Ельцину. Он в это время проводил собственную избирательную кампанию, но многие в его окружении сомневались в способности пожилого человека руководить страной. После долгих раздумий кремлевская клика в противовес Черномырдину, не скрывавшему своих президентских амбиций, остановила свой выбор на технократе Сосковце*. Близкие отношения с Коржако-

---

* Это утверждение целиком лежит на совести автора, ибо нет никаких данных, подтверждающих его версию. Напротив, упомянутая «тройка», исходя из состояния здоровья Ельцина, настаивала на продлении его полномочий еще на два года с условием, что он не будет больше выставлять свою кандидатуру на пост президента. Однако в 1994 году Коржаков и несколько высокопоставленных должностных лиц из его окружения, действительно, пытались сместить Черномырдина с поста премьер-министра и заменить его Сосковцом. См., например: К а р а у л о в А. В. Плохой мальчик. — М.: Совершенно секретно, 1996. — С.58—60.

вым, Барсуковым и Генеральным прокурором Алексеем Ильюшенко позволяли ему использовать в своих интересах такие силовые структуры Российской Федерации, как личная охрана президента и ФСБ, а также органы прокуратуры. Этой троице срочно требовались союзники в регионах, а Собчак с его подчеркнуто независимым поведением и реформаторскими наклонностями никак не подходил на эту роль. Кремлевские интриганы прекрасно понимали, что в случае победы на губернаторских выборах он, вне всякого сомнения, станет наиболее перспективным кандидатом на пост президента от демократической оппозиции. Чтобы не допустить этого, Коржаков, Барсуков и Сосковец открыто встали на сторону Яковлева, поддержанного также всемогущим мэром российской столицы. Юрий Лужков тоже надеялся со временем стать президентом и видел в Яковлеве потенциального союзника.

Средства, щедро выделенные Кремлем и московской мэрией, позволили Яковлеву подключить к проведению своей избирательной кампании опытных политтехнологов. У Собчака же за две недели до судьбоносного дня почти не осталось средств в избирательном фонде. Неожиданно выяснилось, что нечем покрыть дефицит городского бюджета. Проведенная в 1995 году налоговая реформа лишила Санкт-Петербург трети его доходов. У Путина начали сдавать нервы. В беседе с не менее взволнованным Собчаком он твердо обещал ему: «Я заставлю самых богатых наших бизнесменов, нажившихся на приватизации городской собственности, публично принести нам клятву верности». Он собрал на госдаче «Белые ночи» всех знакомых крупных предпринимателей, в драматических тонах обрисовал им ситуацию и призвал денежными взносами поддержать Собчака. К глубокому разочарованию Путина, «новые русские» наотрез отказались выполнить его просьбу.

В последующие дни Путин попытался заручиться поддержкой представителей среднего класса, объединившихся в так называемый «Конгресс поддержки малого и среднего предпринимательства». Он организовал «круглый стол» бизнеса и власти, на котором с программной речью должен был выступить Собчак. Но мэр попросту забыл об этом крайне важном для него мероприятии и тем самым не только лишил собравшихся возможности насладиться его красноречием, но и упустил свой последний шанс. Путин был вне себя от ярости. Когда же известный всему городу преступный авторитет потребовал от каждого из участников «круглого стола» внести по 2000 долларов в его «Фонд поддержки мэра», началось нечто невообразимое. Один из друзей Путина рассказал позднее, что в те дни он, ложась спать, всегда клал рядом с собой заряженное помповое ружье.

В книге «От первого лица» Путин описывает эти события несколько иначе. По его словам, Собчак сам вел свою предвыборную кампанию и собирал средства на нее. Путин же на первоначальном этапе сознательно отстранился от всякого участия, поскольку совершенно не владел современными политическими технологиями и возглавил предвыборный штаб мэра только перед вторым туром, когда уже ничего нельзя было сделать.

Теперь уже ни для кого не секрет, что перенос выборов был серьезной ошибкой. Яковлев ловко воспользовался промахами противников, предпринял все необходимые шаги и в результате одержал победу — пусть во втором туре и с незначительным перевесом голосов. Путину, привыкшему, невзирая ни на какие трудности, добиваться намеченной цели, пришлось смириться с поражением. Когда новоизбранный губернатор в знак примирения предложил сохранить за ним прежнюю должность, Путин воскликнул: «Лучше пусть повесят за преданность, чем вознаградят за предательство!»

По мнению остальных участников предвыборной гонки, Путин якобы не гнушался обращаться за помощью к бизнесменам с откровенно криминальным прошлым и настоящим. Так, президент «Русского видео» предложил устроить Собчаку широкую рекламную кампанию на местном телеканале, но взамен потребовал от городской администрации помочь ему получить кредит в 300 000 миллионов долларов. Когда же по прямому указанию из Москвы в офис «Русского видео» ворвалась налоговая полиция, вся эта история с кредитом была благополучно забыта. Впоследствии недоброжелатели Путина утверждали, что он был одним из акционеров этой компании. Ходили также упорные слухи, что Путин с помощью созданной в свое время КГБ и превосходно функционирующей в наши дни системы подставных фирм, в одной из которых работали его бывшие охранники Золотов и Тзепов, помогал санкт-петербургской мафии успешно проворачивать разного рода аферы и сам неплохо нажился на них. Но никаких доказательств представлено не было. Известно только, что Тзепов внезапно уехал в Чехию.

В эти годы российская пресса много писала о сращивании организованной преступности с коррумпированной частью властных структур и финансовой олигархией. Еще при Собчаке в Санкт-Петербурге было совершено несколько громких заказных убийств, которые так и не смогли раскрыть ни милиция, ни руководимое близким другом Путина Виктором Черкесовым городское управление ФСБ. Например, в 1994 году заместитель генерального директора производственного объединения «Адмиралтейский завод» не захотел больше участвовать в нелегальной продаже за рубеж списанных подводных лодок — к этому виду криминального бизнеса, похоже, были причастны высокопоставленные чиновники мэрии, — и был немедленно застрелен. Вообще, в Санкт-Петербурге в эти годы число преступлений неуклонно увеличивалось. Особенно резко возросло число заказных убийств. В 1997 году киллеры прямо средь бела дня на многолюдной улице расстреляли служебную машину Михаила Маневича, в свое время по совету Путина оставшегося работать в администрации Яковлева. Вплоть до своей трагической гибели он занимал должность вице-губернатора и главы территориального управления Госкомимущества.

После проигранных выборов Путин еще целый месяц просидел в своем кабинете, пока в июле его буквально не выставили за дверь. Очевидно, он непременно хотел остаться в системе власти. Чем еще можно объяснить его активную работу в разместившемся в Смольном за несколько недель до официального увольнения Путина предвыборном штабе Бориса Ельцина? Не исключено, что он также рассчитывал на поддержку его руководителя и своего бывшего коллеги Анатолия Чубайса. Но пока он был вынужден, как и в 1990 году, начинать все сначала. Собчак следующим образом попытался утешить человека, с которым так долго и плодотворно сотрудничал: «Не волнуйся, нас обоих скоро назначат послами». Он действительно очень хотел получить привилегированную должность посла в Париже или Бонне и даже съездил в Москву, чтобы лично поговорить с тогдашним министром иностранных дел Примаковым о возможном использовании его и Путина на дипломатической службе. К глубокому сожалению Собчака, Примаков отказался удовлетворить его просьбу.

Тем временем Путина буквально засы́пали предложениями работы в частном секторе. С его знаниями и опытом он вполне мог занять руководящую должность в любой крупной санкт-петербургской фирме или компании и получать там солидную зарплату, не говоря уже о дивидендах. Но временно отстраненный от дел сорокатрехлетний чиновник предпочел заняться наукой и вскоре представил к защите в Институте горной промышленности диссертацию под длинным и сложным названием «Стратегическое планирование обновления сырьевой базы региона на основе формирования рыночных отношений». Через восемь месяцев — Путин уже перебрался в Москву — ему присвоили ученое звание кандидата экономических наук.

Три месяца бывший вице-мэр оставался без работы и все это время, казалось, чего-то напряженно ждал. Но чего именно? На эту тему он ни с кем не хотел разговаривать.

Однажды Путин с семьей выехал на недавно отстроенную дачу, расположенную в 100 километрах от Санкт-Петербурга. Его жена только недавно оправилась от перенесенной операции — у нее был сильно поврежден позвоночник и сломано основание черепа. Только муж и дочери успокоились и перестали тревожиться за ее здоровье, как их постиг новый жестокий удар судьбы. Погожим летним днем к ним в гости приехали бывшая секретарша Путина Марина Ентальцева с мужем. Поев шашлыков и немного выпив, мужчины пошли в сауну. Но едва Путин затопил печь, как весь дом охватило пламя. Позднее выяснилось, что именно печь, неправильно сложенная строителями, и послужила причиной пожара. Дача быстро горела. К счастью, Путин успел вынести из огня старшую дочь, спавшую на втором этаже, и спустить вниз Марину по связанным и переброшенным через балкон простыням. Затем он бросился в охваченную огнем комнату за спрятанным в шкафу «дипломатом» с деньгами и с ужасом обнаружил, что они уже сгорели дотла. На пепелище Путин неожиданно нашел свой крестильный крест, освященный два года тому назад.

Семья Путина разом лишилась загородного дома и всех своих сбережений. Внезапно им на помощь пришел Алексей Большаков. Бывший директор крупного ленинградского оборонного предприятия, он затем занимал целый ряд ответственных постов, в том числе должность заместителя председателя Ленсовета, а в августе 1996 года был освобожден от обязанностей заместителя председателя Исполкома Союза России и Белоруссии и назначен первым вице-премьером. Большаков хорошо помнил, что в трудные для него времена, когда многие политики и чиновники старались держаться подальше от «красного директора», Путин неизменно подчеркивал свое уважительное отношение к нему и ни разу не отказался принять его в Смольном. Напомним что именно Большаков стоял у истоков пресловутого РАО «Высокоскоростные магистрали», созданного в 1991 году для строительства суперсовременной скоростной железной дороги Санкт-Петербург—Москва. Но активно лоббируемый им проект по многим причинам так и не был осуществлен, и вся история, как это уже бывало, закончилась грандиозным скандалом и бесследно исчезнувшими огромными суммами денег. Но лично к Путину, всегда с пониманием относившемуся к его просьбам, Большаков не имел претензий и, узнав о постигшем его несчастье, сделал все возможное для перевода земляка в Москву. На встречах с управляющим делами президентской администрации Павлом Бородиным и его еще более влиятельным начальником Николаем Егоровым было решено предложить Путину пост заместителя Егорова. Однако до тех пор, пока у власти находилась знаменитая троица, Коржаков — Барсуков — Сосковец, ни о каком переезде Путина в столицу не могло быть даже речи.

Дальнейшая судьба Собчака сложилась трагически. После поражения на выборах на него был открыт настоящий «сезон охоты». Новый губернатор в прямом смысле слова натравил на ненавистного соперника правоохранительные органы и прокуратуру. Поводом послужило интервью Собчака еженедельнику «Совершенно секретно», в котором он прямо обвинил Яковлева в связях с одной из самых влиятельных преступных группировок северной столицы — так называемыми «тамбовцами». По указанию Юрия Скуратова, сменившего Ильюшенко на посту Генерального прокурора, его подчиненные начали комплексную проверку деятельности Собчака в период пребывания его на посту мэра. За это время он нажил себе много врагов, готовых раздуть скандал вокруг самого незначительного факта коррупции и упрятать Собчака за решетку. На квартире бывшего мэра и его жены был произведен обыск. Над ними нависла угроза ареста. В октябре 1997 года покровителя Путина в течение нескольких часов допрашивали в здании санкт-петербургского РУОПа. От него требовали дать на своих бывших сотрудников показания, уличающие их в коррупции. В конце концов пятидесятивосьмилетний Собчак не выдержал такого напряжения. Прямо на допросе с ним случился сердечный приступ. Через месяц Людмиле Нарусовой удалось вывезти больного мужа за пределы страны. Все происходившее напоминало сцену из голливудского боевика. Темным ноябрьским вечером в Пулкове на борт прилетевшего из Финляндии частного санитарного самолета спешно погрузили носилки с Собчаком. Взревел двигатель, самолет пробежал по взлетно-посадочной полосе, взмыл в хмурое небо и взял курс на Париж. Личность пилота-иностранца установить так и не удалось. Кое-кто утверждал, что своими глазами видел у кромки летного поля фигуру бывшего вице-мэра, оставшегося незамеченным.

Путин никогда особенно не любил Собчака, но всегда относился к нему с должным уважением и продолжал поддерживать контакты с ним. Однако, лишь став руководителем пусть не такой могущественной, как КГБ, но все-таки располагавшей колоссальными возможностями основной российской спецслужбы, он позволил себе обратиться к президенту с просьбой облегчить участь своего наставника и покровителя. Это произошло на охоте. Ельцин уже собирался подстрелить на лету дикую утку, как вдруг услышал над ухом тихий голос Путина: «У профессора Собчака дела неважные. Нужно как-то помочь ему. Он очень хочет вернуться». Сперва Ельцин даже слышать не хотел об этом. «Пусть решает суд»,— недовольно пробурчал он, но потом, сменив гнев на милость, вызвал нового начальника охраны и отдал соответствующие распоряжения. Через несколько недель бледный, изнуренный тяжелой болезнью Собчак вновь ступил на российскую землю.

Он явно не ожидал, что его фаворит сделает такую головокружительную карьеру. Теперь он надеялся стать советником будущего президента по юридическим вопросам, а пока давал интервью, обедал с известными политическими деятелями и всем, кто хотел его выслушать, рассказывал о близких отношениях с бывшим студентом и соратником в политической борьбе.

В декабре 1999 года Собчак проиграл выборы в Государственную думу, но, ничуть не обескураженный поражением, заявил, что в 2000 году непременно будет баллотироваться в губернаторы Санкт-Петербурга. Он стал доверенным лицом Путина, но его надеждам занять в будущем ответственный пост в аппарате президента не суждено было сбыться. В феврале 2000 года, за месяц до президентских выборов, Собчак скончался от сердечного приступа и — как полагали многие — унес с собой в могилу тайну Путина.

ЧАСТЬ II

Большая игра

Отделение капитала от государства было бы ошибкой, чреватой катастрофическими последствиями, ибо капитал является одной из основных опор власти.

Борис Березовский
«Цайт», 17. 10. 1997.

В этой главе речь пойдет о сложной и жестокой игре, о борьбе за сферы влияния и контроль над финансовыми ресурсами потенциально самой богатой страны в мире. В 1996 году наиболее видные представители ее политической, управленческой и деловой элиты договорились вывести на авансцену политической жизни России человека, способного успешно противостоять любым попыткам отстранить их от власти и обеспечить сохранность и приумножение их огромных богатств. Эти «кукловоды», вскоре вышедшие из-за кулис, начали затем вытаскивать из политического небытия людей с незапятнанной репутацией и делать из них вторых лиц в государстве, то есть добиваться их назначения премьер-министрами с целью проверить на этом игровом поле их пригодность на роль потенциального преемника тогдашнего президента. Далее будет в общих чертах описано, как проходила и чем закончилась эта игра.

После начала весной 1996 года президентской избирательной кампании шансы Ельцина на победу были практически равны нулю. Слишком низким был рейтинг бывшего всенародного любимца, слишком сильно, по данным всех социологических опросов, опережал его кандидат от коммунистов Геннадий

Зюганов. Уже несколько лет продолжалась конфронтация между президентом и Думой, между сторонниками и противниками довольно специфического государства, сформировавшегося в результате рыночных реформ и преобразований прежней социально-политической системы, проводимых с 1991 года под непосредственным руководством Ельцина, противоборствующие стороны напоминали шахматистов, передвигавших на квадратной доске черные и белые фигуры, напряженно размышлявших над очередной партией и пытавшихся предугадать ходы соперника.

Одно время казалось, что Ельцин не отважится вновь выставить свою кандидатуру. Ведь прошло всего лишь несколько месяцев после очередных парламентских выборов, закончившихся победой коммунистов и склонных к популизму националистов во главе с Жириновским. А главное, в период пребывания Ельцина на посту президента электорат успел разочароваться в нем из-за множества серьезных ошибок и нерешенных проблем.

Одной из наиболее крупных ошибок была, разумеется, война в Чечне. После распада СССР в расположенных на Северном Кавказе автономных республиках усилились сепаратистские тенденции. Россия была готова в случае необходимости силой удержать Чечню в своем составе. Но к началу борьбы за президентское кресло какие-либо признаки военного или политического решения данной проблемы напрочь отсутствовали. В ходе вялотекущей военной кампании обе стороны понесли большие потери. Гибель «федералов» и множества мирных жителей, спровоцированная дикими и жестокими методами подавления мятежа, породила в обществе крайне негативное отношение к чеченской войне. К тому же России грозила полная международная изоляция.

В вину Ельцину также ставили усугубляющийся экономический кризис. Итоги начатых в 1992 году рыночных реформ были далеко не однозначными. Тогдашний кабинет министров, фактически возглавляемый реформатором Гайдаром, принял решение провести либерализацию цен и таким образом «кавалерийским наскоком» ликвидировать плановое хозяйство. В результате цены стремительно взлетели вверх, и хотя российский рынок быстро заполнился импортными товарами, большинству населения они были недоступны. Образовался огромный разрыв между реальными доходами граждан и стоимостью потребительской корзины. Государство внезапно осознало, что не может больше выполнять обязательства перед народом, и единственный выход из создавшегося положения видело в увеличении оборотов печатного станка. Рост денежной массы повлек за собой галопирующую инфляцию, в течение нескольких недель лишившую миллионы людей их сбережений. На помощь незадачливым молодым экономистам из команды Гайдара немедленно поспешили международные финансовые организации. Они не только прислали своих консультантов, но и выделили России кредиты.

Выше уже говорилось, что внедренный Чубайсом вариант приватизации также вызвал много возражений. Сперва председатель Госкомимущества в соответствии с принципом социальной справедливости решил раздать населению собственность советского государства в виде так называемых приватизационных чеков — ваучеров, однако люди так и не получили обещанных дивидендов, поскольку отнесли свои акции в созданные ловкими мошенниками инвестиционные фонды или финансовые компании, оказавшиеся на поверку чистейшей воды пирамидами. Кроме этого, ваучеры продавали гораздо ниже их реальной стоимости или просто обменивали на продукты и водку. В течение короткого срока государственная собственность перешла в руки представителей прежней партийно-хозяйственной номенклатуры, организованных преступных группировок и узкого круга лиц, сколотивших в период грюндерства*, последовавшего после перестройки, многомиллионные состояния, зачастую преступным способом. Вскоре их назвали «новыми русскими», придав этому выражению негативный оттенок и превратив их самих в своеобразный символ «эпохи перемен». Даже когда они примелькались и перестали быть экзотикой российского пейзажа, их по-прежнему называли именно так.

Еще одной серьезной проблемой был рост безработицы, затронувший в основном промышленные регионы. Государство оказалось не в состоянии регулярно платить зарплату чиновникам и рабочим. Пенсионеры тоже напрасно ждали пенсий. Широкое распространение получили так называемые «бартерные сделки», когда фирмы рассчитывались между собой не деньгами, а товарами, поскольку у них, как правило, отсутствовали финансовые средства. На неплатежеспособных предприятиях рабочим и служащим вместо зарплаты выдавали собственную продукцию. Точно так же они рассчитывались и с поставщиками. Ни к чему не привели и неоднократные попытки проведения широкомасштабной налоговой реформы, нацеленной на снятие диспропорции между высокими налогами и подрывающим государ-

---

* От немецкого слова grunder — основывать. Термин получил широкое распространение в Германии середины семидесятых годов прошлого века, когда после объединения страны началось массовое учреждение многочисленных акционерных обществ, банков, компаний и т. д., сопровождавшихся нездоровым ажиотажем, биржевыми спекуляциями и различными финансовыми махинациями. Правда, в отличие от России девяностых годов XX века в Германии это сопровождалось бурным промышленным ростом.

ственные устои дефицитом бюджета. Война в Чечне еще более усугубила экономический кризис. Незаконная торговля оружием, боеприпасами и продуктами, предоставление оборонным предприятиям кредитов, во много раз превышавших их реальные потребности, бесследное исчезновение колоссальных сумм, выделенных правительством на восстановление социально-экономической сферы Чечни, — все это стало обыденным явлением и еще более усилило общественное влияние мафиозных и коррумпированных властных структур.

Многие российские граждане не могли также простить Ельцину расстрела Белого дома осенью 1993 года. По их мнению, он создал прецедент, ссылаясь на который, исполнительная власть в любой момент могла прибегнуть к насильственному способу разрешения политических конфликтов.

В этих условиях почти ни у кого не было сомнений в поражении Ельцина на предстоящих президентских выборах. Однако, ко всеобщему изумлению, он сумел изменить ситуацию в свою пользу, организовав грандиозную избирательную кампанию и поразив тем самым воображение электората. Единственной целью уникальной по российским меркам «охоты за голосами» было максимально сократить разрыв между действующим президентом и Зюгановым. На прошедших в 23 российских регионах встречах с избирателями последние были изумлены темпераментом и пламенными речами Ельцина, изменившегося до неузнаваемости. С утра до вечера он объезжал города, посещал различные предприятия, встречался с популярными артистами и ни разу не обнаружил признаков слабости или усталости. А главное, он постоянно обещал повысить жизненный уровень населения и не гнушался танцевать и выпивать с простыми людьми. Вся избирательная кампания шла под лозунгом «Реформы или возврат к коммунизму», который, по замыслу Ельцина и его советников, непременно должен был найти отклик в сердцах избирателей.

Расчет сотрудников предвыборного штаба действующего президента полностью оправдался. 16 июня 1996 года он получил в первом туре 32% голосов, опередив на три процента Зюганова. От исхода голосования во втором туре зависело, кто из двух самых известных на тот момент российских политиков подведет страну к порогу третьего тысячелетия. За ним с большим отрывом следовали неожиданно набравший 14,7% голосов генерал Лебедь и лидер отстаивавшего либеральные ценности движения «Яблоко» (7,4%) Явлинский. За Жириновского, в 1993 году получившего поддержку трети электората и долгое время олицетворявшего собой очень опасную «третью силу», проголосовали лишь 5,8% избирателей. После такого сокрушительного поражения он утратил всякое политическое влияние.

Итоги президентских выборов 1996 года еще раз подтвердили, что предвыборный расклад за последние годы почти не изменился. В 2000 году в России также не произошло каких-либо принципиальных изменений в расстановке политических фигур. Реформаторов поддержали приблизительно 40% избирателей. Коммунисты и их союзники получили около трети голосов. Несколько меньшее количество граждан — примерно 20—30% — проголосовало за представителя «третьей силы», по своим идеологическим пристрастиям отличавшегося от коммунистов и демократов и считавшего первоочередной задачей восстановление государственности в полном объеме и обеспечение охраны общественного порядка. Результаты первого тура определили дальнейшую тактику предвыборного штаба Ельцина, возглавляемого Чубайсом. Как известно, в работе его санкт-петербургского отделения активно участвовал Путин. Было совершенно очевидно, что во втором туре Ельцина поддержит часть электората Явлинского и многие антикоммунисты из числа сторонников Жириновского. Поэтому президенту требовалось лишь привлечь на свою сторону тех, кто превыше всего ставил «закон и порядок», то есть избирателей Лебедя. Именно они должны были окончательно склонить чашу весов в пользу Ельцина.

Советники президента спешно попытались договориться с Лебедем. Харизматический генерал с незапятнанной репутацией, успевший зарекомендовать себя как решительный борец с коррупцией, должен был помочь поднять авторитет Ельцина и сделать его образ более привлекательным в глазах подавляющего большинства населения. Лебедю был предложен пост секретаря Совета безопасности. Занимающий эту должность считался одним из наиболее влиятельных российских чиновников, так как в его служебные обязанности в первую очередь входил контроль за так называемыми «силовыми ведомствами» — армией, Министерством внутренних дел и спецслужбами — и стратегически важными отраслями экономики. Лебедь согласился поддержать президента, но, воспользовавшись благоприятным моментом, потребовал взамен дополнительных полномочий и включения своих требований «наведения порядка в стране» в политическую программу президента.

Стремление любым путем добиться победы во втором туре заставило Ельцина принять все условия генерала. Лебедь еще не успел освоиться в новой должности, как президент одним росчерком пера уволил в отставку нескольких своих приближенных, в том числе трех «силовиков». Своих портфелей за ночь лишились министр обороны Грачев, директор Федеральной службы безопасности Барсуков, предшественник Лебедя на посту секретаря Совета безопасности Лобов и первый вице-премьер Сосковец, одно время считавшийся наиболее вероятным преемником Ельцина. Президент не пощадил даже Александра Коржакова, много лет возглавлявшего его личную охрану. После попытки государственного переворота осенью 1993 года эти люди создали своеобразный административно-силовой блок якобы для защиты президента от любых посягательств на его власть. На самом деле они практически изолировали его от внешнего мира. В частности, Коржаков постоянно «наращивал мускулы» своего ведомства, стремясь максимально расширить его полномочия и подмять под себя другие спецслужбы. К началу президентской гонки он уже успел подчинить себе знаменитую спецгруппу по борьбе с терроризмом «Альфа», считавшуюся одним из элитных подразделений бывшего КГБ, и «держал под колпаком» уже не только президента, но и многих армейских генералов, высокопоставленных чиновников МВД и региональных лидеров, а также всерьез намеревался установить контроль над такими надежными источниками дохода, как экспорт нефти и оружия. Во время частых «больничных отлучек» Ельцина «тройка» во главе с Коржаковым фактически управляла страной; вполне возможно, что именно она развязала войну в Чечне осенью 1994 года.

Ельцин долгое время старался не замечать чрезмерной активности своей службы безопасности, которая на деле подчинялась только непосредственному начальнику, так как опасался новых вооруженных конфликтов с «коммуно-националистической» оппозицией. Однако Коржаков, Барсуков и Сосковец, помимо всего прочего, использовали эту силовую структуру для устранения политических противников. Так, в конце 1994 года подчиненные Коржакова в масках разоружили охранников Мост-банка и заставили их больше часа лежать на снегу* возле офиса его владельца Владимира Гусинского, расположенного на Новом Арбате в здании мэрии. «Тройка» считала Юрия Лужкова, пользовавшегося огромной популярностью у москвичей, реальным претендентом на президентское кресло; было решено нанести упреждающий удар по одному из его главных финансистов. Позднее Коржаков, Барсуков и Сосковец на выборах губернатора Санкт-Петербурга открыто выступили на стороне Яковлева. По приказу директора ФСБ над городом с вертолета разбрасывались листовки с обвинениями в адрес Собчака**. Ради сохранения своего привилегированного положения «тройка» была даже готова добиваться продления президентских полномочий Ельцина и переноса выборов на более поздний срок, то есть отказа от демократических принципов управления страной. После первого тура была также предпринята попытка убрать либералов из предвыборного штаба Ельцина и помешать укреплению позиций Лебедя. Ни один из них даже и предположить не мог, что задержание по приказу Коржакова на проходной Белого дома известного в мире шоу-бизнеса предпринимателя Сергея Лисовского и пресс-секретаря Чубайса Аркадия Евстафьева, входивших в предвыборный штаб Ельцина, и изъятие у них коробки из-под ксерокса с пятьюстами тысячами долларов станет поводом для разгона всей «антидемократической группировки» и только упрочит положение Лебедя в структурах власти. Но, несмотря на увольнение прежних «столпов» режима,

---

* В средствах массовой информации эту акцию назвали «мордой в снег».
** В них со ссылкой на Генеральную прокуратуру говорилось, что Собчак проходит по нескольким уголовным делам, но не указывалось, что свидетелем.

влияние спецслужб на Ельцина еще более усилилось. Даже доблестный генерал, добившийся прекращения военных действий в Приднестровье, не мог этому помешать.

Уже почти никто не сомневался в исходе назначенного на 3 июля 1996 года второго тура. Действующий президент одержал внушительную победу, получив почти 54% голосов. Зюганов отстал от него на целых четырнадцать процентов. По-прежнему неизменным — шесть процентов — осталось число тех, кто поставил галочку «против всех». Но победа Ельцина была куплена очень дорогой ценой и именно этим обусловлены многие действия команды Ельцина во время его второго президентского срока. Популярность Ельцина, неожиданно возросшая накануне выборов, во многом объясняется поддержкой его со стороны российских финансово-промышленных магнатов, еще недавно жестоко конкурировавших между собой, но затем волей обстоятельств севших за стол переговоров. Они не без оснований опасались, что коммунисты в случае победы на выборах отнимут у них далеко не всегда законно приобретенные капиталы и отстранят их от участия в политической жизни. Поэтому они решили любым путем помешать приходу к власти Зюганова. Влияние финансовой олигархии в 1996 году было настолько велико, что никакое описание политических процессов в современной России невозможно без подробного рассказа о них, способствовавших также возвышению Путина.

Что собой представляют так называемые финансово-промышленные кланы? Какова их истинная роль во внутренней и внешней политике России? Долгое время в обществе четко представляли себе, кто из представителей большого бизнеса входит в число приближенных Ельцина и его семьи, потому что круг этих людей был достаточно ограничен. К нему принадлежали владельцы нескольких крупных московских концернов, объединяющих предприятия топливно-энергетического комплекса, и зависимых от них промышленных компаний. Достаточно назвать возглавляемый Рэмом Вяхиревым «Газпром», являющийся абсолютным монополистом в сфере добычи и экспорта природного газа, нефтяной концерн «ЛУКОЙЛ» и его президента Вагита Алекперова, создавшего целый агломерат различных фирм, среди которых особенно выделялся автомобильный холдинг «Логоваз» скандально известного бизнесмена Бориса Березовского, банкиров Александра Смоленского (СБС-Агро), Михаила Фридмана (Альфа-банк), Владимира Гусинского (Мост-банк), Владимира Потанина ОНЭКСИМ-банк) и Михаила Ходорковского (банк «Менатеп»). Среди тех, кого вскоре назвали олигархами, далеко не последнее место занимали такие финансовые учреждения с закрепленным в федеральной собственности контрольным пакетом акций, как Внешэкономбанк и Сбербанк.

К олигархам в каком-то смысле можно также отнести и некоторых членов семьи Ельцина. По крайней мере, через его зятя Валерия Окулова президентская семья непосредственно связана со многими бизнесменами. Бывший летчик, женатый на старшей дочери Ельцина Елене, был в свое время избран генеральным директором «Аэрофлота», но без санкции бывшего президента он, несомненно, никогда бы не рискнул выставить свою кандидатуру. Теперь Окулов имеет возможность контролировать одну из мощнейших инфраструктур в стране и распоряжаться огромными суммами в свободно конвертируемой валюте. Здесь удивительным образом совпали интересы государства — в данном случае президентской семьи —

и одного из главных акционеров «Аэрофлота» Березовского.

Финансовая элита не только оплатила предвыборную кампанию Ельцина, но и предоставила в его распоряжение опытных политологов и колоссальные административные ресурсы. Именно последний фактор определил исход выборов, поскольку Ельцин приобрел дополнительные возможности повлиять на умонастроения провинциального электората. Ведь от нормальной работы принадлежащих олигархам региональных предприятий часто зависит жизнь целых областей и районов. Кроме того, олигархам принадлежали телеканалы, радиостанции и газеты, целенаправленно и умело поддержавшие государственные средства массовой информации, агитировавшие за Ельцина. Противостоять такому мощному пропагандистскому напору было практически невозможно. Сообщения и репортажи о предвыборных мероприятиях Ельцина заполонили первые полосы газет и информационные выпуски радио и телевидения. Другим кандидатам уделялось гораздо меньше внимания, и накануне выборов главный конкурент Ельцина вообще почти исчез с газетных полос и экранов телевизоров.

Основную роль в этой массированной атаке на общественное мнение играл Борис Березовский, до сих пор считающийся одним из самых богатых людей России. По некоторым данным, общая сумма его капитала составляет около трех миллиардов долларов. Подобно многим российским политикам и бизнесменам, Березовский регулярно приезжает в Германию по приглашению Немецкого общества по изучению внешней политики и немецко-российского форума. В переполненных залах он объясняет аудитории, в чем именно смысл проводимого Россией политического курса. При этом о себе олигарх отзывается достаточно скромно: «Я математик и раньше не имел никакого отношения к большой политике. Но в такие трудные времена, как сейчас, все разумные люди должны по мере сил способствовать превращению России в нормально функционирующее правовое государство с открытой рыночной экономикой. Поэтому я пошел в политику».

В Германии у Березовского напряженный график и вечерами, устав от общения с прессой и видными политическими и общественными деятелями, он любит расслабиться в каком-нибудь экзотическом ресторане в тесном кругу немецких друзей. Часто он выбалтывает сведения, не предназначенные для чужих ушей и позволяющие окинуть взором закулисную сторону современной российской политики. Если сравнивать ее с казино, то Березовский — один из наиболее толковых и удачливых игроков, не брезгующий ради выигрыша никакими средствами, так как ставки здесь очень велики. Когда один американский журнал обвинил его в насильственном устранении конкурента, он подал на авторов статьи в суд и не пожалел ни денег, ни времени, ни сил для доказательства в суде своей невиновности. Вот уже несколько лет он умело продвигает близких ему людей на ключевые должности в системе исполнительной власти, чтобы через них влиять на экономические и политические решения. О своем бизнесе он говорит довольно неохотно, справедливо полагая, что о нем и так уже много написано в российской и западной прессе. Вообще, политика теперь представляет для него гораздо больший интерес, чем экономика. Березовский, как никто другой, умел предвидеть перемены в высших эшелонах власти и во многих случаях сам был к ним причастен. Сперва он успешно проворачивал свои дела с помощью начальника личной охраны президента Коржакова и даже выступил вместе с ним в 1995 году в роли одного из организаторов пресловутого «Блока Ивана Рыбкина», который возглавлялся тогдашним председателем Государственной думы. Этот блок провозгласил себя сторонником социал-демократических принципов партии, предназначенной наряду с «Нашим домом — Россией» Черномырдина для представления интересов Кремля в новом парламенте после декабрьских выборов. Но преодолеть пятипроцентный барьер «Блоку Ивана Рыбкина» так и не удалось.

Березовский не пал духом и продолжил свои игры с властью. В январе 1996 года он добился назначения своего компаньона и председателя совета директоров «Автоваза» Каданникова (с которым ранее создал печально известный лопнувший автомобильный альянс AVVA) на пост первого вице-премьера, ответственного за экономические вопросы. Но наибольший куш Березовский сорвал, когда уговорил Татьяну Дьяченко, младшую дочь Ельцина, войти в его предвыборный штаб. После ссоры с Коржаковым неугомонный бизнесмен решил вновь использовать дочь президента в своих интересах и нашел для нее еще более перспективный род занятий. В своем новом амплуа советника президента по имиджу Татьяна Дьяченко имела свободный доступ к отцу и поэтому была гораздо более полезной для крупных предпринимателей из окружения Березовского, чем бывший шеф службы безопасности. Расчет Березовского оказался безошибочным: Ельцин мог публично унизить и выгнать из Кремля любого из своих приближенных — но только не любимую дочь. После отставки Коржакова Березовский, прикрываясь Татьяной Дьяченко, вошел в так называемую «новую семью Ельцина» и повел, как обычно, собственную игру. Сейчас его политический авторитет зиждется на принадлежащей ему огромной информационной империи, сердцевину которой составляет вещающее на всю страну ОРТ.

Серьезным соперником Березовского в сфере медиа-бизнеса был банкир Владимир Гусинский, в конце 1993 года создавший первую в России частную телекомпанию НТВ и постепенно скупивший для нее эфирное время на четвертом государственном канале; благодаря умелому формированию развлекательных программ он сумел привлечь на свою сторону большую часть российской интеллигенции. Ранее Гусинский основал финансовый холдинг «Группа „Мост“» с собственным банком, который благодаря хорошим отношениям его владельца с Юрием Лужковым пользовался особым покровительством московских властей. Мост-банк стал одним из уполномоченных банков правительства Москвы по обслуживанию бюджетных предприятий социальной сферы города. Данное обстоятельство, а также приверженность либеральной идеологии побудили журналистов НТВ и других средств массовой информации, входивших в этот холдинг, к неоднократным нападкам на семью Ельцина. Гусинский взял к себе в команду многих бывших сотрудников органов государственной безопасности. В частности, в платежной ведомости группы «Мост» значится руководитель ее и аналитической службы телеканала НТВ Филипп Бобков, ранее возглавлявший Пятое управление, ведавшее борьбой с диссидентами, а затем обосновавшийся на посту заместителя председателя КГБ. Во время приватизации собственности советского государства Березовский и Гусинский яростно боролись друг с другом, используя, помимо всего прочего, также собственные мощные охранные структуры. Однако при малейшей угрозе общим интересам финансовой олигархии они мгновенно находили общий язык.

Добиться модернизации российской экономики при помощи наиболее мощных финансово-промышленных групп, а пока спокойно дожидаться результата на вершине властной пирамиды — такова была стратегия, избранная несколько лет тому назад Ельциным и Чубайсом. По этой причине — разумеется, были и другие, гораздо менее благородные мотивы — тогдашний президент и его советники так долго позволяли олигархам вольготно чувствовать себя во властных структурах. В свою очередь, финансовые кланы охотно кредитовали правительство, скупая взамен выпускаемые им для латания бюджетных «дыр» и подкрепленные гарантиями Центрального банка Государственные казначейские обязательства (ГКО). Риск с лихвой окупался быстрым ростом доходности этих ценных бумаг. В итоге рефинансирование через них непрерывно возраставшего внутреннего долга сделалось возможным только под огромные проценты. Таким образом, российские финансовые кланы нажили свои огромные состояния в значительной степени за счет превращения страны в их должника. По-настоящему рыночным — с нормально функционирующей конкуренцией — стал лишь один сравнительно небольшой сектор экономики. Однако «сотрудничество» государства с олигархами при всех его негативных последствиях привело к быстрому перераспределению собственности в пользу последних в такой правовой форме, которая, несмотря на отсутствие у приватизации законодательной базы, сделала невозможным осуществление настойчивого требования коммунистов «восстановить советскую власть».

Столь тесное взаимодействие банкиров и высшего политического руководства России привело к тому, что их интересы вновь совпали в преддверии президентских выборов 1996 года. Ельцин надеялся сохранить влияние и в дальнейшем продолжить намеченную линию общественного развития. Финансовые магнаты хотели на длительный срок законсервировать сложившуюся в России экономико-политическую ситуацию, ибо только при таких условиях они могли приумножать свои капиталы и сохранять свой социальный статус. От тех, кто займет пост президента и руководящие должности в первых двух эшелонах его аппарата, напрямую зависела судьба людей, привыкших успешно лоббировать свои экономические интересы. Возможность практически безраздельно распоряжаться президентской администрацией, руководителем которой после победы Ельцина на выборах был немедленно назначен Чубайс, предопределила исход второго этапа перераспределения власти и собственности уже на региональном уровне.

Теперь стратегия финансовой олигархии была нацелена на сохранение неограниченной власти в «послеельцинскую эпоху». По конституции президент не имел права баллотироваться в третий раз. Правда, уже неоднократно — и далеко не всегда безуспешно — предпринимались попытки пересмотреть действующее законодательство. Ранее члены команды Ельцина неустанно подчеркивали, что первые президентские выборы состоялись в советское время, то есть до принятия российской конституции. Но теперь Ельцин был тяжело болен и в любой момент мог умереть. Кроме сердечного заболевания, на здоровье Ельцина сказывались также чрезмерное пристрастие к алкоголю и сильное повреждение позвоночника, полученное им в конце восьмидесятых годов в Испании. Тогда он находился на борту попавшего в аварию самолета. Из-за сильных болей, вызванных смещением позвонков, он часто терял равновесие, и скрыть это от зарубежной публики было уже невозможно. Не следует забывать и о колоссальных усилиях, предпринятых им накануне выборов. До начала голосования он продержался, но за три дня до второго тура с ним случился инфаркт, и проблема преемственности стала насущной. На протяжении почти всего второго президентского срока Ельцина олигархи умело плели закулисные интриги, намереваясь продвинуть «пешку» до конца поля и там превратить ее в «ферзя». Продолжение партии «короля» они считали собственной прерогативой.

После второго тура олигархи во главе с Березовским вплотную занялись расстановкой политических фигур с таким расчетом, чтобы в ближайшие годы выдвинуть их на стратегически важные посты в системе государственного управления. Лебедь, Путин, Жириновский, Степашин, Черномырдин — их всех предполагалось использовать в большой игре. Какую же конечную цель ставила перед собой эта часть российской деловой элиты? Основной ее задачей было подготовить будущего претендента на роль преемника Ельцина и создать ему нужный имидж в глазах избирателей. Но найти политика с такой же, как когда-то у Ельцина, харизмой было крайне сложно. Кандидат в президенты должен был обладать не только необычайной притягательностью, но и вполне определенными политическими взглядами. Только такой человек с их точки зрения мог притязать на высший государственный пост. Преемник Ельцина никак не мог быть скрытым коммунистом. Наоборот, он должен был любым способом предотвратить приход к власти в России сторонников Зюганова. Непременным условием было также его лояльное отношение к «семье».

Кто же считался наиболее грозным соперником олигархов, приведенных в Кремль Березовским? Ответ на этот вопрос достаточно прост: возглавляемая

Коржаковым «тройка» и Юрий Лужков. В конце июля 1996 года клика Коржакова была отстранена от власти. Но мэр Москвы неуклонно наращивал политический вес, постепенно превращаясь в потенциального соперника Ельцина. На выборах руководителя столичной администрации в июне 1996 года он набрал 90% голосов и в очередной раз подтвердил приверженность подавляющего большинства москвичей проводимому им курсу. Влиятельный столичный градоначальник, в сущности, вовсю подражал раннему Ельцину. С помощью метких афористичных выражений и откровенно популистских жестов он пытался завоевать симпатии остального населения страны. Благодаря такому практически неиссякаемому источнику финансирования, как московский городской бюджет, Лужков мог делать поистине царские подарки российским регионам, тем самым подчиняя их себе. Он пользовался поддержкой нескольких олигархов, особенно Владимира Гусинского. Сильное недовольство «семьи» вызвал также переход под контроль Лужкова ряда средств массовой информации. Вскоре уже мало кто сомневался в его президентских амбициях.

Но почему «семья» и стоящие за ней олигархи были настроены против Лужкова? Что побудило их столь ожесточенно бороться с ним? Лужков принадлежал к лагерю реформаторов и в определенном смысле мог называться демократом. Он обладал огромными пробивными способностями и, преодолев многочисленные препоны, выполнил свое обещание превратить Москву в одну из процветающих восточноевропейских столиц. Мэр прекрасно понимал, что, кроме претворения в жизнь таких амбициозных проектов, как реконструкция Московской кольцевой автомобильной дороги или строительство роскошного торгового комплекса под Манежной площадью, еще больше способствовавших росту его популярности среди москвичей, необходимы меры по укреплению своего политического авторитета. В соответствии с этими планами он достаточно умело распределял средства городской казны. Проводимая по инициативе Лужкова реставрация пришедших в упадок церквей гарантировала ему хорошие отношения с церковными иерархами, а пробудившийся в широких слоях населения неподдельный интерес к религии превратил их сотрудничество — его апогеем стало торжественное открытие восстановленного храма Христа Спасителя на Волхонке — в один из основных факторов в раскладе политических сил. Лужков не скрывал привязанности к державной символике и поэтому открыто демонстрировал свою любовь к творчеству Зураба Церетели. Необычайно помпезный монумент со статуей первооткрывателя Америки, выполненный в виде огромного парусника, после отказа нью-йоркского муниципалитета принять его встал на якоре в Москве неподалеку от «Президент-отеля». Разумеется, даровитый скульптор переделал Колумба в Петра Великого.

В вину Лужкову члены кремлевской команды и примыкавшие к ней олигархи ставили отсутствие у него близких отношений с «семьей». В их понимании это было основным недостатком. Более того, он поспешил создать собственную олигархическую структуру — концерн «Система», быстро ставший одним из наиболее серьезных соперников финансовой империи Березовского. На должность главного консультанта по вопросам безопасности «Системы» был приглашен бывший председатель КГБ Крючков, сохранивший тесные связи со своим ведомством. Поэтому «семья» могла ожидать от него чего угодно.

Но наиболее опасным ей представлялся популизм Лужкова. Мэр ловко использовал националистические настроения и явно стремился представить себя подлинным защитником государственных интересов. Он регулярно посещал стоящие на рейде в Севастополе корабли российского Черноморского флота, вынужденного дислоцироваться у берегов отошедшего к Украине Крыма, и не отказывался от визитов в самые отдаленные российские регионы. Там он раздавал от имени столичных жителей богатые дары, создающие о нем самое благоприятное впечатление. По мере осложнения обстановки на Северном Кавказе и усиления угрозы сепаратизма в других частях Российской Федерации эта тактика начала приносить плоды. В конце концов в Кремле пришли к выводу, что Лужков преследует собственные политические цели и даже не считает нужным их скрывать. Тон его выступлений перед главами регионов в Совете Федерации становился все более агрессивным, однако он так и не добился избрания себя председателем верхней палаты.

Политическое кредо Лужкова было предельно доступным: «Я — враг коррумпированного клана Ельцина. Видите, как процветает моя Москва. Вся Россия станет такой же, если вы изберете меня президентом». В Кремле сознавали, к чему может привести реализация требования Лужкова «пересмотреть итоги грабительской приватизации». Ельцинский клан хорошо знал, что кроется за этим призывом. В случае прихода к власти Лужкова близкие Кремлю олигархи немедленно утратят всякое влияние на экономическую и политическую жизнь страны. Московский мэр расставит на ключевых постах в системе исполнительной власти людей из своей команды и поддержавших его банкиров и промышленников. Одним словом, избрание Лужкова президентом означало бы конец благополучию «семьи». Поэтому ее члены занимались не только поиском в собственных рядах наиболее перспективного кандидата в президенты, но и решением еще одной, не менее важной стратегической задачи. Они твердо решили убрать Лужкова с политической арены и избавиться от необходимости доказывать законность своих финансовых империй.

Те, кто в марте 2000 года слышал, как Березовский в своем выступлении в центральном офисе Немецкого банка в Берлине утверждал, что залогом процветания России является отказ ее властей от попыток выяснить, каким способом он приобрел свои капиталы, наверняка не согласились со столь сомнительным аргументом. Ведь легитимизация богатства, приобретенного незаконным путем и сосредоточенного теперь в руках узкого круга криминальной бюрократии, в дальнейшем может стать почти непреодолимым препятствием на пути превращения России в правовое государство и развития правового сознания ее граждан.

Дебют

Начальный ход был сделан под гром литавр. Лебедь, выбранный в качестве первой фигуры, немедленно попробовал выйти в короли. О том, что у него есть все шансы стать следующим президентом России, намекнул незадолго до первого тура не кто иной, как сам Ельцин. На одной из встреч с избирателями он прямо заявил, что его уже давно волнует проблема преемственности и что сменить его может только достойный и авторитетный человек. После короткой паузы он добавил: «Такой человек есть, и я его знаю. Лучше бы ему сейчас снять свою кандидатуру». Глава государства подчеркнул, что на следующих президентских выборах этому кандидату победа обеспечена, а позднее, отвечая на вопросы журналистов, подтвердил, что имел в виду именно Лебедя.

Ранее уже предпринимались попытки включить генерала в состав команды Ельцина. Тесно сотрудничавший с администрацией президента Алексей Головков создал в 1994 году журнал с характерным названием «Медведь» и поместил на обложку фотографию командующего 14-й армией. Его жесткое, словно вырубленное из камня лицо сразу же бросалось в глаза. «Только с такой внешностью можно стать в России президентом». Эти слова Головков произнес в расположенном на Большой Никитской (б. улица Герцена) Центре либерально-консервативной политики. «Назови мне лучшего кандидата — и Россия пойдет за ним!» — улыбнулся Головков и лукаво посмотрел на руководителя центра и своего близкого друга Аркадия Мурашова, год назад разработавшего предвыборную стратегию партии Гайдара. В 1996 году Головков организовал избирательную кампанию Лебедя. Благодаря ему генерал в первом туре занял третье место. Таким образом, кремлевские «кукловоды» выделили огромные средства не только на поддержку Ельцина, но и на «раскрутку» еще одного претендента на главный пост в стране с целью привлечь на его сторону ту часть населения, которую не устраивали ни действующий президент, ни коммунисты. Впрочем, эти же силы стояли за Жириновским и его Либерально-демократической партией. Вошедшая в предвыборный штаб Лебедя* экспертно-аналитическая группа во главе с Головковым сформировала для генерала платформу, основанную на сочетании либеральных идей с «государственническим подходом» и требованием сохранить традиционные российские ценности. «Либеральный национализм» Лебедя выгодно отличался от крикливых

---

* После активизации в апреле 1996 года контактов Лебедя с кремлевскими эмиссарами в распоряжение его предвыборного штаба были предоставлены весьма приличные апартаменты в Лаврушинском переулке.

ультранационалистических лозунгов горлопана Жириновского образца осени 1993 года, а демонстративная готовность бывшего «командарма-14» прибегнуть к самым жестким мерам для восстановления «законности и порядка» не могла не вызвать широкий общественный резонанс.

Представители финансово-промышленных кругов, делая ставку на Лебедя, руководствовались, в первую очередь, тактическими соображениями. Они исходили из того, что при возникновении социальных катаклизмов Лебедь ни в коем случае не должен был примкнуть к враждебному «кремлевским властителям» лагерю. Боевой, прошедший «горячие точки» и наделенный харизмой генерал, привыкший любым способом добиваться намеченной цели и к тому же популярный в народе, мог сравнительно легко прекратить массовые волнения и, если потребуется, применить силу без особого ущерба для своей репутации. Но этот «кристально честный человек» ни при каких обстоятельствах не должен был вмешиваться в дела тех, кто его выдвинул.

Вскоре после президентских выборов стало известно, что Ельцину предстоит серьезная операция на сердце и что для спасения его жизни нужно поставить целых пять шунтов. Это сообщение мгновенно разрушило с таким трудом созданный образ сильного, энергичного президента, якобы всегда находящегося в прекрасной физической форме. Ельцину потребовалось несколько месяцев, чтобы оправиться от операции и прийти в более менее нормальное состояние. Пока же он был вынужден уступить часть полномочий трем своим приближенным.

Исполняющим обязанности президента был назначен Виктор Черномырдин, с декабря 1992 года занимавший пост премьер-министра и считавшийся гарантом социальной стабильности. Он сделал карьеру в системе газовой промышленности, последовательно пройдя все ступени служебной лестницы. В результате он превратил концерн «Газпром» в своеобразное государство в государстве и, скупив через подставных лиц огромное количество его акций, стал одним из самых богатых людей в стране. Поэтому он всячески противился любым попыткам Международного валютного фонда, реформаторов и олигархов из конкурирующих группировок провести структурные преобразования этой монополистической корпорации и тем самым ликвидировать ее безраздельное господство в топливно-энергетической отрасли. В конце 1995 года в олигархических кругах впервые заговорили о Черномырдине как о возможном преемнике Ельцина. Однако в народе за ним прочно утвердилась репутация «второстепенного персонажа», а большинство представителей крупного капитала не верило в его способность победить на президентских выборах такого отъявленного популиста, как Лебедь.

После перераспределения полномочий в ведение Черномырдина перешло общее руководство курсом реформ. В отсутствие Ельцина он также проводил заседания Совета обороны* и Совета безопасности и временно контролировал силовые структуры, обычно непосредственно подчинявшиеся президенту. Премьер-министр уже давно стремился сосредоточить в своих руках как можно больше власти, но всякий раз встречал яростное сопротивление сплотившейся вокруг Коржакова «партии войны», в результате закулисной борьбы изгнанной в конце июня 1996 года из кремлевских коридоров. Но Ельцин даже в мыслях не допускал передачи кому-либо по-

---

* После назначения Лебедя секретарем Совета безопасности Ельцин создал альтернативный орган с целью уменьшить влияние генерала в исполнительных структурах.

ста Верховного главнокомандующего и, естественно, сохранил за собой «ядерную кнопку».

Весьма широкими полномочиями обладал также новый руководитель президентской администрации Анатолий Чубайс. Фактически он заменил в Кремле Коржакова и в каком-то смысле взял на себя функции регента при больном Ельцине. Он представлял в высших эшелонах власти интересы финансово-промышленных магнатов — это уже давно было секретом Полишинеля — и, подобно бывшему начальнику президентской охраны, был тесно связан с «семьей». Чубайс даже хранил у себя факсимиле главы государства и лично контролировал доступ к нему.

Определенные надежды Ельцин возлагал также на Александра Лебедя, передавшего ему значительную часть голосов своих сторонников и ставшему взамен одним из высших должностных лиц Российской Федерации. От бравого десантника, начертавшего на своих предвыборных знаменах ключевое для России слово «порядок», ожидали, что он железной рукой обуздает преступность и, в частности, пресечет деятельность военно-криминального клана, возникшего при Грачеве в недрах Министерства обороны, а, главное, поможет Ельцину как можно скорее выбраться из трясины чеченской войны. Лебедю действительно быстро удалось установить контакт с чеченским руководством. Этому способствовали резкая критика генералом силового метода разрешения конфликта и его высокий авторитет в армейской среде. Позднее он рассказывал, что просто поехал в Грозный и дал «слово офицера». Ситуация по степени сложности напоминала гордиев узел, так как было невозможно пойти навстречу требованиям чеченцев и предоставить им независимость и одновременно сохранить Чечню в составе Российской Федерации. Тем не менее Лебедю удалось найти достойный, по его мнению, выход из положения. Уже через месяц после выборов он сумел достичь компромисса. В сентябре 1996 года вместе с несколькими полевыми командирами и старейшинами в дагестанском селении Хасавюрт было подписано соглашение, согласно которому Чечне временно предоставлялся так называемый «отложенный статут». Хотя Лебедь фактически признал поражение России в войне на Северном Кавказе, сам факт прекращения боевых действий способствовал росту его популярности.

Президент, глава правительства, «ключевые министры» и многие депутаты парламента скрепя сердце одобрили Хасавюртское соглашение. Однако в большинстве своем российская политическая элита неприязненно восприняла акцию Лебедя. На новоявленного секретаря Совета безопасности обрушился шквал критики. Не только коммунисты и националисты, но и часть демократов обвиняла его в измене национальным интересам и нарушении принципа территориальной целостности страны. Но были и реальные основания сомневаться в необходимости Хасавюртских договоренностей, ибо после них, вопреки ожиданиям, террористические акты и захваты заложников не прекратились. Применяемая чеченскими полевыми командирами тактика устрашения вынуждала российские власти не только выплачивать им огромные суммы выкупа за освобождение похищенных, но и прислушиваться к их политическим требованиям. Однако в продолжении «странной» чеченской войны были заинтересованы главным образом те, кто нажил на ней баснословные состояния. Многие высокопоставленные армейские генералы оказались причастными к нелегальным поставкам оружия и боеприпасов в Чечню. Коррумпированные московские политики активно лоббировали выдачу Республике Ичкерия лицензий на вывоз нефти через российские терминалы и доставку ее на переработку в Грозный из северных областей, заведомо зная, что вырученные деньги никогда не поступят в бюджет страны. Не следует забывать также о федеральном финансировании программы восстановления чеченской экономики, об исчезновении миллиардов рублей.

Черномырдин и Чубайс, несмотря на сильные разногласия, готовы были временно объединить усилия и не позволить Лебедю расширить властные полномочия. Они располагали многочисленными административными рычагами и мощными финансовыми ресурсами. Генерал же не имел таких возможностей. Вначале в кремлевских кабинетах надеялись, что данное обстоятельство умерит политические амбиции бывшего командарма, и «одиноким волком» будет гораздо легче управлять. Однако вскоре выяснилось, что на новом посту Лебедь представляет собой еще большую угрозу Ельцину и его окружению. Впервые такой влиятельный орган государственной власти, как Совет безопасности, фактически возглавил не чиновник, а генерал, не скрывавший своих честолюбивых устремлений и авторитарных замашек. Окрыленный первым дипломатическим успехом и убежденный в стабильности своего рейтинга как в Вооруженных силах, так и в обществе, Лебедь чуть ли не каждым словом и жестом демонстрировал, что на очередном крутом повороте российской истории готов выступить в роли «спасителя Отечества» от криминального беспредела, чиновничьей коррупции и «демократического произвола».

Неожиданно у Лебедя пробудился интерес к внешней политике. Он изъявил готовность принять участие в переговорах с Украиной об окончательном определении правового статуса Черноморского флота, без согласования с высшими инстанциями решил ускорить процесс объединения России и Белоруссии и опять же без санкции сверху самостоятельно запланировал ряд поездок в США и страны Западной Европы, где его уже считали наиболее вероятным преемником Ельцина. Когда же Лебедь призвал офицеров своей бывшей элитной Тульской воздушно-десантной дивизии не выходить на службу до полной выплаты задолженности по зарплате, в Кремле решили, что пора унять зарвавшегося генерала. После обнародования «убийственного» с точки зрения верхов компромата на Лебедя, якобы замыслившего создать собственное войско — так называемый «Российский легион» — и с его помощью совершить государственный переворот, он был мгновенно отправлен в отставку и выведен из кабинета вооруженными сотрудниками федеральной службы охраны. Если кто-либо из кремлевской команды рассматривал попытку интеграции Лебедя в политическую элиту не просто как ловкий ход, обусловленный логикой предвыборной борьбы, а всерьез полагал, что он способен стать будущим президентом России, то теперь об этом можно было навсегда забыть.

В январе 1997 года Неменкое общество по изучению внешней политики пригласило опального генерала в Германию. Это было его второе заграничное турне*. В мировых средствах массовой информации зарубежные визиты Лебедя расценивали как начало предвыборной кампании. В условиях практически полного отстранения Ельцина от управления страной и отсутствия в рядах российских политиков другой по-настоящему сильной и популярной личности большинство зарубежных журналистов все еще считало Лебедя с его внушительной внешностью, абсо-

---

* Первый раз Лебедь посетил США в последней декаде декабря 1996 года.

лютной уверенностью в себе и образной речью единственным реальным претендентом на президентское кресло. К великому неудовольствию Гельмута Коля, упорно продолжавшего поддерживать «друга Бориса», они толпой устремились в Бонн. Превосходный знаток России и бывший председатель наблюдательного совета Немецкого банка Вильгельм Христианс, в свои 75 лет по-прежнему с юношеским задором выступавший за расширение сотрудничества между Германией и Россией, устроил Лебедю встречу с наиболее видными германскими промышленниками и банкирами. Лебедь поведал им, что Ельцин неизлечимо болен и что после его кончины Россию неминуемо захлестнет волна народного гнева. Он несколько раз подчеркнул, что является выразителем чаяний большинства российских граждан, с надеждой устремивших взоры на его могучую фигуру, и что за рубежом поступят весьма разумно, если окажут ему помощь.

После изгнания Лебедя из Кремля руководство процессом мирного урегулирования взял на себя Борис Березовский, внезапно назначенный заместителем секретаря Совета безопасности и моментально сделавшийся едва ли не главным представителем России на переговорах с чеченскими сепаратистами. При поддержке таких весомых политических фигур, как Черномырдин и Чубайс, он в отличие от Лебедя мог не опасаться ловушек, весьма искусно расставляемых в коридорах власти. Березовский без обиняков предложил руководителям Чечни, Азербайджана и Грузии вместе получать прибыль от транзита нефти из Каспийского региона через их территории. Требовалось лишь обеспечить безупречное функционирование магистральных трубопроводов на всех участках системы. Крупный предприниматель, непосредственно связанный также и с нефтяным бизнесом, был кровно заинтересован в успешной реализации перспективного проекта. Березовский несколько лет в значительной степени определял политику России на Северном Кавказе и в декабре 1999 года даже обзавелся мандатом депутата Государственной думы от Карачаево-Черкесской автономной республики, по «странному» совпадению расположенной именно в этом регионе.

После избавления в 1996 году режима Ельцина от реальной угрозы падения финансовая элита предъявила счет вновь избранному президенту. Владельцев крупнейших российских банковских монополий больше не устраивали чиновники, отстаивавшие их интересы на различных уровнях властной пирамиды. Отныне они сами хотели войти в правительство и другие структуры исполнительной власти, так как были твердо уверены в том, что победа Ельцина на выборах, достигнутая с помощью их финансовых и административных ресурсов, а также «медиа-империй», дает им право на непосредственное участие в управлении государством. По настоянию олигархов первым вице-премьером, отвечающим за экономический блок, был назначен глава ОНЭКСИМ-банка Владимир Потанин, ставший наряду с покровителем Путина Большаковым, покинувшим несколько лет тому назад Санкт-Петербург, одним из наиболее влиятельных членов нового кабинета министров. Могущество олигархической империи Потанина зиждилось на возможности «прокручивать» деньги со счетов одной из основных бюджетообразующих структур — Таможенной службы, переведенных в ОНЭКСИМ-банк благодаря хорошим отношениям его владельца с Чубайсом. За время пребывания на столь ответственном посту Потанин ничем особенным себя не проявил и вскоре подал в отставку. Не исключено, что Черномырдин расстался с ним из-за сильного нажима со стороны многих олигархов, недовольных умелым лоббированием Потаниным правительственных решений, выгодных только его банковскому концерну.

А как тем временем складывалась карьера Путина? С Егоровым, предложившим ему переехать в Москву, он раньше не был знаком, но зато хорошо знал нового шефа президентской администрации и поэтому, казалось, вполне мог рассчитывать на успешное продвижение по службе. В 1990 году, когда Путин стал помощником Собчака, Чубайс отвечал за экономическую политику в городе. Он выполнял функции катализатора реформ в северной столице и в определенном смысле был предшественником Путина. Но в январе 1992 года он покинул Санкт-Петербург и временно прекратил прямые контакты с Путиным, предпочитая поддерживать их со своим близким другом Алексеем Кудриным. В августе 1996 года Чубайс оказался перед выбором — кого из двух бывших высокопоставленных чиновников Санкт-Петербургской мэрии назначить своим заместителем. Путин славился хорошими организаторскими способностями и связями в своем прежнем ведомстве, после очередной реорганизации переименованным в Федеральную службу безопасности. Но в конце концов Чубайс отдал предпочтение высококвалифицированному финансисту Кудрину.

Путин пережил несколько неприятных минут. Неожиданно он узнал об упразднении должности, предложенной ему Егоровым. Путину ничего не оставалось, как обратиться за помощью к Кудрину, с которым он также раньше работал вместе. Новый начальник Главного контрольного управления немедленно устроил бывшему коллеге встречу с Чубайсом.

Наверное, никто так и не узнает, какие сложные комбинации разрабатывались в те дни за кремлевскими стенами. Биографов Путина особенно интересуют его отношения с людьми из окружения Чубайса. Если, согласно довольно распространенной версии, он перебрался в столицу при содействии демократов первого призыва, то тогда он им многим обязан. Если же, наоборот, либеральные силы противились переезду Путина в Москву, то нынешний российский президент им ничего не должен.

Кому Чубайс действительно помог, так это Евгению Савостьянову. Он родился в 1952 году в Москве, в молодости освоил профессию геолога и был одним из тех, кто после прихода к власти в России Бориса Ельцина и распада вместе с СССР всей советской системы выплыл на волне социальных перемен. В 1989 году Савостьянов стал одним из активистов зарождающегося демократического движения, часто появлялся рядом с Андреем Сахаровым, после смерти знаменитого диссидента примкнул к Гавриилу Попову и встретил августовский путч 1991 года в должности помощника этого видного деятеля демократической оппозиции, двумя месяцами ранее избранного первым мэром Москвы. Сразу же после провала попытки государственного переворота он был назначен начальником Московского управления КГБ. Этот импозантный мужчина с умным, интеллигентным лицом, обрамленным аккуратно подстриженной черной бородой, ни внешне, ни по складу характера не походил на традиционный тип высокопоставленного сотрудника советских и российских спецслужб, но даже не скрывал, что прислан демократами «надзирать» за деятельностью традиционно враждебного им ведомства. Тем не менее он ухитрился пробыть в должности руководителя органов государственной безопасности Москвы и Московской области целых три года и даже получил звание генерал-майора, будучи всего лишь лейтенантом запаса. Савостьянов не порвал отношений с демократами, открыто симпатизировал Лужкову и уже поэтому сделался одним из самых злейших врагов тогдашних кремлевских фаворитов. В конце 1994 года он оказался втянутым в конфликт между ними и Гусинским, был по настоянию Коржакова разжалован за участие в нашумевшем инциденте на Новом Арбате и около двух лет проработал в «Группе «Мост». После увольнения в отставку пресловутого трио Савостьянов был немедленно назначен заместителем руководителя кремлевской администрации по кадрам.

Почему Чубайс не предложил эту должность Путину? После долгих уговоров Кудрин сумел убедить «всесильного регента» согласиться на назначение Путина начальником Управления по связям с общественностью, однако амбициозному соратнику Собчака этого было явно недостаточно. Очевидно, Чубайс, справедливо считавшийся одним из наиболее влиятельных демократических лидеров, больше доверял Савостьянову, случайно попавшему в систему КГБ и бывшему там инородным телом. По странному стечению обстоятельств жизненные пути Савостьянова и Путина через четыре года вновь пересеклись, однако во время президентских выборов в марте 2000 года ситуация была уже совершенно иной.

После разговора с Чубайсом, достаточно неприятного для Путина, Кудрин посадил его в свою служебную машину и, желая хоть как-то помочь бывшему коллеге, по дороге в аэропорт позвонил Алексею Большакову. Тот сразу же захотел лично поговорить с земляком. «Все еще безработный?» — прямо спросил первый вице-премьер, на собственном горьком опыте убедившийся, что значит долго оставаться без работы. Ведь сам он лишь сравнительно недавно получил предложение занять руководящий пост в высшем органе исполнительной власти. Большаков попросил Путина перезвонить ему и через час приказал немедленно явиться к Пал Палычу.

Так кремлевские чиновники несколько фамильярно называли управляющего делами президентской администрации Павла Бородина. Ранее он был председателем горисполкома Якутска — в этом регионе находятся богатейшие залежи алмазов — и после перевода в 1993 году в Москву стал одним из наиболее влиятельных лиц в ближайшем окружении Ельцина. Бородин выполнил просьбу Большакова и предложил Путину пост своего заместителя. Так закончился санкт-петербургский период жизни будущего президента. С Ельциным, в дальнейшем обеспечившим ему блистательную политическую карьеру, он тогда почти не встречался. Путин постарался как можно скорее войти в курс дела и был просто поражен масштабами деловой активности Управления делами кремлевской администрации. В частности, Бородин поручил ему разработать проект создания холдинга по управлению российской заграничной собственностью.

Путин еще в бытность свою председателем Комитета по внешним связям администрации Санкт-Петербурга привык оперировать огромными суммами. Теперь он должен был вместе с Бородиным наладить учет государственной собственности Российской Федерации, которая на территории страны оценивалась в 600 миллиардов долларов, а за ее пределами — в 50 миллиардов. После краха коммунистического режима под юрисдикцию Управления делами помимо зданий, принадлежавших ЦК КПСС и союзным бюрократическим структурам и переданных в пользование президентской администрации, правительству и обоим палатам парламента, перешло еще около 300 административных зданий. Кроме того, на его балансе числились государственная авиакомпания

«Русь», занятая перевозками высших должностных лиц, в том числе членов кабинета министров, издательский комплекс «Пресса», несколько оснащенных самым современным оборудованием и роскошно обставленных больниц и санаториев и ранее принадлежавшее СССР недвижимое имущество в 78 странах. В некоторые из них Бородин выезжал в качестве президента футбольного клуба «Торпедо». Его новый заместитель курировал также предприятия бытового обслуживания, предназначенные для удовлетворения потребностей обитателей высоких кабинетов. В эту систему входили как медицинские учреждения, так и строительные и транспортные фирмы. «Будете сотрудничать с моей конторой, — заявил как-то Бородин нескольким иностранным инвесторам, попытавшимся утвердиться на российском рынке, — никакие государственные гарантии вам не понадобятся».

Пал Палыч выполнял в Москве при Ельцине те же функции, что и Путин в Санкт-Петербурге при Собчаке. Поэтому они легко нашли общий язык. Путин быстро понял, как нужно вести себя на новом месте. Неизменно вежливый, немногословный чиновник, казалось, полностью удовлетворенный своим нынешним положением и даже не помышляющий о дальнейшей карьере, но умеющий добиваться нужных результатов, — за эти качества Путина всегда ценили сослуживцы. Но у него было еще одно немаловажное с точки зрения Бородина свойство. Он не принадлежал ни к одному из московских кланов, отчаянно боровшихся между собой за власть и влияние и пытавшихся повсюду расставить своих людей. У Бородина и Путина был один и тот же враг. Если раньше Пал Палычу противостояли прежние кремлевские фавориты — Коржаков, Барсуков и Сосковец, то теперь их сменил новый политический соперник, не скрывавший резко отрицательного отношения к «семье». Могущественный мэр Москвы прощупывал почву для объединения с губернатором Санкт-Петербурга. В Кремле не без оснований полагали, что для борьбы с Лужковым, в 1996 году на выборах в городе на Неве поддержавшим Яковлева, им вряд ли удастся найти лучшего союзника, чем Путин. Ведь бывший вице-мэр понимал, что он и его шеф потерпели тогда поражение в первую очередь из-за промахов высокопоставленных московских интриганов.

Все последующие месяцы Путин находился в постоянном напряжении, поскольку убедился, что позволил втянуть себя в очень опасную игру, где неверный ход может стоить не только должности, но и головы. Ее участники разительно отличались друг от друга. Представители партийно-государственной номенклатуры — этой «родовой аристократии» советской эпохи, — перекрасившиеся в сторонников реформ, но в душе по-прежнему мечтающие о реванше и возвращении к старым порядкам, соседствовали с быстро формирующейся новой элитной группой — так называемыми олигархами, о которых подробно будет рассказано ниже. Время от времени на горизонте появлялся очередной претендент на «царскую корону». Достаточно назвать Лужкова, Лебедя и Черномырдина. Даже Чубайс порой был не против присоединиться к ним. Путину потребовалось время, чтобы разобраться в хитросплетениях придворных интриг, замешанных на лжи, клевете, крови и непомерной жажде власти и денег. К счастью, он нигде не «запачкался», и, когда через несколько лет Кремль начали сотрясать громкие коррупционные скандалы, на него в отличие от Бородина не пала даже тень подозрения. С момента появления Путина на территории комплекса зданий бывшего ЦК КПСС, переданного в распоряжение президентской администрации, никто ни разу не обвинил его в хищении государственных средств, хотя находившаяся в ведении заместителя начальника Управления делами зарубежная российская собственность сулила баснословные барыши.

За становлением новых структур исполнительной власти, отрешением Лебедя от должности и усилением влияния «семьи» Путин наблюдал, уже войдя в узкий круг лиц, причастных к принятию важных политических решений. В 1991—1996 годах, в период первого пребывания Ельцина на посту президента правительство обладало всей полнотой исполнительной власти, а два других «оплота державы» — президентская администрация и Совет безопасности — играли хотя и важную, но далеко не первостепенную роль. После избрания Ельцина на второй срок положение в корне изменилось. Отставка Лебедя положила начало превращению аппарата президента во «второе правительство». Многие полагали, что он станет чем-то вроде прежнего секретариата ЦК КПСС. Между кабинетом министров и президентской администрацией часто возникали конфликты из-за выполнения ими аналогичных функций. Однако Ельцин в соответствии со своей излюбленной «системой сдержек и противовесов» считал, что администрация должна осуществлять контроль за политической жизнью страны, а правительству отводил роль регулятора экономических процессов.

В конце ноября 1996 года в Москве состоялось очередное заседание Бергедорфского форума, на котором основным докладчиком выступил Кудрин. В банкетном зале знаменитого «Президент-отеля» за круглым столом собрались Лебедь, Зюганов и другие «политические тяжеловесы». Из Германии приехали Гельмут Шмидт и Рихард фон Вайцзеккер. Кудрин предупредил участников форума, что существует реальная опасность нового экономического кризиса в России. Другие политики также полагали, что наступают тяжелые времена. Несмотря на прекращение военных действий в Чечне, в бюджете по-прежнему зияли огромные дыры. В ходе предвыборной кампании правительство слишком много пообещало, практически погасило задолженность по зарплате и, стремясь заручиться поддержкой региональных баронов, щедро осыпало их дарами. Для покрытия огромных расходов Центральный банк приступил к выпуску новых Государственных казначейских обязательств (ГКО), к великой радости владельцев — ведущих российских банкиров, — постоянно начисляя на них все новые проценты. Однако реальных денег в казне не прибавилось. Летом 1996 года показатели собираемости налогов по стране стремительно поползли вниз, поскольку правительство в преддверии выборов перестало оказывать давление на злостных неплательщиков. Ведь среди них были крупные промышленные предприятия, руководители которых в большинстве своем поддерживали Ельцина.

Но разве можно добиться экономического подъема без финансовых ресурсов? И российские политические деятели, оказавшись в безвыходном положении, все чаще обращали взоры на Запад. Похоже, они уповали теперь только на помощь со стороны Международного валютного фонда и Всемирного банка, ранее всегда спасавших российское руководство от финансового краха. Однако каждому траншу предшествовали долгие переговоры, на которых МВФ и Всемирный банк четко оговаривали условия предоставления очередного кредита и всякий раз предупреждали, что при малейшем отклонении от монетаристского курса и прекращении борьбы с такими нежелательными явлениями, как дефицит бюджета, незаконные методы приватизации и чрезмерное расширение социальных программ, канал поступления денег в государственный сектор российской экономики будет немедленно перекрыт. Представители МВФ не скрывали, что для отделения России от кредитных линий достаточно простого обвинения в коррупции в адрес кого-либо из высших должностных лиц. В условиях постоянного отсутствия финансовых средств каждый визит директора-распорядителя Международного валютного фонда Мишеля Камдессю или его заместителя Стэнли Фишера российские средства массовой информации описывали так, словно от исхода переговоров с ними зависело само существование Российского государства.

Безусловно, западные кредиты в известной степени улучшили ситуацию в российской экономике и ненадолго дали Ельцину свободу для маневра. Но в конечном итоге они лишь приумножили количество проблем, сделав долговое бремя совершенно непосильным для страны. Помощь, которую МВФ и Всемирный банк оказывали ей на протяжении нескольких лет, не привела ни к уменьшению бюджетного дефицита, ни к демонополизации экономического уклада, ни к реформированию угольной отрасли, ни к сколько-нибудь серьезному участию зарубежных инвесторов в приватизации. По мере усиления негативных тенденций во всех сферах общественной жизни России все чаще приходилось просить о переносе погашения долговых обязательств, проведении реструктуризации внешнего долга и о новых кредитах для выплаты процентов по прежним внешним займам. Поэтому после выборов 1996 года кремлевские лидеры всячески стремились установить прямые контакты с подлинными «хозяевами» мировой экономики и добиться принятия России во Всемирную торговую

организацию (ВТО), а также в Парижский и Лондон-
ский клубы.

Первоначально финансовые инъекции в российскую экономику рассматривались лишь как средство
ее реформирования. Однако в дальнейшем они все
чаще использовались в политических целях. На Западе понимали, чем чревато возможное возникнове-
ние массовых беспорядков на огромной российской
территории. Когда западным державам требовалось
достичь компромисса по таким важным внешнеполитическим вопросам, как нераспространение ядерного оружия и продвижение НАТО на Восток, они
охотно предоставляли дополнительные кредиты. Как
только в российском кабинете министров начинали
преобладать люди, считавшиеся на Западе реформаторами, страна немедленно получала миллионные
кредитные транши. Стратегия Запада в отношении
России не должна в будущем строиться исключительно на желании сделать ее более «сговорчивой» с
помощью кредитов МВФ, ибо они, в сущности, не
дали желанных результатов. На сегодняшний день
только Германии Россия должна столько, сколько
федеральное правительство ежегодно вкладывает в
экономику бывшей ГДР. Тем не менее процесс реформ продвигается крайне медленно.

После победы Ельцина на выборах 1996 года новое соотношение сил в Кремле позволяло надеяться
не только на стабилизацию отношений России и Запада, но и на переход их на новый, качественно иной
уровень. В целом в российской финансовой элите
преобладали прозападные настроения. Ее представители в большинстве своем хотели активно сотрудничать с западными странами и вовсе не стремились
к восстановлению империи. Больше всего на Западе
доверяли Чубайсу, несколько лет представлявшему
Россию на переговорах с МВФ и Всемирным бан-

ком. Наряду с Ельциным он считался основным гарантом продолжения реформ. На Западе прекрасно понимали, что новая кремлевская команда служила хотя и не слишком прочной, но все же преградой на пути установления коммунистического или националистического режима. Но решающее значение имел ответ на вопрос: способна ли новая правящая группировка и поддерживавшие ее банкиры разрешить наболевшие социальные проблемы, провести коренные преобразования экономического уклада и обеспечить спокойствие и порядок в стране? Между тем реальное положение дел не давало никаких оснований для оптимизма. Резкое ухудшение социально-экономической ситуации грозило окончательно подорвать престиж правительства в глазах населения. Весной 1997 года в Бонн на личном самолете прилетел Березовский. Свое неожиданное появление в тогдашней столице Германии он объяснил необходимостью провести срочные переговоры в администрации федерального канцлера и в министерстве иностранных дел. В стенах этих ведомств Березовский сделал ошеломляющее заявление: его страна намерена вступить в НАТО. Он подчеркнул: «Для нас не подлежит сомнению следующий факт: будущее России — это ее интеграция в мировую экономику и создание вместе с такими демократическими государствами, как США, Канада, страны — члены Европейского союза и Япония, системы безопасности в Северном полушарии».

Черный бронированный «мерседес» Березовского, управляемый Филиппом Пахомовым, членом рабочей группы «Россия» при Немецком обществе по изучению внешней политики, уже подъезжал к южному предместью Кельна, когда у олигарха зазвонил мобильный телефон. Слова неизвестного собеседника явно его взволновали, и он даже не заметил, как автомобиль подъехал к четырехбашенному небоскребу, в котором с 1980 года находилась штаб-квартира «Немецкой волны». Березовский продолжал прижимать аппарат к уху, время от времени бросая отрывистые, непонятные для постороннего уха фразы. Наконец, руководитель редакции стран Восточной Европы Миораг Зорич не выдержал и, распахнув заднюю дверцу, сделал приглашающий жест — дескать, не стоит заставлять ждать чрезвычайно занятого интенданта* крупнейшей немецкой иновещательной радиостанции Дитера Вейриха, уже настроившегося на встречу с легендарным финансовым магнатом. Все известные российские визитеры — будь то Лебедь, Зюганов, Лужков или Явлинский — охотно посещали это здание, украшенное голубой эмблемой с изображением насквозь проткнутого антенной земного шара, чтобы с немецкой земли изложить российским слушателям свои политические взгляды. Но, несмотря на настоятельные требования удивленного Зорича, Березовский продолжал разговор. Как выяснилось в дальнейшем, у него были для этого причины. Ведь он беседовал с Татьяной Дьяченко и другими членами «семьи». «Предстоят серьезные перестановки в кабинете министров, — сообщил Березовский стоявшим вокруг в недоумении высокопоставленным сотрудникам радиоцентра. — Теперь следите внимательно за восхождением новой звезды. Это ваш любимец Борис Немцов. Да и не только ваш любимец, но и всего Запада».

Команда единомышленников

В 1996 году Ельцин, хоть и добился своего избрания на второй срок, одержав тем самым победу над коммунистами и националистами, но так и не смог

---

* В Германии так называют руководителей театров, а также радиовещательных и телевизионных корпораций.

оправдать возлагавшиеся на него надежды и преодолеть негативные тенденции в экономике. Сразу же после выборов он тяжело заболел и практически полностью парализовал всю систему государственного управления. Его преемником временно стал Черномырдин. Четко следуя рекомендациям МВФ, он по мере сил боролся с инфляцией и, как и в старые добрые времена, стремился пополнить бюджет в первую очередь за счет доходов от экспорта нефти и природного газа, упорно не желая прибегнуть к таким непопулярным, но крайне необходимым для вывода России из экономического кризиса мерам, как ужесточение налоговой дисциплины, реструктуризация могущественных естественных монополий, отказ от субсидирования убыточных промышленных предприятий, создание условий для привлечения иностранных инвестиций и стимулирование частного сектора. В результате уже в начале 1997 года выяснилось, что средств на покрытие бюджетного дефицита нет и стране грозят социальные катаклизмы. Правительство Черномырдина оказалось не в состоянии собрать налоги и погасить многомесячные долги по зарплате и пенсиям. Премьер-министр слишком часто шел на уступки агропромышленному лобби и даже начал заигрывать с коммунистами, рискуя навлечь на себя гнев Ельцина. Слишком шатким было положение его правительства.

В данной ситуации выздоровевший президент решил в очередной раз произвести замену ряда высокопоставленных должностных лиц и не просто вернуться к исполнению своих обязанностей, но сделать это так, чтобы все видели, кто в Кремле настоящий хозяин. После очередной порции отставок и назначений полномочия Черномырдина были существенно урезаны. Над ним был поставлен Чубайс, занявший одновременно посты первого вице-премьера и министра финансов. Он курировал почти все ведущие министерства и даже военно-промышленный комплекс. Новый влиятельный человек России прекрасно понимал, что без материальной поддержки со стороны финансовой элиты невозможно провести серьезные социально-экономические преобразования. Поэтому он напрямую обратился к олигархам с призывом поддержать отечественных производителей.

Ельцин, обладавший превосходным политическим чутьем, не мог допустить чрезмерной концентрации власти в одних руках. По его настоянию еще одним вице-премьером был назначен тридцатидвухлетний Борис Немцов, по степени влияния в правительстве ничуть не уступавший Чубайсу. Он закончил в Горьком (теперь Нижний Новгород) радиофизический институт, в 1990 году был избран народным депутатом, в конце 1991 года принял предложение Ельцина занять пост губернатора Нижегородской области и с помощью Явлинского и зарубежных инвесторов превратил ее в полигон радикальных рыночных реформ. На популярности Немцова не отразилось даже его намерение первым в России изменить на подведомственной ему территории систему оплаты жилищно-коммунальных услуг. Об этом свидетельствовала убедительная победа Немцова на губернаторских выборах 1996 года. Через полгода Березовский и Татьяна Дьяченко уговорили его переехать в Москву и войти в состав обновленного кабинета министров.

Появление Немцова в рядах новой кремлевской команды сразу же сделало ее облик гораздо более привлекательным в глазах региональных руководителей, к числу которых он еще недавно принадлежал, а также бизнесменов, журналистов и молодежи, ранее не проявлявшей ни малейшего интереса к политике. Немцову дали двухгодичный испытательный срок. За это время он должен был показать себя достойным наследником Ельцина. Ведь президент в беседах с Гельмутом Колем и другими видными иностранными государственными деятелями уже неоднократно называл высокого кудрявого брюнета своим потенциальным преемником. Не прошло и нескольких недель, как Немцов превратился в любимца средств массовой информации и интеллигенции. По данным опросов общественного мнения, из российских политиков население тогда больше всего доверяло именно ему. С учетом приобретенного в Нижнем Новгороде опыта на Немцова возложили ответственность за погрязшую в долгах социальную сферу. В высших эшелонах власти надеялись, что присутствие в правительстве человека с таким высоким рейтингом доверия позволит избежать массовых акций протеста.

Выше уже говорилось, что стоило только Лебедю продемонстрировать решимость в борьбе с коррупцией, как его тут же выдворили из Кремля. Такая же участь ожидала и Немцова. Через какое-то время из него сделали козла отпущения, хотя с самого начала было ясно, что проблемы социальной сферы не под силу даже гораздо более искушенному чиновнику, чем Немцов. Но пока бывший нижегородский губернатор чувствовал себя настолько уверенно, что без колебаний вступил в конфронтацию с чиновничье-бюрократическим аппаратом. Он заявил, что у него слишком много привилегий, и, не успев еще толком освоиться в новой должности, распорядился пересадить высокопоставленных государственных служащих с так полюбившихся им иномарок на «Волги», по «удивительному» совпадению изготавливавшиеся в Нижнем Новгороде.

В новом правительстве председатель уже не обладал всей полнотой власти. В зале заседаний кабинета министров места многих соратников Черномырдина заняли совсем другие люди. К тому же соперники премьер-министра инспирировали публикацию в западной прессе сообщений о миллиардах долларов, якобы осевших на его личных счетах в зарубежных банках. Эти обвинения не были беспочвенными. Номинально принадлежавшие народу колоссальные сырьевые ресурсы, с помощью которых можно было бы за короткие сроки обуздать инфляцию, свести бюджетный дефицит к нулю и вообще обойтись без обременительных внешних займов, стали источником обогащения небольшой группы нефтегазовых монополистов. Ранее среди них числился и возглавлявший «Газпром» Черномырдин. Однако премьер-министр не пал духом и бросил вызов политическим противникам. На IV съезде движения «Наш Дом — Россия», на парламентских выборах 1995 года официально считавшейся «партией власти», он был почти единогласно избран председателем и сразу же призвал своих сторонников немедленно начать подготовку к участию в очередных выборах в Государственную думу, намеченных на декабрь 1999 года. Черномырдин также подчеркнул, что в 2000 году непременно будет баллотироваться в президенты. Наверняка он знал, что у него нет никаких шансов, но Ельцин и стоявшие за ним силы еще долго рассматривали его как припасенную на крайний случай козырную карту.

На посту главы президентской администрации Чубайса сменил литературный помощник Ельцина и подлинный автор двух его книг Валентин Юмашев. Разумеется, на одну из высших ступеней в кремлевской иерархии одаренный журналист поднялся отнюдь не за счет своего писательского таланта. При подборе кандидатуры преемника Чубайса «семья» руководствовалась совершенно иными критериями. Юмашев был тесно связан с Татьяной Дьяченко и пользовался репутацией человека Березовского, поскольку до недавнего времени занимал должность заместителя главного редактора журнала «Огонек», считавшегося рупором этого блистательного режиссера-постановщика политических спектаклей. После вынужденного ухода Лебедя кремлевские стратеги наряду с Немцовым вывели на арену российской политики и других действующих лиц, стремясь таким образом расставить на мало-мальски ответственных постах своих людей. 26 марта 1997 года указом президента Путин был назначен заместителем руководителя кремлевской администрации. Сорокачетырехлетнему бывшему подполковнику КГБ подчинялось также Контрольное управление, являвшееся одним из двадцати основных подразделений президентского аппарата. По словам Путина, Кудрин, переходя на другую работу, лично рекомендовал его на эту должность.

Обязанности первого заместителя Юмашева исполнял еще один выходец из Санкт-Петербурга — пятидесятилетний Юрий Яров, в восьмидесятые годы сделавший карьеру в недрах аппарата Ленинградского горкома КПСС. В 1989—1991 годах он возглавлял Ленинградский облисполком, а после августовского путча пересел в кресло «полномочного представителя» президента в Санкт-Петербурге, то есть, попросту говоря, был приставлен Ельциным для надзора за Собчаком и Путиным. В 1992 году он перебрался в Москву и вплоть до 1996 года занимал пост вице-премьера. За этот период президент неоднократно «перетряхивал» кабинет министров, производя в нем различные перестановки, но это никак не коснулось опытного аппаратчика. Менялся только круг его обязанностей. За время своего пребывания в правительстве Ярову довелось курировать и проблемы безопасности, и социальную сферу, и кадровые вопросы. После переезда на Старую площадь он сумел завязать доверительные отношения с главой государства.

Реорганизация президентского аппарата продолжалась несколько месяцев. В предыдущие годы «теневым кабинетом» руководила узкая группа, состоящая из представителей старшего поколения. В нее входили помощники президента Виктор Илюшин и Лев Суханов, пресс-секретарь Вячеслав Костиков, которого во время плавания на теплоходе по Енисею сбросили в воду по приказу изрядно подвыпившего Ельцина, Георгий Сатаров, отвечавший за взаимодействие с российской интеллектуальной элитой, превосходный знаток проблем национальной безопасности Юрий Батурин, прославившийся позднее участием в космическом полете, и отличавшийся поразительной работоспособностью помощник по внешнеполитическим вопросам Дмитрий Рюриков. Коржаков с нескрываемым подозрением относился к этим людям и даже установил за ними слежку, но, исходя из тактических соображений, не препятствовал их контактам с президентом. Ведь его окружение не могло состоять из одних только технократов. Ельцину требовались также интеллектуалы, способные генерировать идеи и умеющие писать речи так, чтобы их не стыдно было произносить государственным деятелям. Сам Коржаков на эту роль явно не годился.

Но теперь семейный клан Ельцина и в первую очередь ставшая фактически первой леди Татьяна Дьяченко не нуждался больше в этих поистине достойных людях. Для завоевания власти в нынешней, очень непростой политико-экономической ситуации они уже не годились, поскольку оказались слишком мягкотелыми и прекраснодушными. Для того чтобы не только выстоять в схватке с такими сильными, склонными к популизму соперниками, как Лужков и Лебедь, но еще и любыми, даже самыми грязными способами убрать их с политической арены, требовались личности совсем иного склада. В новых, гораздо более сложных условиях действовали новые, ужесточившиеся правила игры, и соответственно требовалась команда «молодых волков», способных к проведению агрессивных пропагандистских акций без оглядки на писаные и неписаные законы. Замена актеров на кремлевской сцене произошла фактически за одну ночь. Среди членов новой команды особенно выделялся бывший посол в Словакии Сергей Ястржембский. Как внешне, так и по своему менталитету и манере речи он полностью соответствовал классическому типу специалиста в области пиар-технологий и в этом качестве оказался просто незаменим. Но Яров и Путин тоже не затерялись в коридорах власти. Бывший партийный функционер и бывший чиновник Санкт-Петербургской мэрии с чекистским прошлым показали себя высококлассными профессионалами. К Ельцину и Юмашеву они относились подчеркнуто уважительно, но без подобострастия и не скрывали своего нежелания участвовать в интригах и прочих неблаговидных делах. Вскоре даже на самом высоком уровне кремлевского административно-бюрократического аппарата уже не могли обойтись без двух хорошо образованных менеджеров, как никто другой, умевших заниматься ежедневной рутинной работой. В частности, Ельцин теперь внимательно наблюдал за быстрым восхождением Путина по ступеням иерархической лестницы.

После образования в сентябре 1997 года Межведомственной комиссии по вопросам экономической безопасности бывший офицер КГБ был сразу же включен в ее состав. Следует отметить, что к формированию этой структуры приложил руку Березовский, занимавший тогда пост заместителя секретаря Совета безопасности. Одновременно начальнику Главного контрольного управления поручили заниматься довольно щекотливым делом. От него потребовали разобраться с ситуацией внутри государственной компании «Росвооружение» — мощнейшего военно-экономического объединения, представлявшего интересы бывшего советского, а ныне российского военно-промышленного комплекса за рубежом и являвшегося абсолютным монополистом в сфере экспорта вооружений и военной техники. Ранее за его деятельностью неусыпно наблюдал Коржаков, не желавший никому уступать контроль за необычайно прибыльным оружейным бизнесом. После его ухода новая кремлевская команда была вынуждена принять все меры для сохранения своего влияния на могущественный концерн.

Криминогенная ситуация, сложившаяся на постсоветском пространстве, уже давно вызывала тревогу у мировой общественности. Российские мафиозные структуры, специализировавшиеся на таких преступлениях, как незаконный оборот наркотиков, проституция, азартные игры, нелегальная иммиграция, вымогательство и похищение людей, финансовые аферы, уклонение от уплаты налогов, кражи автомобилей и заказные убийства, превратились в международные конгломераты. Появились также новые виды противоправных деяний, из которых наибольшую опасность представляли махинации с кредитными карточками и проникновение в банковские компьютерные сети. Сперва славянские, кавказские и прочие бандформирования, подобно спруту, охватили щупальцами бывшие социалистические страны Восточной Европы, где после падения прежних режимов условия, в сущности, были такими же, как и в бывшем Советском Союзе. Впоследствии самый напряженный период вывода из Германии Западной группы войск превратился в настоящий Клондайк для воров в мундирах и штатском. После окончания переброски крупнейшей в мире военной группировки в Россию на новых немецких землях уже существовала отлаженная инфраструктура криминального бизнеса. Его представители, располагавшие после поспешной распродажи «излишков» движимого и недвижимого войскового имущества колоссальными валютными средствами, вступили в контакт с преступными синдикатами в США, Канаде, Израиле, Южной Африке и ряде стран Центральной и Южной Америки с целью не просто отмыть грязные деньги, но завладеть с их помощью легальными отраслями экономики. Мощные преступные организации представляли собой серьезную угрозу политической стабильности в России. Из-за снижения жизненного уровня большинства российских граждан и уязвимости мест хранения ядерных материалов возникла опасность попадания компонентов, пригодных для создания атомных бомб хиросимского типа, в руки террористов.

В середине девяностых годов наметилась еще одна опасная тенденция. По мере деградации общественного организма и усиления влияния элиты уголовного мира на внутреннюю и внешнюю политику Россия постепенно превращалась в полукриминальное государство. Поэтому все более очевидным становился вариант прихода к власти сторонника авторитарной системы правления, готового в борьбе с преступностью и коррупцией прибегнуть к самым жестким методам и способного под лозунгом «Прекратить разворовывание национального достояния» существенно ограничить гражданские права и практически ликвидировать демократические институты и независимые СМИ, подсознательно воспринимаемые большинством жителей России как единственные реальные — наряду со свободным хождением иностранной валюты — достижения последних лет. Отказ от декриминализации экономики — одна из наиболее серьезных ошибок президента Ельцина и всех сформированных при нем кабинетов министров. Именно в желании большинства россиян жить в обществе, свободном от засилья уголовных элементов, следует искать истоки популярности сперва Жириновского, затем Лебедя и, наконец, Путина.

Проведенная будущим российским лидером проверка деятельности «Росвооружения» выявила множество неблаговидных фактов. Начальник Главного контрольного управления президентской администрации уличил многих высокопоставленных чиновников этого ведомства — монополиста оружейного бизнеса — в присвоении огромных сумм, полученных в результате заключения выгодных сделок с несколькими странами и предназначенных для погашения долгов государства перед военнослужащими. Но еще более тяжким было обвинение руководства «Росвооружения» в причастности к нелегальным поставкам военной техники в Армению. Свои тщательно продуманные выводы Путин изложил в секретном докладе, направленном министру обороны Игорю Родионову. Каково же было его удивление, когда через несколько дней он увидел копию этого доклада в руках стоявшего на трибуне в зале заседаний Государственной думы председателя Комитета по обороне Льва Рохлина. Каким образом секретный документ, способный произвести эффект разорвавшейся бомбы, стал достоянием гласности? Ответ на этот вопрос не найден до сих пор.

Доклад Путина спровоцировал один из самых

громких скандалов ельцинской эпохи. Неожиданно выяснилось, что во время армяно-азербайджанской войны за Нагорный Карабах высшие чины Российской армии, несмотря на запрет, тайно снабжали оружием одну из противоборствующих сторон. Ранее в средствах массовой информации уже сообщалось об аналогичных случаях, имевших место в Абхазии и Приднестровье, но никаких конкретных фактов тогда представлено не было. Теперь же были получены неопровержимые доказательства проведения Россией тайных операций в Закавказье. Рохлин начал собственное расследование военно-криминальных аспектов деятельности «Росвооружения». Наверное, ему не следовало этим заниматься, ибо через несколько месяцев он был найден мертвым на своей подмосковной даче. По официальной версии, его застрелила жена.

Путин пополнил свое досье сведениями, касающимися этой довольно темной истории, и занялся другими, не менее громкими делами. Наряду с контрольными функциями руководитель президентской администрации возложил на него также обязанность курировать правовые вопросы и процесс распределения по регионам направляемых из центра финансовых потоков. Через четыре года он признался, что не испытывал тогда никакого морального удовлетворения. «Работа такая... несозидательная сама по себе. Важная, нужная, я все понимаю, но неинтересно мне было».

Внутренне он уже был готов уволиться и в очередной раз начать все сначала. Путин не собирался до конца дней своих рыться в бумагах и просиживать штаны в кресле чиновника, даже довольно высокого ранга. Ему хотелось найти себе занятие по душе. Он постепенно начал разрабатывать план создания собственной юридической фирмы по обслуживанию отечественных и зарубежных предприятий.

После замены в марте 1997 года ряда ключевых фигур в правительстве у многих создалось впечатление, что никогда еще за всю историю постсоветской России реформаторы не были в таком количестве представлены в правительстве (команда единомышленников). После новых назначений отношение Запада к России резко изменилось к лучшему. Западные лидеры надеялись, что эта страна вновь будет неукоснительно следовать курсом реформ. Поэтому федеральный бюджет сразу же пополнился солидной суммой — ранее Международный валютный фонд и Всемирный банк задерживали выдачу очередного кредита — и молодым реформаторам был дан простор для политического маневра. Государство вновь смогло частично погасить задолженность по зарплате и пенсиям, временно успокоив тем самым большинство работников бюджетной сферы.

На Западе рассчитывали, что молодые реформаторы своими действиями окажут также влияние на внешнюю политику. Действительно, правительство, как и в 1992 году, опять поставило перед собой цель как можно скорее добиться интеграции России в мировую экономику. Даже отстаивая стратегически важную для нее идею паритетной разработки богатых залежей нефти на пока еще не разделенном на национальные сектора шельфе Каспийского моря, Россия была вынуждена пойти на определенные уступки. В свою очередь Запад выразил готовность не форсировать продвижение Североатлантического блока на восток. России даже пообещали место в Совете НАТО. В своем стремлении усилить позиции нового российского руководства Запад зашел настолько далеко, что гарантировал скорое принятие России в ОБСЕ и отказался от размещения ядерного оружия и тяжелого вооружения возле ее западных границ, то есть на территории готовящихся примкнуть к

Североатлантическому альянсу государств. В мае 1997 года был подписан договор о военном сотрудничестве между Россией и НАТО, а в сентябре сбылась заветная мечта многих членов кремлевского «ареопага»*: Россию приняли в Парижский клуб. Кроме того, Ельцин неимоверными усилиями добился присоединения России к клубу промышленно развитых стран — так называемой «Большой семерки». В конце 1997 года Россия вступила в Европейский союз. В 1998 году Москва намеревалась вступить во Всемирную торговую организацию (ВТО). Одновременно значительная часть западной бизнес-элиты поверила в перспективы развития российской экономики, и приток иностранных инвестиций значительно увеличился. В 1997 году их общий объем составил примерно семь миллиардов долларов. Но по сравнению с реальными потребностями российской экономики это была всего лишь капля в море.

Необходимо было срочно приступить ко второму этапу приватизации, доходы от которой были уже заложены в дефицитный бюджет. Ответственность за распродажу бывшей социалистической собственности возложили на Чубайса и Немцова. Под давлением западных финансовых институтов правительство разработало новые правила проведения приватизации уже на конкурсной основе и при условии, что документация, представленная потенциальными участниками, будет абсолютно прозрачной. Ранее переход государственных предприятий в частные руки не принес почти никаких дополнительных поступлений в казну, поскольку 123 000 промышленных объекта по ошеломляюще низким ценам скупили несколько финансовых группировок, обладавших хорошими

---

* Высший орган государственной и суд .бной власти в Древних Афинах.

связями в верхах. Рыночный сектор экономики также не получил стимулов к дальнейшему развитию, так как доля доходов от приватизации, в отличие от Польши, Чехии и Венгрии, составила всего лишь 0,3% валового национального продукта. Сперва на продажу были выставлены государственные контрольные пакеты акций нефтяного концерна «Роснефть» и крупнейшего в мире производителя никеля, палладия и платины горно-обогатительного комбината «Норильский никель». Но наиболее ожесточенная борьба велась за обладание двадцатипятипроцентным пакетом акций абсолютного монополиста в российской системе дальней связи «Связьинвест». Прежде при заключении приватизационных сделок олигархи придерживались определенных принципов и не старались обойтись друг без друга. Так, еще зимой 1997 года тогдашний первый вице-премьер Потанин не возражал, когда Чубайс передал принадлежавший государству обанкротившийся Агропромбанк с его широко разветвленной финансовой сетью и солидной клиентурой его конкуренту Александру Смоленскому. Однако в ситуации, сложившейся вокруг «Связьинвеста», «Норильского никеля» и «Роснефти», Березовский и Гусинский почувствовали себя обманутыми, так как, к их великому удивлению, эти жирные куски достались потанинскому ОНЭКСИМ-банку. Отношения между правительством и несколькими финансовыми магнатами сразу же испортились. Молодых реформаторов Чубайса и Немцова заподозрили в закулисном сговоре с Потаниным с целью изменить соотношение сил внутри финансовой элиты в его пользу. Конфликт еще более обострился, когда выяснилось, что в приобретении контрольного пакета акций «Связьинвеста» участвовал иностранный капитал в лице его таких одиозных представителей, как американский мультимиллиардер Джордж Сорос, российский эмигрант Борис Иордан из МФК-банка и дочернее предприятие немецкого банка «Морган Гринфил». Это означало, что в дальнейшем на приватизационных конкурсах иностранные инвесторы с их почти неисчерпаемыми денежными ресурсами будут в открытую конкурировать с российскими олигархами. Поэтому Березовский и Гусинский в своих средствах массовой информации развязали самую настоящую войну против Чубайса, Немцова и ОНЭКСИМ-банка. Особенно яростно их атаковывали телеканалы ОРТ и НТВ*. Оскорбленные до глубины души финансовые магнаты хотели добиться пересмотра результатов последних аукционов и тем самым помешать ОНЭКСИМ-банку усилить свое политическое влияние за счет покупки еще целого ряда крупных промышленных предприятий.

Союз между Ельциным, молодыми реформаторами Чубайсом и Немцовым и финансовой олигархией, летом 1996 года обеспечивший сохранение политической стабильности в России, подвергся серьезному испытанию на прочность в результате ожесточенной борьбы за передел собственности. Более того, хозяева Кремля почувствовали себя загнанными в угол, ибо теперь сама логика развития событий требовала найти ответ на вопрос, кто реально управляет страной. Чубайс и Немцов парировали выдвинутые против них обвинения, организовав кампанию против «бандитского капитализма», прямо направленную против финансистов, потерпевших поражение в борьбе за приватизацию нескольких промышленных гигантов**. Оба вице-премьера не-

---

* Диапазон вещания НТВ достаточно ограничен и не охватывает всю территорию России.
** Чубайс даже демонстративно закрыл свой счет в МОСТ-банке и способствовал оттоку средств из него.

однократно утверждали, что залогом его преодоления являются честные условия проведения приватизационных конкурсов. В августе Ельцин собрал в Кремле за «круглым столом» ведущих банкиров и предпринимателей. Это было расценено как еще одно свидетельство господства в стране нескольких олигархических группировок. Однако в действительности президент ставил перед собой цель несколько умерить аппетиты финансово-промышленных магнатов и вообще примирить их между собой.

Однако вся эта история зашла слишком далеко, и без жертв уже никак нельзя было обойтись. Из-за происков олигархов Россию уже сотрясали правительственные кризисы. Первым своего поста лишился Альфред Кох, работавший вместе с Чубайсом в Санкт-Петербурге и с тех пор считавшийся его доверенным лицом. В качестве председателя Госкомимущества он отвечал за продажу закрепленных в федеральную собственность пакетов акций и поэтому оказался непосредственно причастен к проведению приватизационных аукционов, вызвавших такие жаркие споры. Одновременно Березовский попытался превратить Совет безопасности в параллельное правительство и использовать его для окончательного отстранения молодых реформаторов от власти. Сперва он лишил Бориса Иордана въездной визы. В своем намерении определять решения правительства и президента или корректировать их с учетом собственных интересов Березовский был настолько откровенен, что вынудил Чубайса и Немцова заставить Ельцина прибегнуть к самым решительным контрмерам. В конце октября 1997 года глава государства сместил Березовского с должности секретаря Совета безопасности. Но олигарх по-прежнему оставался членом «семьи».

Березовский незамедлительно нанес ответный

удар. В контролируемых им средствах массовой информации был опубликован компромат на Чубайса и трех его ближайших соратников, получивших якобы за написанную ими по заказу одного из швейцарских издательств книгу о российской приватизации больше похожий на взятку гонорар в размере 90 000 долларов каждый. Ельцин в гневе удалил из высших органов власти всех «кремлевских писателей», за исключением Чубайса. Однако без команды некогда «всесильный регент» сразу же утратил политический вес. К марту 1998 года его позиции в правительстве уже были существенно ослаблены.

В итоге в выигрыше оказался Черномырдин. Премьер-министр все более активно вмешивался во внешнюю политику, поскольку наряду с вице-президентом США Альбертом Гором возглавлял российско-американскую правительственную комиссию. В конце февраля 1998 года Ельцин разрешил ему регулярно появляться на экранах телевизоров. Премьер-министр должен был раз в неделю «отвечать на вопросы граждан и организаций» и таким образом демонстрировать «открытость исполнительной власти». Всем своим видом он как бы подчеркивал, что имеет все шансы стать преемником Ельцина и никакие молодые реформаторы ему не помеха.

В марте 1998 года в Бонн прибыла российская правительственная делегация во главе с Немцовым. Он не скрывал, что, как и прежде, считает себя «наследным принцем». «Вы что, всерьез верите, что Черномырдин выйдет победителем из президентской гонки?» — спросил он в отеле «Маритим» сопровождавших его немцев. Когда лифт остановился на этаже, где находились номера высокопоставленных лиц, вице-премьер с презрительной усмешкой добавил: «У Бориса Ельцина на этот счет другое мнение».

Рокировка

В марте 1998 года наиболее влиятельные члены семейного клана Ельцина пришли к выводу, что шансы Лужкова стать президентом увеличиваются с каждым днем. Популярность лидера коммунистов Зюганова, вышедшего в 1996 году во второй тур, несколько снизилась, но он по-прежнему был в состоянии набрать не менее двадцати пяти процентов голосов. Так кого же можно было противопоставить этим двум «политическим тяжеловесам» на предстоявших через два года президентских выборах? Немцов окончательно дискредитировал себя в глазах ближайшего окружения Ельцина. Он так и не сумел добиться нужных результатов и растратил всю энергию на заведомо обреченную на провал борьбу с олигархами. Напротив, Лебедь опять начал набирать политические очки и в борьбе за пост губернатора Красноярского края при поддержке прокремлевской олигархической группировки, имевшей свои интересы в огромном сибирском регионе, значительно опередил соперников. Однако он уже доказал, что совершенно не умеет «играть в команде». По единодушному мнению «семьи», этот недостаток был присущ и Явлинскому, который предпочитал постоянно находиться в оппозиции. Неужели оставалось делать ставку только на Черномырдина?

Эта версия дальнейшего развития событий получила довольно широкое распространение в Москве. Проверить ее истинность не представляется возможным. Тем не менее она заслуживает самого пристального внимания. Согласно этой версии, «семье» передали видеокассету с записью беседы Гора и Черномырдина. В последний раз два политических деятеля, занимавших в США и России вторые по значению государственные посты, встречались в Вашингтоне, где не преминули поднять бокалы за избрание их президентами. Такого Ельцин, с подозрением относившийся к любому потенциальному преемнику на его место, простить не мог. Он решил немедленно уволить Черномырдина и приказал своей команде как можно скорее составить список кандидатов на должность премьер-министра. Единственное условие: он непременно должен был быть убежденным реформатором.

В президентской администрации началась невообразимая суета. По настоянию Березовского первое место в списке занял его верный клеврет, секретарь Совета безопасности Иван Рыбкин. Гусинский и Чубайс пытались добиться назначения главой кабинета министров заместителя председателя Совета директоров НТВ Игоря Малашенко, в 1996 году работавшего под началом «приватизатора всея Руси» в предвыборном штабе Ельцина и с тех пор зарекомендовавшего себя отличным организатором. Были в этом списке и фамилии нескольких губернаторов. Среди остальных соискателей особенно выделялся спикер Совета Федерации Егор Строев, имевший репутацию весьма искушенного политика. Не следовало забывать также о представителях «силового блока», как всегда, старавшихся держаться в тени. О кандидатуре Лебедя не могло быть и речи. Ветеран Афганистана и «умиротворитель Приднестровья» доставил слишком много неприятностей «семье». Но и бывший директор Федеральной пограничной службы Андрей Николаев ее также не слишком устраивал. Поэтому Лебедь оказался в самом конце списка. Неожиданно о своих претензиях заявили лоббисты могущественных нефтяных монополий. Черномырдин, возглавляя правительство, добился предоставления «Газпрому» небывалых льгот. Этот полугосударственный концерн не только полностью засекретил сведения, касающиеся реальной стоимости добычи газа, но и был освобожден от многих налогов. Теперь конкурировавшие с гигантом газовой индустрии нефтяные магнаты для восстановления баланса потребовали назначить премьер-министром их человека. Но кого именно? Выдвижение на этот пост олигарха было бы воспринято как открытый вызов общественному мнению. В конце концов один из высокопоставленных сотрудников администрации еще раз внимательно просмотрел список членов действующего кабинета министров и наткнулся на фамилию Кириенко. Тридцатипятилетний выходец из Нижнего Новгорода занимал должность министра топлива и энергетики.

23 марта 1998 года Ельцин преподнес «дорогим россиянам» очередной сюрприз. Он сообщил им о решении отправить Черномырдина в отставку и одновременно назначил его руководителем своего предвыборного штаба. Тем самым президент породил волну слухов о том, что Черномырдина намеренно «вывели из игры» с целью дать ему возможность как можно лучше подготовиться к будущим выборам. Именно поэтому, дескать, Ельцин с такой ухмылкой говорил об «удачной рокировочке». Но через несколько месяцев выяснилось, что Черномырдина втихую использовали как «ладью» в новой партии, разобраться в которой непосвященным было не дано. Ведь опытный царедворец, образно выражаясь, годился как для заманивания соперников в ловушку, так и для закрывания брешей в собственной линии обороны, прикрытия «короля» сзади и захвата стратегически важных позиций во вражеском лагере. Вот только стать президентом России он не мог. Вернее, этого ему просто не позволили бы.

Ельцин не случайно сделал вторым лицом в государстве самого молодого и неопытного министра, всего лишь год назад с помощью Немцова перебравшегося в Москву. Ранее Сергей Кириенко изучал в Горьком кораблестроение, потом занимал ряд должностей в структурах ВЛКСМ, а после крушения коммунистического режима возглавил банк и основал нефтеперерабатывающий завод «Норси-ойл». К новому председателю правительства, больше похожему на студента, сперва мало кто относился всерьез. К нему тут же приклеилось прозвище «Киндерсюрприз». При наличии огромного комплекса нерешенных проблем назначение руководителем кабинета министров «политического легковеса» было воспринято поначалу как, по меньшей мере, безответственный и неразумный поступок. Многие полагали, что президента втянули в чистейшей воды авантюру.

На экранах телевизоров Ельцин выглядел дряхлеющим стариком и всем своим обликом и манерой речи удивительно напоминал тяжело больного Брежнева на рубеже семидесятых-восьмидесятых годов. Он вверг страну в очередной политический кризис. Зарубежные инвесторы пришли в ужас: оказывается, приоритетные направления государственной политики в России определял пожилой человек со вздорным характером и явными признаками склероза. Кириенко же не пользовался авторитетом у командования Вооруженных сил и руководства спецслужб, располагавших практически неограниченными возможностями. Поэтому западные лидеры всерьез опасались полной или частичной потери контроля над ядерным оружием в случае длительного заболевания президента. Целый месяц Государственная дума отказывалась утверждать Кириенко в новой должности. По конституции нижняя палата имела право трижды отвергать предложенные президентом кандидатуры, но затем глава государства мог распустить ее. Поэтому в третий раз депутаты решили не рисковать и скрепя сердце высказались в поддержку нового председателя правительства. За два с лишним года, прошедших после парламентских выборов, они еще не успели полностью воспользоваться своими обширными привилегиями. Особенно боялись потерять думские мандаты почти никому не известные избранники из глухих провинций. «Семье» опять крупно повезло. Она научила будущих хозяев Кремля навязывать свою волю законно избранному парламенту, формально не нарушая конституцию. За два года до решающей стадии борьбы за власть в стране ельцинский клан получил возможность без особой спешки подготовить победу нужного кандидата. Теперь ему снова понадобился Березовский. Владельца нескольких мощных финансово-промышленных корпораций, с легкостью скупавшего через подставных лиц газеты, телеканалы, депутатов и даже целые фракции, опять призвали на государственную службу и назначили исполнительным секретарем СНГ. После увольнения чересчур возомнившего о себе Черномырдина все важнейшие политические решения стали прерогативой президентского аппарата. Пост председателя правительства — главы номинально высшего органа исполнительной власти — за Кириенко сохранялся лишь при условии неукоснительного выполнения им требований Кремля.

Для Кириенко был уготован такой же сценарий, как и годом раньше для его нижегородского земляка, «надорвавшегося» в схватке с олигархами. Новый премьер-министр — молодой, интеллигентный, спортивный, быстро реагирующий на изменение ситуации и не запятнавший себя участием в подковерной борьбе лоббистских группировок в Кремле — быстро завоевал симпатии российских граждан. Кириенко не позволял себе популистских жестов и постоянно подчеркивал, что он всего лишь профессиональный менеджер, приглашенный на работу в правительство для решения конкретных задач. Этим он выгодно отличался от Немцова, не скрывавшего своих президентских амбиций. Авторитет Кириенко в глазах населения еще больше вырос, когда оно увидело, что глава правительства в отличие от Черномырдина легко находит контакт с аудиторией и искренне стремится убедить сограждан в серьезности своих намерений. Уже почти никто не сомневался в том, что Ельцин вскоре сделает из умного и образованного председателя правительства козла отпущения и после очередного экономического кризиса с легкостью расстанется с ним.

Через месяц после реорганизации кабинета министров Путин был назначен первым заместителем руководителя президентской администрации, ответственным за положение в регионах и контакты с губернаторами. Одновременно ему было поручено выступить в роли третейского судьи и помочь разрешить конфликт между правительством и бастующими рабочими горнодобывающей промышленности. Их акции протеста с каждым днем принимали все более угрожающие масштабы. В Кемеровской области, расположенной в так называемом «красном поясе», шахтеры вышли на улицы с требованиями немедленно прекратить реструктуризацию отрасли, погасить долги по зарплате и отказаться от закрытия бесперспективных шахт. Несколько лет все московские правительства, вне зависимости от преобладания в них консерваторов или реформаторов, занимались латанием дыр, переводя выделенные Всемирным банком средства в контролируемый оппозицией Кузбасский угольный бассейн. В результате источником субсидий убыточным шахтам — три миллиарда долларов ежегодно — неизменно становился скудный федеральный бюджет. Забастовки горняков сделались уже вполне привычным явлением, но в этот раз шахтеры устроили настоящую «рельсовую войну». Почти месяц они блокировали движение по Транссибирской железнодорожной магистрали, парализовав одну из важнейших транспортных артерий страны и поставив под угрозу срыва снабжение электростанций Дальнего Востока углем, а его жителей — продовольствием. Доведенные до отчаяния горняки утверждали, что деньги, предназначенные для выплаты жалования рабочим горнодобывающих предприятий, не доходят до них. Кириенко был вынужден оставить все дела и спешно вылететь в этот регион, превратившийся в настоящую пороховую бочку. После возвращения из Кузбасса он принял делегацию шахтеров и не без помощи Путина сумел несколько разрядить ситуацию и предотвратить социальный взрыв. В итоге горняки согласились убрать пикеты с подступов к Белому дому и железнодорожных путей.

В июле 1998 года за проявление симпатий к Лужкову был уволен Сергей Шахрай. Он не только долгое время исполнял обязанности советника Ельцина по юридическим вопросам, но и возглавлял постоянную Комиссию по разграничению полномочий и предметов ведения между центром и регионами. Его место занял Путин, в неполные сорок шесть лет ставший внезапно чиновником очень высокого ранга. Кремль фактически поручил ему отслеживать социально-политическую ситуацию в каждом из 89 субъектов Российской Федерации. Но без поддержки Валентина Юмашева, своего непосредственного руководителя и доверенного лица Березовского, Путину вряд ли бы удалось так близко подобраться к вершине властной пирамиды. Он теперь получил свободный доступ к президенту, объявившему сохранение единства России одной из главных задач. Путин быстро выработал в себе привычку регулярно наведываться с инспекциями на подведомственные территории, установил личные контакты со многими влиятельными не только у себя на родине региональными лидерами и в случае необходимости умело «вправлял им мозги».

За время пребывания в новой должности Путин получил четкое представление об истинном состоянии государственной власти на региональном уровне. Понимая, что без соответствующих административных рычагов невозможно заставить глав исполнительной власти на местах выполнять указания Кремля, он убедил Ельцина предоставить ему широкие полномочия и принялся «набирать кадры» из бывших сослуживцев по КГБ и Санкт-Петербургской мэрии. В мае 1998 года Путин добился назначения начальником Контрольного управления своего сверстника и нынешнего директора ФСБ Николая Патрушева. С 1975 года они вместе служили в облицованном гранитом здании на Литейном проспекте. Потом Патрушев переехал в столицу и в 1994 году возглавил сверхсекретное Управление собственной безопасности ФСБ, то есть занялся выявлением агентов иностранных разведок и предателей в рядах его сотрудников. Позднее он получил повышение и стал начальником управления кадров этой силовой структуры.

Между тем на Россию неудержимо надвигался финансовый кризис, поставивший под угрозу само существование государства. Никогда со времен распада Советского Союза оно не оказывалось в таком затруднительном положении. Российская экономика всецело зависела от экспорта энергоносителей, и низкие цены на нефть на мировом рынке дестабилизировали обстановку в стране. Очевидно, отвечавший в правительстве Кириенко за экономический блок вице-премьер и подчиненные ему министры не слишком разбирались в финансовой политике и толком не представляли себе, как в условиях хронической невыплаты зарплат и пенсий сочетать обеспечение стабильности финансовой системы и латание все более увеличивающихся бюджетных дыр.

Внутренний долг России составлял уже 70 миллиардов долларов. Всего же ей предстояло вернуть иностранным кредиторам и собственным гражданам 200 миллиардов долларов. На обслуживание государственных долговых обязательств предполагалось выделить не менее трети федерального бюджета. К тому же общая сумма долгов российских предприятий превысила объем всей денежной массы. Для увеличения притока капитала в Россию правительство Черномырдина, как уже отмечалось выше, приступило к распространению выпускаемых под совершенно немыслимые проценты пресловутых краткосрочных Государственных казначейских обязательств. После обострения кризиса Центральный банк для предотвращения оттока за границу значительных денежных средств временно повысил доходность этих ценных бумаг до 150% в валюте. Вскоре государство было уже не в состоянии погашать долги по ГКО, превратившихся из источника бюджетного финансирования в его объект и чуть ли не вдвое превысивших реальные доходы от сбора налогов. Золотовалютные запасы Центробанка за шесть месяцев уменьшились с 23 до 15 миллиардов долларов. Уход инвесторов с начавшего рушиться российского фондового рынка больше подходил на бегство. С началом обвального финансового кризиса биржевые котировки таких крупнейших российских компаний, как «Газпром», «ЛУКОЙЛ» и РАО «ЕЭС России», снизились почти в два раза. Российскому руководству пришлось с горечью признать, что две трети зарубежных инвесторов из ринувшихся в 1997 году в страну были обыкновенными биржевыми спекулянтами, руководствовавшимися исключительно корыстными соображениями и даже не помышлявшими о подъеме производства и экономическом росте.

Наряду с резким сокращением расходов в бюджетной сфере правительство было вынуждено принять также другие непопулярные меры и расторгнуть неформальное «соглашение» с довольно значительной частью российских граждан. Раньше в верхах не только мирились с существованием теневой экономики, но из-за невозможности полностью выполнить социальные обязательства порой даже откровенно радовались столь высокой деловой активности россиян. Правительство могло месяцами задерживать выплаты зарплат, пособий и пенсий, но взамен позволяло людям не платить налоги. Угроза финансового краха заставила исполнительную власть приказать фискальным органам взять на учет все дополнительные источники доходов населения, включавшие в себя различные виды трудовой деятельности в свободное от основной работы время, сдачу жилья в аренду и проценты, получаемые с вложенных в ценные бумаги капиталов, и так далее. Стремясь наверстать упущенное, правительство распорядилось в кратчайший срок составить реестр налогоплательщиков и сформировать соответствующую компьютерную базу данных, так как неожиданно выяснилось, что сведениям, полученным от Госкомстата, доверять нельзя. Его председатель был даже арестован по обвинению в манипуляциях количественными показателями в интересах нескольких финансово-промышленных групп. В поисках выхода из экономического тупика власти впервые после ликвидации политического диктата вместе с распадом СССР и крушением коммунистического строя попытались снова прибегнуть к полицейским методам. По приказу нового главы Налоговой службы Бориса Федорова его сотрудники провели обыск и изъятия документов в офисах целого ряда фирм. Кириенко публично пригрозил крупным корпорациям конфисковать их имущество за уклонение от уплаты налогов. В отношении задолжавших бюджету промышленных предприятий предполагалось применить процедуру банкротства. Намерения кабинета министров напрямую задевали интересы могущественных финансовых кланов и региональных баронов, упорно не желавших отдавать в казну значительную часть средств, вырученных от сбора налогов. Однако если прежде девяносто процентов налога с оборота оставалось в регионе, то теперь правительство с помощью президентской администрации увеличило федеральную составляющую этих доходов до пятидесяти процентов.

Но для проведения авторитарной политики в полном смысле слова у правительства отсутствовали необходимые средства устрашения. В то же время Ельцин всегда мог рассчитывать на поддержку «силового блока». Он неизменно с подчеркнутым уважением относился к министрам обороны и внутренних дел, директору ФСБ, руководителям налогового и таможенного ведомств и не скупился на награды для них. Летом 1998 года силовые структуры как никогда были нужны Ельцину для предотвращения массовых беспорядков и даже возможной попытки государственного переворота. 25 июля Путину внезапно позвонил Юмашев и попросил встретить премьер-министра в аэропорту Внуково. Кириенко возвращался из Карелии, где встречался с проводившим там отпуск президентом. Сойдя с трапа, он сразу же направился к Путину. Между ними состоялся следующий диалог: «Володя, привет! Я тебя поздравляю!» — «С чем?» А он: «Указ подписан. Ты назначен директором ФСБ». С этими словами Кириенко поспешил удалиться. До Путина еще в апреле доходили слухи о том, что Ельцин считает его верным и испытанным соратником, способным заменить шефа Федеральной службы безопасности Николая Ковалева, не внушающего больше доверия. Ведь после весеннего правительственного кризиса кое-кто из ближайшего окружения президента начал потихоньку перебегать в лагерь сторонников Лужкова. Путин же еще в Санкт-Петербурге всем своим поведением доказал, что не способен на предательство.

По прямому указанию Ельцина первый заместитель главы его аппарата еще более усилил контроль за экономико-финансовой сферой вообще и распределением в регионах полученных от центра дотаций в частности. В статье, опубликованной в газете «Франкфуртер альгемайне цайтунг», Кристина Гофман подчеркивала, что Путин, еще будучи начальником Контрольного управления, «сумел раздобыть сведения, касающиеся негативных аспектов деятельности многих губернаторов, и тем самым дал президенту возможность оказывать на них давление».

Новое назначение Путина, по его собственному признанию, не слишком его обрадовало. В 1990 году он искренне полагал, что со спецслужбами его больше ничего не связывает. После расформирования КГБ, считавшегося одним из нерушимых оплотов коммунистической системы, из него выделились пять основных подразделений. В частности, переименованное в Службу внешней разведки Первое главное управление за десять лет доказало полное право на самостоятельное существование. ФСБ, возникшее на обломках прежнего ведомства-монстра после многочисленных реорганизаций, унаследовало такие его функции, как контрразведка, борьба с экономическим шпионажем и т. д. Кроме того, в задачи новой организации входило также активное противодействие коррупции и организованной преступности. Поговаривали, правда, о связях некоторых ее сотрудников с мафиозными структурами. По мнению одного из наиболее авторитетных специалистов в этой области, Ганса-Йоахима Хоппе, изложенному в журнале «Восточная Европа», ФСБ имела прямое отношение к отмыванию грязных денег и нелегальному вывозу из России капиталов.

Как известно, Путин уволился из КГБ в звании подполковника. По традиции органы безопасности СССР и России всегда возглавляли генералы в высоких чинах. Но Путин прекрасно понимал, что присвоение ему генеральского звания произведет крайне неблагоприятное впечатление на подчиненных. Ведь к этому времени он даже не числился на военной службе. Кроме того, многие опытные контрразведчики были очень недовольны тем, что их новым руководителем стал бывший офицер разведки. Некоторых из этих ветеранов Путин позднее вывел из штата или перевел на работу в провинцию.

В новой должности Путину пришлось столкнуться с целым рядом, казалось бы, неразрешимых проблем. Во-первых, вездесущий Березовский немедленно принялся утверждать, что в свое время нескольким сотрудникам ФСБ было поручено убить его. Он усиленно тиражировал эти слухи в подконтрольных ему СМИ, и противостоять этому валу «черного пиара» было очень нелегко. В конце концов проведенное по инициативе Путина служебное расследование доказало, что нет никаких оснований обвинять бывших руководителей ФСБ в намерении ликвидировать одного из самых богатых и влиятельных российских бизнесменов. Во-вторых, «семья» не скрывала, что поставила во главе одной из мощнейших силовых структур лояльного по отношению к ней человека; целью этого назначения было еще в процессе подготовки к решающей стадии «битвы за Кремль» с помощью этого человека нейтрализовать Лужкова, Зюганова и других реальных претендентов на президентское кресло. Путин был вынужден считаться с ее требованиями. В частности, его сотрудники по-прежнему следили за чиновниками президентской администрации и прослушивали их служебные телефоны. Однако новый директор ФСБ всячески препятствовал превращению этой службы в «щит и меч» власть предержащих, в том числе прокремлевской олигархической группировки, и требовал от ее офицеров строгого соблюдения правовых норм.

Путин сознавал, что ожесточенная борьба за передел собственности изрядно подпортила имидж России в глазах западной общественности. Из-за отсутствия экономико-правовых основ в стране так и не сформировалось гражданское общество. Без него настоящие рыночные механизмы были не в состоянии нормально функционировать. В России возник «дикий капитализм», характерными признаками которого являлись полное отсутствие у узкой группы лиц, сосредоточившей в своих руках контроль над финансовыми и сырьевыми ресурсами и реальную власть, чувства социальной ответственности и отсутствие желания хоть как-то ограничить себя в погоне за богатством. До тех пор пока круг интересов олигархов ограничивался только страстью к наживе, о проведении сколько-нибудь разумной экономической или внешней политики не могло быть даже речи. Тщетными были все попытки приобщить к культурным ценностям людей, каждый год вывозивших из России капиталов на сумму, сопоставимую с ежегодным траншем МВФ. Степень криминализации государственных институтов превзошла все допустимые пределы. Многие российские журналисты в своих публикациях прямо возлагали вину за огромное количество нераскрытых заказных убийств на членов ельцинской команды, мешавших их расследованию.

Одним из первых иностранцев, появившихся в кабинете нового главы ФСБ, был президент Федеральной службы по защите конституционного строя Петер Фриц, собиравшийся обсудить с Путиным актуальную для России и ФРГ проблему борьбы с терроризмом и обменяться с ним информацией. Обострение обстановки в фактически отделившейся Чечне еще более накалило и без того крайне напряженную политическую атмосферу в стране. Избранный в 1997 году президентом бывшей советской автономной республики Аслан Масхадов так и не сумел примирить отчаянно враждовавших между собой полевых командиров. Вооруженные отряды под их командованием неоднократно вторгались в Дагестан и Ставрополье. «Ползучая экспансия» сопровождалась вытеснением русских из приграничных районов, обстрелами, грабежами, угоном скота и автотранспорта. Но наибольшую опасность представлял собой захват заложников, среди которых были военнослужащие, старики, священники и даже дети. Боевики похищали также иностранцев — журналистов, инженеров и сотрудников международных гуманитарных организаций. В общей сложности в Чечне, превратившейся в настоящий рынок рабов, насильственно удерживалось свыше тысячи человек. Девяносто из них были иностранными гражданами. Их содержали в совершенно чудовищных условиях, морили голодом и использовали на принудительных работах. Сепаратисты, активно готовившиеся к новой войне с Россией и закупавшие целые партии вооружения, военной амуниции и современных средств связи, нуждались в деньгах и поэтому для ускорения получения выкупа подбрасывали родственникам заложников видеокассеты с записями издевательств над ними. Если у родных и близких не находилось нужной суммы, несчастным пленникам отрубали пальцы, а иногда даже головы. Захлестнувшая Чечню волна насилия вынудила миссию ОБСЕ спешно покинуть Грозный. Даже провозглашение Масхадовым Республики Ичкерия исламским государством, живущим по законам шариата, не избавило бывшего полковника Советской Армии от яростных нападок со стороны религиозных экстремистов.

Занятый мучительным поиском решения сложных экономических проблем, Кириенко был вынужден оставить все дела и вылететь в Чечню. В ходе переговоров с Масхадовым он окончательно убедился, что российское руководство утратило всякое влияние на ситуацию в этом регионе. В июле на Масхадова было совершено покушение. Лидер сепаратистов только чудом избежал гибели. Среди его противников особенно непримиримую позицию занимали ваххабиты, пользующиеся широкой поддержкой нескольких арабских стран. Члены этой ультрарадикальной исламской секты требовали от жителей всего Северного Кавказа руководствоваться нормами мусульманского права как на государственной службе, так и в обыденной жизни. Захваченные ими летом 1998 года дагестанские селения Карамахи и Чабанмахи были объявлены «независимыми территориями» и за несколько месяцев превращены в настоящие укрепрайоны, оборудованные бетонными бункерами, сообщающимися подземными коммуникациями и способные выдержать даже ракетно-бомбовые удары с воздуха. Москва так и не решилась использовать Вооруженные силы для пресечения «экспансии» исламистов, тем самым наглядно продемонстрировав им свою слабость.

Кириенко надеялся, что новый глава ФСБ поможет ему в борьбе с экономической преступностью и в первую очередь со злостными неплательщиками налогов. Жесткие методы, применяемые для выявления «мелкой рыбешки», резко контрастировали с очевидной неспособностью правительства всерьез заняться влиятельными финансово-промышленными группами, чей суммарный долг перед бюджетом достиг фантастической величины. После начала кризиса министры экономического блока стали регулярно встречаться с олигархами, но эти «саммиты» больше напоминали деловые переговоры равноправных партнеров, а не «акции давления», организованные высокопоставленными чиновниками, осознавшими, наконец, свою ответственность перед страной и готовность любыми средствами установить в экономике равные правила игры.

Команде Кириенко явно не хватало политической воли. Ей так и не удалось одолеть коррупцию, глубоко проникшую во все звенья государственного аппарата. Сотрудники налоговых органов также брали взятки, поскольку их среднемесячная зарплата равнялась приблизительно 74 долларам. Проведенная Счетной палатой проверка выявила вопиющие факты разворовывания кредитов Международного валютного фонда и Всемирного банка. Как минимум одна шестая часть бюджета использовалась не по назначению. Зависимость России от западных кредиторов была настолько сильной, что в Москве даже заговорили об угрозе национальной безопасности страны.

Правительственные консультанты и эксперты спешно занялись разработкой антикризисных программ. В административных учреждениях резко сократили потребление электроэнергии. В верхах, наконец, решились выставить на продажу закрепленные в федеральную собственность контрольные пакеты акций десяти крупнейших промышленных предприятий, рассчитывая таким образом наполнить бюджет. Однако у ослабленных финансовым кризисом олигархов не нашлось необходимой суммы, а иностранные инвесторы теперь опасались вкладывать деньги в российскую экономику. Для успокоения западной финансовой элиты представителем России при международных кредитных организациях был вновь назначен Чубайс, за несколько дней напряженных переговоров убедивший МВФ выделить еще около двадцати миллиардов долларов, которые, однако, уже не смогли предотвратить обвального падения курсовой стоимости российских ценных бумаг.

17 августа 1998 года премьер-министр Кириенко был вынужден принять крайние меры. Он объявил о введении трехмесячного моратория на обслуживание всех государственных долговых обязательств. Крупнейшие банки также на три месяца прекратили платежи по внешним займам. Их совокупный долг иностранным кредиторам достиг астрономической суммы в 19,2 миллиарда долларов. За время действия моратория планировалось добиться реструктуризации внешних и внутренних задолженностей, то есть, попросту говоря, договориться о перенесении выплат по ним на более поздний срок. Вину за потрясший страну глубокий экономический кризис нельзя возлагать на одного Кириенко. У молодого ельцинского выдвиженца в нужный момент просто не оказалось нужных союзников, благодаря которым можно было бы предотвратить полный финансовый крах. Представители частного сектора упорно молчали, а депутаты Государственной думы заранее предупредили, что отвергнут любую антикризисную программу, предусматривающую сокращение расходов на социальные нужды и увеличение налогового бремени.

В результате правительство почти полностью утратило контроль над финансовыми ресурсами. Первый транш МВФ в размере 4,8 миллиарда долларов был в начале августа за два-три дня бессмысленно растрачен на поддержку коммерческих банков. Мораторий еще больше подорвал престиж России за границей и привел к окончательному уходу из страны зарубежных инвесторов.

Многие западные эксперты предрекали именно такое развитие событий. Выпускаемые под огромные проценты ГКО оказались обыкновенной пирамидой, готовой вот-вот рухнуть, а значительная часть зарубежных многомиллиардных кредитов использовалась для субсидирования банковской системы. Авантюрная политика российских лидеров обернулась катастрофой для страны. Несколько дней высшие должностные лица хранили молчание или делали вид, что ничего особенного не произошло. Правда, Чубайс поспешил предупредить, что «Россия на грани политической катастрофы», но положение президента, премьер-министра, председателя Центробанка и национальной валюты пока еще казалось достаточно устойчивым. Рубль подешевел только на десять процентов; следовательно, «валютный коридор» всего лишь немного расширился. Но многострадальные российские граждане уже предчувствовали беду. В 1992 году мгновенное освобождение цен разом обесценило все их сбережения. В один из октябрьских дней 1994 года, названный «черным вторником», рубль был девальвирован почти на треть. Поэтому население, не дожидаясь официальных заявлений, бросилось снимать деньги с банковских счетов и срочно менять рубли на доллары. Через несколько дней многие банковские структуры, оказавшись под угрозой краха, прекратили выдачу сперва валютных, а затем рублевых вкладов и объявили о свертывании филиальной сети. Банковская система, погребенная под обломками пирамиды ГКО, фактически перестала существовать, оставив после себя огромные неоплаченные долги.

Стремление при любых обстоятельствах продолжать курс на интеграцию России в мировое сообщество заставило Кириенко и Чубайса выступить с предложением уравнять в правах отечественных и иностранных банкиров на внутреннем рынке банковских услуг. Однако столь радикальная мера непременно привела бы к ослаблению банковского сектора российской экономики и постепенному переходу его под контроль западных финансовых корпораций. Крупнейшие банкиры страны немедленно бросились искать поддержки у президента и принялись уговаривать его вернуть к власти их верного союзника и покровителя Черномырдина, а заодно перекрыть зарубежным финансовым институтам доступ в Россию. Решено было также отказаться от выполнения антикризисной программы, уже согласованной с МВФ. При рассмотрении данного вопроса банкиры и крупные предприниматели были солидарны с коммунистами: зарубежным инвестициям — да! Зарубежным инвесторам — нет! Но на самом деле спасти погибающую российскую промышленность можно было только путем внедрения в нее передовых западных технологий. Гораздо разумнее было бы приложить все усилия для привлечения в страну западных фирм, чтобы они развернули здесь производство, создали новые рабочие места и соответственно новые источники поступления налогов в казну.

В декабре 1991 года почти никто не предвидел скорый распад СССР. Точно так же в августе 1998 года мало кому могла прийти в голову мысль, что неокапиталистическая система так быстро развалится. Финансовый кризис почти полностью уничтожил средний класс, так толком и не успевший сформироваться. Разорение грозило даже некоторым олигархам. Но не следует забывать, что потерявшие восемьдесят процентов капиталов российские банки получили ранее 200—300 процентов прибыли от биржевых сделок с ГКО. Россия, грезившая о возвращении ей статуса супердержавы, за одну ночь опустилась до уровня слаборазвитой страны.

Финансовый кризис разрушил фундамент, на котором зиждилась вся политика демократизации общественной жизни и внедрения рыночных принципов в экономику. Банкротство государства стало свершившимся фактом. О выплате зарплат и выполнении им других социальных обязательств не могло быть даже речи. Тоненький ручеек налоговых поступлений в бюджет полностью иссяк. Из-за отсутствия валюты на оплату импортных товаров прилавки магазинов быстро опустели. Наученные горьким опытом люди скупали сахар, соль, крупы, макароны, мыло, стиральный порошок, из аптек исчезли почти все лекарства. Однако стремительный рост цен на предметы первой необходимости значительно превысил реальные доходы большинства населения и поставил его на грань выживания. Обострение экономического кризиса совпало с усилившейся внутри политической элиты борьбой за власть. На внеочередной августовской сессии Государственная дума дружно проголосовала за отставку кабинета министров, и несколько недель Россия оставалась без дееспособного правительства. Авторитет исполнительной власти упал буквально до нуля. Для предотвращения возможной попытки государственного переворота Ельцин распорядился разоружить несколько дислоцированных в Москве армейских подразделений особого назначения.

В конце августа Ельцин произвел очередную «рокировочку» и попытался вернуть назад Черномырдина. Несомненно, решающую роль в назначении его исполняющим обязанности премьер-министра сыграл заручившийся согласием «семьи» Березовский. Для большей гарантии Кремль привлек к работе «антикризисного штаба» еще не утратившего привычку к широким популистским жестам нового губернатора Красноярского края Лебедя. Его избирательную кампанию также финансировала группа близких ельцинскому клану олигархов во главе все с тем же кремлевским «серым кардиналом». Бывший «командарм-14» был тогда единственным российским политиком, способным подавить народные волнения и благодаря определенному авторитету в армейской среде уговорить военных «оставаться в казармах». В отличие от Кириенко Черномырдин ради возможности второй раз почувствовать себя полноправным хозяином Белого дома был готов почти на любые уступки, вплоть до формирования коалиционного правительства с участием представителей всех думских фракций и установления «экономической диктатуры». Однако в конце концов нижняя палата отвергла его кандидатуру.

Если мощное банковское лобби и зависящие от бюджетного финансирования региональные бароны поддержали Черномырдина, то составлявшие в Государственной думе большинство депутаты от КПРФ и других «отрядов» левой оппозиции решили воспользоваться кризисной ситуацией для отстранения Ельцина от власти, замены президентской формы правления «парламентской республикой» и «смягчения» курса реформ, то есть полного или частичного отказа от них. В подготовленном Советом Думы заявлении прямо предлагалось национализировать некоторые крупные банки и промышленные предприятия. Сторонники восстановления советской государственности в несколько измененном виде и системы планового хозяйства в усеченном варианте безуспешно добивались осуществления этих политико-экономических целей еще в 1992—1993 годах. После первого отказа утвердить Черномырдина в должности председателя правительства народные избранники намеренно целую неделю — с 31 августа по 7 сентября — держали Ельцина в подвешенном состоянии, чтобы таким образом ослабить его позиции и навсегда отбить у бывшего главы «Газпрома» желание стать следующим президентом России. После рокового для него итога голосования в «семейной части» правящей элиты произошел раскол, завершившийся удалением из Кремля двух приближенных Ельцина. Пресс-секретарь Сергей Ястржембский и секретарь Совета безопасности Андрей Кокошин осмелились предложить президенту назначить премьер-министром Лужкова и навлекли на себя его гнев.

На Западе с пристальным вниманием следили за поведением Ельцина, уже неоднократно доказавшего свою способность путем кадровых перестановок в правительстве неуклонно добиваться возобновления процесса реформирования унаследованного от прежнего режима социально-экономического устройства страны. Но силы его были уже на исходе. Ельцин и его ближайшие влиятельные закулисные советники думали сейчас не о продолжении либеральных реформ, а о сохранении власти и влияния. Блистательный мастер политических комбинаций Березовский, умевший, как никто другой, «разыгрывать» самые сложные и запутанные партии и в нужный момент выходить из игры, в этот раз сделал неверную ставку, и «семья» осталась без «наследного принца».

Ответный ход

В разгар кризиса, расшатавшего устои государства, наиболее известные участники изощренной политической «игры» постоянно сталкивались на одном и том же поле. Ельцину пришлось скрепя сердце признать, что впервые за эти годы он потерпел сокрушительное поражение. У многих создалось впечатление, что разбушевавшееся море российской политики швыряет из стороны в сторону и постепенно теряющего власть президента, и потерявший управление корабль российской государственности; казалось, они уже никогда больше не вернутся в нормальное положение. Кризис, похоже, пошел на пользу только мэру Москвы. Кремль пытался отодвинуть его на задний план, однако Лужков не только выстоял, но и перешел в контратаку. Он заново расставил фигуры на политической доске и принялся разыгрывать свою партию. На первых порах ему способствовал успех. Лужков впервые публично подверг критике президента и намекнул, что не исключает его досрочного ухода в отставку. Шах королю в буквальном смысле слова! Пока остальные олигархи залечивали раны, «Газпром», Мост-банк, ОНЭКСИМ-банк и «ЛУКОЙЛ» заключили между собой нечто вроде пакта о взаимопомощи и сформировали впоследствии под «крышей» Лужкова своеобразный «финансово-промышленный суперальянс».

Наряду с Лужковым и левой оппозицией региональные бароны также попытались воспользоваться слабостью президента и забрать у него часть полномочий. В этой критической ситуации некоторые члены «семьи» даже предлагали прибегнуть к таким крайним мерам, как роспуск Думы, запрет КПРФ и введение на территории страны прямого президентского правления. Кое-кто настоятельно рекомендовал вновь использовать в качестве «ладьи» генерала Лебедя или склонялся к мысли предложить Лужкову и коммунистам патовую ситуацию. Правда, эту идею они предпочитали не высказывать вслух, ибо в памяти еще была свежа неожиданная отставка Ястржембского и Кокошина. В начале осени 1998 года не исключался и такой вариант развития событий: загнанный в угол президент просто смахивает с доски фигуры и объявляет игру законченной, а себя — победителем. Все-таки сила еще была на его стороне.

Необходимо было также срочно найти нового кандидата на пост премьер-министра. 7 сентября Черномырдин потерпел в Думе полное фиаско. Социально-экономическая ситуация складывалась драматически, и любые попытки протащить на эту должность кого-либо из радикальных реформаторов неизбежно привели бы к печальным последствиям. Самое удивительное, что спасительная мысль пришла в голову именно Явлинскому. Никто не ожидал, что он предложит Ельцину поставить во главе правительства министра иностранных дел Евгения Примакова. Тем не менее лидера «Яблока» поддержало большинство депутатов. У Примакова, в отличие от Черномырдина, напрочь отсутствовали президентские амбиции. Он не собирался конкурировать с Зюгановым, Явлинским и Лужковым в борьбе за кресло главы государства и в случае удачного для него результата голосования в нижней палате наверняка целиком сосредоточился бы на работе в правительстве. Он был вдвое старше Кириенко и обладал достаточно богатым жизненным опытом для того, чтобы вывести корабль российской государственности, изрядно потрепанный кризисом, к надежному берегу. Благодаря своей принадлежности к прежней правящей элите он вполне мог рассчитывать на симпатии коммунистов. Бывший корреспондент «Правды» по странам Ближнего Востока, директор Институтов востоковедения и мировой экономики и международных отношений в ранге академика и кандидат в члены Политбюро при Горбачеве в 1991—1996 годах весьма успешно руководил Службой внешней разведки и резко активизировал агентурную деятельность в западных странах, невзирая на дипломатические протесты. В качестве премьер-министра он, правда, не слишком устраивал президента, поскольку являлся, в общем-то, самостоятельной политической фигурой. Однако Ельцин в первый и последний раз подчинился требованиям депутатов и по истечении трех суток направил в Думу соответствующее предложение. Характерно, что за Примакова дружно проголосовали фракции и группы с диаметрально противоположными взглядами.

Ельцину пришлось также согласиться на вхождение коммунистов в состав нового кабинета министров. Изменение соотношения сил в высших эшелонах власти было обусловлено тем, что население согласилось на проведение коренных демократических преобразований только при условии сохранения всей системы социальных льгот.

На Западе всерьез опасались, что правительство Примакова попытается воспрепятствовать интеграции России в мировое сообщество. Опасения, что будущий кабинет министров использует для решения экономических проблем такое испытанное средство, как печатный станок, еще более усилились, когда Примаков еще до голосования в Думе во всеуслышание заявил, что намерен назначить первым вице-премьером и куратором всего экономического блока бывшего руководителя Госплана Юрия Маслюкова, а председателем Центробанка бывшего «главного советского банкира» Виктора Геращенко. Заметно выделявшийся среди социал-демократов центристского направления в КПРФ Сергей Глазьев — восходящая звезда на российском политическом небосклоне — представил экономическую программу, одобренную многими региональными лидерами. Он достаточно убедительно доказывал, что чересчур радикальные методы реформирования российской экономики оказали на нее разрушительное воздействие и сделали ее зависимой от ситуации на международных финансовых рынках вообще и западных кредиторов в частности, поставив тем самым под угрозу национальную безопасность. Он отстаивал идею частичной самоизоляции России даже за счет ухудшения отношений с западными государствами и предлагал осуществить «духовное и державное возрождение страны» путем подъема отечественной индустрии и применения в ограниченных масштабах протекционистских мер. Через месяц после прошедших в декабре 1999 года выборов в Государственную думу Глазьев стал председателем думского Комитета по экономической политике и предпринимательству.

Но Примакова волновали пока совершенно другие проблемы. Нечего было даже и думать о разработке стратегической программы. Сперва следовало погасить многомесячную задолженность по зарплате и договориться с отечественными и иностранными кредиторами о реструктуризации внутреннего и внешнего долга. Предлагалось также продолжить — пусть даже ограниченное — сотрудничество с МВФ и взять под более жесткий контроль движение финансовых потоков как в Россию, так и за ее пределы. Переговоры в Москве в ноябре 1998 года с недавно пришедшим к власти федеральным канцлером Герхардом Шрёдером проходили отнюдь не в теплой, дружественной обстановке. Сразу же выяснилось, что урегулировать долговую проблему достаточно сложно. «Больше никаких одноразовых кредитов, только финансирование проектов, не требующих больших затрат. Поможем встать на ноги, а дальше пусть действуют самостоятельно», — во всеуслышание заявил преемник Гельмута Коля, друга Ельцина. Отныне Германия в своих отношениях с Россией руководствовалась исключительно деловыми соображениями. Общий объем иностранных инвестиций, поступивших в Россию в 1998 году, составил всего лишь миллиард долларов. В шесть раз меньше, чем в 1997 году.

Примакову удалось на время снять остроту незатухающего конфликта между Кремлем и Думой. При принятии решений он постоянно стремился достичь согласия между ветвями власти, Ельцин же настолько сдал физически — несколько раз он даже прилюдно чуть не упал в обморок, — что почти не покидал свою загородную резиденцию. Его пресс-служба постоянно опровергала с завидной регулярностью появлявшиеся в СМИ сообщения о намерении Кремля возложить всю ответственность за проведение экономической политики на Думу. Таким образом, в случае ее провала виновными оказались бы депутаты. Но на самом деле эта информация полностью соответствовала действительности. Правда, Примаков, как опытный и осторожный руководитель, старался избегать любых конфликтов с нижней палатой и медлил с принятием сколько-нибудь решительных мер. Поэтому никто не мог упрекнуть его в чрезмерной жажде власти.

В результате вплоть до конца года никто так и не собрался приступить к давно обещанным структурным преобразованиям. После истечения в середине ноября моратория на выплату долгов, объявленного банками, решение этой проблемы снова было отложено в долгий ящик. Несмотря на экономический спад, некоторые отрасли российской промышленности, например пищевая, только выиграли от падения курса рубля и сокращения импорта многих товаров почти на 70%. В итоге люди стали покупать больше продуктов и предметов потребления, изготовленных на отечественных заводах и фабриках. Однако для проведения настоящей модернизации производственных фондов у большинства предприятий отсутствовали оборотные средства. По-прежнему на внутреннем рынке приблизительно 70% всех торговых операций приходилось на бартерные сделки. Крупные экспортеры и, прежде всего, нефтегазовые концерны с конца 1998 года были обязаны обменивать на рубли большую часть валютной выручки. Но зато за ними сохранялись все прежние налоговые льготы. Нелегальный вывоз капиталов за границу после августовского кризиса значительно увеличился и достиг полутора миллиардов долларов в месяц. Так и не были разработаны единые для всех правила игры, необходимые для продолжения процесса приватизации. Несмотря на крайне напряженное положение в финансовом секторе, Центральный банк не сумел создать эффективную систему надзора за ним. По-прежнему нерегулярно выплачивалась зарплата населению. Эти факторы заставляли все политические группировки усомниться в эффективности методов работы правительства.

Но все-таки Примаков смог заставить стремящиеся к большей независимости от центра регионы вновь считаться с ним. Далеко не последнюю роль здесь сыграли призывы к патриотическим чувствам. Этому также способствовало разрешение главой правительства и его первым заместителем Маслюковым сложнейшей проблемы «северного завоза», правда, ценой неимоверных усилий. В частности, они добились этого путем неприкрытого давления на руководство «Газпрома» и заставили концерн в счет долгов по налогам поставить в северо-восточные регионы газ на сумму свыше миллиарда долларов. Тем не менее по-прежнему сохранялась опасность распада Российской Федерации. Примаков, вступая в должность, назвал борьбу с этой опасностью своей главной задачей. Но слишком слабой в экономическом, политическом и военном отношении была центральная власть, чтобы всерьез противостоять конфедералистским тенденциям. Обычно в истории России в такого рода ситуациях ответом на столь опасное развитие событий было установление авторитарного или тоталитарного режима, с помощью неприкрытого насилия восстанавливавшего сверхцентрализованное государство. В отличие от ситуации, сложившейся в 1990—1991 годах, процесс регионализации теперь был обусловлен не столько этническими и национальными, сколько экономическими мотивами.

Тогда с распадом СССР вовлеченные в этот процесс некоторые российские регионы вдохновлялись призывом Ельцина: «Берите столько суверенитета, сколько сможете проглотить». Впоследствии центр заключил с большинством субъектов Федерации договоры о разграничении полномочий. Такие республики, как Татарстан, Калмыкия и Башкирия, получили гораздо больше прав, чем остальные субъекты. В ноябре 1998 года Калмыкия сделала первый шаг к отделению и объявила себя свободноассоциируемым членом РФ. Действовавшие во многих регионах законы напрямую противоречили российской конституции. Одни губернаторы восстанавливали на своих территориях систему планового хозяйства, другие заявляли о готовности ввести частную собственность на землю. В первой половине девяностых годов губернаторов назначал президент, обеспечивая тем самым их лояльность по отношению к Москве. Позднее, после введения демократического принципа выборности региональных властей, их удерживали от сепаратистских выходок трансферты из федерального бюджета. Одновременно была предпринята попытка перевода наиболее авторитетных региональных лидеров на работу в Москву с целью превратить их в Кремле и Белом доме в «оплот державы». Именно так поступили в 1997 году с Немцовым. Опыт оказался неудачным.

Тем не менее Примаков доказал, что он далеко не самый худший премьер-министр. Несмотря на пессимистические прогнозы, Россия прожила тяжелую зиму 1998/99 года без иностранных кредитов и огромных партий гуманитарной помощи. Примаков подготовил политическую почву для успешной деятельности обоих своих преемников — Степашина и Путина. «Хитрый лис» из Службы внешней разведки наглядно продемонстрировал, как управлять страной без стабилизационной программы, заставил поверить в себя коммунистов, демократов и националистов и, кроме того, добился благожелательного отношения к себе со стороны Запада.

Но, по мнению «семьи», Примаков совершил одну роковую ошибку, впоследствии ставшую причиной его отставки. Он объявил войну близкому Кремлю финансовому клану. Председатель правительства расставил бывших сослуживцев на тех ключевых должностях, которые раньше занимали ставленники этой группировки. Громкие имена Примакова совершенно не смущали. Развернутая им кампания по борьбе с коррупцией была прямо направлена против финансовой империи Березовского. Премьер-министр не скрывал, что намерен посадить его в тюрьму. В ответ Березовский обвинил Примакова в подрыве устоев демократии. Между ними разгорелась борьба не на жизнь, а на смерть. В нее был сразу же вовлечен и директор ФСБ Путин. Подробнее об этом будет рассказано ниже. Вторую тактическую ошибку Примаков совершил, пойдя на союз с Лужковым. Так, во всяком случае, считали члены «семьи».

Этот ответный ход вынудил кремлевских «игроков» назначить своих людей на два стратегически важных поста. Бывший директор Федеральной пограничной службы, сорокасемилетний генерал-полковник Николай Бордюжа был назначен секретарем Совета безопасности, постоянным членом которого с 1 октября 1998 года являлся Путин. После утверждения Примакова премьер-министром «семья» поспешила сразу же ограничить его полномочия и окружить его людьми из президентской администрации, способными не позволить ему набрать политический вес. Ельцин не скрывал, что считает Примакова «временным явлением» и не собирается передавать ему президентское кресло. Напротив, круг обязанностей Бордюжи и Путина неуклонно расширялся. В Совет безопасности и администрацию президента были направлены офицеры ФСБ. Ельцин взял под свой личный контроль весь «силовой блок» и поручил Бордюже курировать Министерство юстиции, налоговую полицию и спецслужбы. Глава правительства был лишен подлинных атрибутов власти, воплощенных в Министерствах обороны и внутренних дел, ФСБ и СВР. Теперь он мог передавать поручения руководителям этих ведомств только через Бордюжу.

Тем временем Путин окончательно сделался полноправным членом президентской команды. В отличие от таких высокопоставленных сотрудников аппарата Ельцина, как Ястржембский, Кокошин, Савостьянов, Шахрай и Панин, он вовсе не собирался покидать «верховного правителя» и переходить на сторону возглавляемой Лужковым региональной фронды. «Семья» полностью доверяла директору ФСБ, видя в нем одного из важнейших союзников и едва ли не главного защитника ее стратегических интересов. Путин, непосредственно подчиненный Бордюже, провел основательную реорганизацию подведомственной ему спецслужбы, нейтрализовал влияние сторонников Примакова и назначил на руководящие посты бывших коллег из Санкт-Петербурга. Напомним, что этим он начал заниматься, еще будучи первым заместителем главы президентской администрации. Генерал Виктор Черкесов, с которым Путин дружил еще с юных лет, когда они вместе учились в университете, а затем работали в ленинградском филиале Первого главного управления КГБ, стал заместителем директора ФСБ, курировавшим борьбу с экономическими преступлениями. Другой соученик и сослуживец Путина, генерал Сергей Иванов, возглавил важнейшее Управление анализа и стратегического планирования. В августе 1998 года Путин назначил его своим заместителем. Наконец, еще один сослуживец по Ленинградскому управлению КГБ генерал Александр Григорьев занял пост начальника Управления экономической безопасности. Расширенный состав коллегии ФСБ насчитывал теперь семнадцать человек. Путин усилил также структуры ФСБ на местах и полностью вывел их из-под контроля губернаторов. В центральном аппарате он создал три новых подразделения, ответственных за стабильность ситуации в регионах (отдел «Т»), защиту конституционного строя и безопасность «компьютерных систем». По его прямому указанию офицеры ФСБ начали регулярно проверять сайты в Интернете. По слухам, Ельцин даже приказал Путину «соответствующим образом ориентировать» все спецслужбы страны на подготовку к будущей президентской кампании.

После жестокого убийства в Санкт-Петербурге депутата нижней палаты и одной из наиболее известных представительниц демократического движения Галины Старовойтовой Путин распорядился тщательно проверять биографии лиц, выставлявших свои кандидатуры на выборах в провинциальные органы законодательной власти. Ведь в борьбу за депутатские места по всей России, наряду с лоббистами банковских и нефтегазовых монополий, активно включились и преступные группировки, располагавшие колоссальными финансовыми возможностями и поэтому способные провести своих кандидатов как в региональные законодательные собрания, так и в Государственную думу и, таким образом, получить депутатскую неприкосновенность и добиться политического влияния. Накануне выборов на региональном и федеральном уровнях многие партии откровенно торговали местами в своих избирательных списках. Для претворения в жизнь Государственной программы по борьбе с организованной преступностью не хватало последовательности, политической воли и финансирования в необходимых размерах. Министерство внутренних дел с горечью констатировало, что получает только 30% положенных ему бюджетных средств.

В начале декабря 1998 года в Бонн прибыла многочисленная делегация во главе с Лужковым. Бывший пресс-секретарь Ельцина Ястржембский готовил этот визит в традиционной кремлевской манере. Нужно было создать впечатление, что столицу Германии с помпой посетил будущий президент. Директор научно-исследовательского института при Немецком обществе по изучению внешней политики профессор Карл Кайзер, консультировавший Герхарда Шрёдера во время его избирательной кампании, обещал устроить встречу Лужкова с новым федераль-

Germanskom 210 *обществе*

ным канцлером. Он уже имел опыт организации такого рода переговоров с высокопоставленными визитерами из России.

Как только личный самолет Лужкова замер в конце взлетно-посадочной полосы, первым у трапа появился исполнительный директор Немецко-российского форума Мартин Гофман. Он бросился к Лужкову со словами: «В Москве произошло важное событие. По нашему радио передали, что Ельцин уволил руководителя своего аппарата». Не обращая ни малейшего внимания на выстроившихся чуть поодаль сотрудников российского посольства, мэр Москвы буквально вырвал у личного охранника мобильный телефон. Следует отметить, что благодаря своей комплекции его телохранитель Василий вполне мог сыграть роль одного из могучих противников Джеймса Бонда.

Пока Лужков торопливо набирал московский номер, представители немецкой стороны замерли в напряженном ожидании. Они хорошо помнили появление несколько недель тому назад в Бонне новоизбранного губернатора Красноярского края Лебедя. Ведь недавно сформированное федеральное правительство, в отличие от кабинета министров, возглавляемого Колем, немедленно заявило о своей готовности принимать политических соперников Ельцина на самом высоком уровне. Однако генерал неожиданно прервал свой визит, заявив, что непредвиденные обстоятельства требуют его присутствия в Москве. Когда же выяснилось, что арендованная им «Сесна» совершила затем промежуточную посадку в Швейцарии, разочарованные немецкие политики и чиновники уже ничему не удивлялись. С тех пор губернатор уже больше не приезжал в Германию. Кто-то спросил Лужкова: «Надеюсь, вы не поступите так же, как Лебедь?» Мэр только чуть улыбнулся в ответ:

«Ельцин уволил Юмашева, но Примаков по-прежнему возглавляет правительство».

В окружении Лужкова с усмешкой утверждали, что Ельцин стал виртуальной политической фигурой. Он только периодически появлялся на телеэкранах для опровержения слухов о своей кончине и, казалось, был одержим лишь стремлением продержаться до истечения срока президентских полномочий летом 2000 года. В результате в администрации президента произошли серьезные кадровые перемены, поскольку между Юмашевым и Татьяной Дьяченко, очевидно, возникли серьезные разногласия относительно будущего поведения Ельцина. По мнению бывшего руководителя его аппарата, роль президента следовало свести к выполнению им представительских функций. Его младшая дочь, напротив, полагала, что он должен собраться с силами и начать активно вмешиваться в политические процессы. Из-за слабости позиций Кремля исполнительная власть в стране начала постепенно переходить к кабинету министров и лично к Примакову. По единодушному мнению ельцинской команды, этому следовало любым способом помешать.

Новым руководителем президентской администрации был назначен Бордюжа, сохранивший за собой должность секретаря Совета безопасности. Теперь было совершенно ясно, что Кремль окончательно сделал ставку на бывших сотрудников КГБ. Никто, правда, публично не подтвердил это предположение, однако ходили упорные слухи, что после неудачных опытов с Лебедем, Немцовым, Черномырдиным и Кириенко окружение Ельцина решило назначить его преемником именно Бордюжу. Во всяком случае, генерал немедленно приступил к демонстрации на политической арене своих незаурядных «бойцовских» качеств. Он вел переговоры с региональными баронами относительно разграничения предметов ведения, встречался с видными деятелями культуры и посещал воинские части.

За широкой спиной Бордюжи Путин еще больше упрочил свое влияние. Так, например, его включили в состав Межведомственной комиссии по оборонному заказу и тем самым дали возможность усилить «надзор» за армией. Незаметно для внешнего мира он сосредоточил в своих руках значительную часть административного ресурса Кремля. Притом он был полностью лоялен по отношению к Ельцину и не скрывал, что готов ради него многим пожертвовать. Путин не отличался честолюбием или, по крайней мере, внешне никак не проявлял его, не стремился занять более высокий пост и, в отличие от многих соратников президента, ни разу не позволил себе запустить руку в протекавшие ежедневно перед его глазами финансовые реки.

Процесс перехода всех военизированных структур и спецслужб под контроль президентского аппарата произошел очень быстро. Никогда раньше он не обладал такой мощью. «Семья» окончательно отказалась от идеи передать кресло главы государства кому-либо из либералов и опиралась теперь исключительно на людей в мундирах. У населения ползучая милитаризация органов государственной власти не вызывала страха, а тем более протеста. Напротив, в обществе после кризиса призыв к восстановлению законности и порядка находил все более широкий отклик. Кремлю же пока приходилось больше беспокоиться за свои «тылы». За несколько недель бывший руководитель Службы внешней разведки и нынешний председатель правительства превратился в самого популярного российского политика.

При такой поддержке общественного мнения Примаков решился, наконец, перейти от демонстративно нейтрального отношения к отдельным финансово-промышленным группам к генеральному наступлению на позиции олигархов. Прежде всего, премьер-министр поддержал проводимое сотрудниками возглавляемой Юрием Скуратовым Генеральной прокуратуры расследование фактов коррупции, прямо направленное против кремлевской верхушки и выявившее совершенно вопиющие факты. В громких скандалах весны — лета 1999 года оказались замешанными многие члены «семьи», обвиненные в получении взяток и отмывании денег. Эти скандалы окончательно подорвали репутацию президента и его окружения. Благодаря сотрудничеству с генеральным прокурором Швейцарии Карлой дель Понте Скуратов выяснил, что строительная фирма «Мабитекс» заплатила высокопоставленным кремлевским чиновникам взятки на сумму в несколько миллионов долларов и получила взамен подряд на реставрацию здания Счетной палаты и Большого Кремлевского дворца. Особенно лакомыми кусками считались Белый дом и пристройка в Кремле. В связи с этим все чаще упоминался Павел Бородин, под непосредственным руководством которого Путин в свое время работал в Управлении делами.

Пал Палыч отвечал не только за снабжение всем необходимым президента и его команды. Он также часто помогал хозяину Кремля выпутаться из затруднительного положения. Так, в апреле 1998 года, добиваясь от Думы согласия на назначение Кириенко премьер-министром, Ельцин пообещал «учесть особые пожелания депутатов». Если быть до конца откровенным, он просто собирался подкупить большинство депутатского корпуса путем предоставления им по льготным ценам машин и квартир из «сокровищницы» Бородина. Кое-кто в окружении Скуратова утверждал, что Карла дель Понте даже передала ему номера счетов в швейцарских банках, на которых у родственников и близких Ельцину лиц накопились миллиардные суммы. В первую очередь назывались, естественно, имена Татьяны Дьяченко и Березовского.

Кремлевское руководство поспешило нанести ответный удар. Оно тут же обвинило Скуратова в коррупции, а Бордюжа положил ему на стол видеокассету, на которой Генеральный прокурор был запечатлен в недвусмысленной позе с двумя проститутками. Съемки производились скрытой камерой. Скуратов немедленно заявил, что на видеопленке изображен вовсе не он. Появилась даже расхожая фраза «человек, похожий на Генерального прокурора».

В конце концов скандальную видеозапись показали по государственному телевидению. Скуратов сразу же обратился за поддержкой к Совету Федерации, имеющему, согласно Конституции, единоличное право утвердить отставку Генерального прокурора. К величайшему удивлению «семьи», верхняя палата отказалась это сделать. После истории с Черномырдиным осенью 1998 года Ельцин второй раз потерпел поражение по итогам голосования. Вне себя от ярости, он проигнорировал решение региональных лидеров и, опасаясь крайне нежелательных для него дальнейших результатов прокурорского расследования, указом отстранил Скуратова от должности.

Внешне дело Генерального прокурора выглядело ничуть не более абсурдно, чем случившийся годом раньше пресловутый «Моникагейт». Однако наиболее политизированная часть российского общества напряженно искала ответ на вопрос, является ли Юрий Скуратов коррупционером и развратником или, наоборот, честным юристом, не побоявшимся открыто выдвинуть обвинение против власть предержащих? За полтора года до президентских выборов «война компроматов» разгорелась с новой силой. В февpале 1999 года Березовский каждый день ожидал ареста, и Путину волей-неволей пришлось взять на себя роль его защитника. В условиях, когда наиболее печально известный из всех российских финансово-промышленных и медиа-магнатов оказался фактически в полной изоляции, поскольку все маломальски заметные в мире политики и бизнеса люди предпочитали держаться от него подальше, директор ФСБ неожиданно появился на дне рождения его жены Елены. Не исключено, что Юмашев уговорил Путина совершить этот демонстративный поступок. Тем самым Путин как бы намекнул своему формальному шефу Примакову, что не оставит Ельцина в беде. Отношения с премьер-министром еще более ухудшились, когда он попросил директора ФСБ начать прослушивание телефонов Явлинского и Малашенко. Примаков надеялся, что Путин не откажет ему в небольшой любезности, однако последний наотрез отказался выполнить просьбу председателя правительства. По словам Путина, он не хотел впутывать ФСБ в эту темную историю, опасаясь политического скандала, и потому посоветовал Примакову обратиться в одну из частных охранных фирм.

Гораздо менее деликатно Путин вел себя по отношению к Скуратову, выдавшему ордер на проведение обысков в офисах «Аэрофлота», нефтяной компании «Сибнефть» и «Автоваза». Эти коммерческие структуры приносили Березовскому огромную прибыль. Именно Путин отвечал за появление пресловутой видеокассеты. Именно он настаивал на отставке Скуратова, с которым с 1996 года конфликтовал из-за устроенного Генеральным прокурором преследования Собчака. Теперь Путин пользовался абсолютным доверием «семьи», поскольку доказал, что на него можно положиться даже в самом щекотливом деле.   .

В конце марта 1999 года Ельцин решил расстаться с Бордюжей. Хозяин Кремля и его «семья» нашли более подходящего и, несомненно, гораздо более одаренного человека, способного, как никто другой, решить проблему преемственности власти в стране. Путин получил новое назначение, но сохранил за собой пост директора ФСБ. В должности секретаря Совета безопасности он получил возможность распоряжаться важнейшими рычагами власти, которыми всегда являлись силовые структуры. Во главе президентской администрации был поставлен сорокатрехлетний Александр Волошин, ранее отвечавший за ее экономический сектор. В свое время он успешно руководил рядом фирм, входивших в империю Березовского.

Кремль постепенно сумел вернуть себе инициативу на игровом поле и даже начал наращивать наступательный темп. В марте в ФСБ вновь были произведены кадровые перестановки. На этот раз полетели головы нескольких уличенных в коррупции высокопоставленных сотрудников ее территориальных управлений. Примаков во всеуслышанье пожаловался на непрерывную «кадровую чехарду» в этой спецслужбе. Путин не только спокойно выслушал обвинения в свой адрес, но и вместе с членами коллегии ФСБ явился в кабинет Примакова в Белом доме и на конкретных примерах доказал премьер-министру, что новые назначения никоим образом не дезорганизовали систему управления одной из важнейших российских силовых структур.

В эти дни упорно циркулировали слухи о том, что люди Березовского и агенты ЦРУ перерыли в Санкт-Петербурге несколько архивов в поисках компромата на Путина. Злые языки утверждали, что Примаков, в свою очередь, пытался раздобыть засекреченное личное дело бывшего подполковника КГБ. Журналисты специализировавшегося на публикации сенсационных материалов еженедельника «Версия» также занялись изучением биографии Путина и обнаружили копию его служебной аттестации, в которой отмечалось полное отсутствие у него «сдерживающих моральных факторов» и «склонность к личному обогащению». Впоследствии было доказано, что это фальшивка.

Тогда лишь очень немногие отмечали практически полное совпадение концепции национальной безопасности Кремля с интересами российских спецслужб. Видимо, такого рода изменения остались незамеченными из-за привлекших тогда внимание всего мира событий на Балканском полуострове. В ночь с 24 на 25 марта 1999 года авиация НАТО подвергла массированной бомбардировке Югославию. Поводом для развязывания военных действий послужила ситуация в сербском автономном крае Косово.

Незадолго до начала военной акции российское руководство передало югославскому президенту Слободану Милошевичу полученные Службой внешней разведки ценные сведения о времени вылета и маршрутах авиации стран — участниц этого военно-политического блока. В дальнейшем выяснилось, что Россия, несмотря на громкие заявления ее лидеров и демонстративные дипломатические жесты, так и не смогла еще чем-либо помочь Сербии*. Но подавляющее большинство российских граждан сразу же провело параллель между проблемой Косова и межнациональными конфликтами в собственной стране, которые, как, например, в случае с Чеч-

---

* После распада в начале 90-х годов Югославской Федерации в ее составе остались только Сербия и не принимавшая участия в войне Черногория.

ней, также считало своим внутренним делом. Кроме того, Ельцин и Примаков увидели, что для Североатлантического альянса их доктрина многополярного мира не имеет никакого значения. Появление Б-2, «фантомов» и «миражей» над территорией суверенной Югославии совпало с полетом Примакова в США. Премьер-министр, направлявшийся в Вашингтон для переговоров о новых кредитах, немедленно приказал пилоту развернуть над Атлантическим океаном правительственный самолет и возвращаться в Москву. Столицу тем временем уже захлестнула волна антиамериканских настроений. Националисты и коммунисты требовали отправки добровольцев в Сербию, оказания ей военной помощи и незамедлительного присоединения этой страны к Союзу России и Белоруссии. Ежедневно российские средства массовой информации подробно описывали и изображали последствия ракетно-бомбовых ударов, приведших к многочисленным жертвам среди мирного населения, разрушению школ и больниц, фабрик и заводов, мостов и домов. В них постоянно подчеркивалось, что югославская армия, вовремя покинувшая казармы и рассредоточившаяся на местности, сохранила всю свою мощь, ухитрилась сбить силами ПВО даже хваленый «самолет-невидимку» «Стелс» и готова в любой момент дать отпор наземным войскам НАТО. Откровенно просербская позиция большинства российских газет и телеканалов привела к чересчур одностороннему подходу в освещении конфликта. Вместе с тем следует отметить, что симпатии западных журналистов к албанцам обернулись отсутствием должной объективности в отображении войны в Югославии.

Между тем в Москве от пламенных речей перешли к конкретным действиям. Появление кораблей Черноморского флота в Средиземном море в штаб-квартире Североатлантического блока восприняли как открытую угрозу. Под давлением руководства НАТО Болгария и Венгрия, имевшие общую границу с Сербией, отказались пропустить туда российские конвои с медикаментами, продовольствием и бензином. Польша немедленно заявила о готовности направить в Косово воинский контингент, а Чехия даже предоставила аэродромы натовским истребителям-бомбардировщикам. Россия получила еще одно подтверждение обоснованности своих опасений. В результате присоединения ее бывших союзников по Варшавскому Договору к НАТО Запад фактически подчинил себе всю Восточную Европу. По настоянию Государственной думы и правительства Генштаб отозвал своего представителя в Брюсселе, а Министерство иностранных дел заявило об отказе от военного сотрудничества в рамках программы «Партнерство во имя мира». Таким образом, менее чем через два года после подписания соответствующего соглашения отношения между Россией и НАТО вновь зашли в тупик. Стоило ли удивляться тому, что в Москве многотысячная толпа несколько дней подряд забрасывала камнями и бутылками с чернилами американское посольство, и лишь после обстрела его из автомата здание было наглухо оцеплено бойцами ОМОНа.

Антиамериканским заявлениям отдали дань политические деятели различной ориентации, за исключением самых стойких демократов. В целом политический истеблишмент страны воспринял боевые действия в Косове как констатацию отсутствия у России политической и военной мощи, чем, естественно, не преминул воспользоваться Запад. Обладавший многолетним дипломатическим стажем Примаков с горечью констатировал, что «возникшая после 1945 года концепция мирового устройства получила сокрушительный удар», и обвинил НАТО в попрании норм международного права и игнорировании Совета Безопасности ООН. Либеральная интеллигенция в первую очередь была шокирована тем, что насильственный способ разрешения межэтнического конфликта избрал именно военный союз западных государств. Ранее многие представители российской интеллектуальной элиты постоянно противопоставляли «цивилизованные западные державы» «отсталой России» и вообще считали Запад образцом для подражания из-за его более совершенного общественного строя и явного научно-технического и экономического превосходства.

Военные операции в Косове не только подорвали престиж Североатлантического альянса в глазах россиян, но и заставили их усомниться в преимуществе демократии как формы государственного устройства. Отныне символом столь желанной «модернизации» стала для них война высоких технологий. Теперь их уже не нужно было убеждать в том, что США взяли на себя роль «мирового жандарма». Но особенно их разочаровала позиция Германии, с которой у России в последние годы сложились довольно дружественные отношения и которая тем не менее безоговорочно присоединилась к США и приняла участие в «карательной» акции против Югославии. Многим из тех, кто питал склонность к либеральным ценностям, события в Косове причинили такую душевную боль, что они резко переменили свои убеждения и встали на сторону приверженцев повторного превращения России в «осажденную крепость» и избрания ею «особого пути»; дескать, из-за особого географического положения страны ни западная, ни восточная модель экономического развития ей не подходит. История российской философской мысли свидетельствует, что у этой теории давняя традиция. Однако решающее значение имел следующий фактор: подсознательно испытывавшее мучительный комплекс неполноценности общество под влиянием войны на Балканах почувствовало, что Запад теперь не имеет морального права осуждать какие-либо насильственные действия России. Многие российские граждане внезапно перестали испытывать антипатию к использованию военной силы на территории собственной страны. Они искренне полагали, что уж если цивилизованный Запад не гнушается насилия, то Россия с ее поистине экзистенциальными проблемами просто обязана встать на этот путь. Такая точка зрения получила довольно широкое распространение.

Однако в итоге в высших эшелонах власти все-таки возобладал разум, и в отношениях со странами НАТО решено было руководствоваться не эмоциями, а прагматическими соображениями. Во-первых, Москва не могла позволить себе длительного ухудшения отношений с Западом. Кроме того, большинство населения отнюдь не стремилось вновь оказаться за «железным занавесом». Примаков попытался взять на себя роль посредника в конфликте вокруг Косова. Финансируемый в основном США Международный валютный фонд пообещал предоставить российскому правительству так необходимые ему кредиты. Однако в кремлевской администрации ситуацию расценивали совсем по-другому. Руководители ельцинского аппарата не считали премьер-министра, опиравшегося на левое большинство в Думе и резко осудившего военную акцию НАТО на Балканах, способным решительно отстаивать интересы России в переговорах с западными странами. В действительности же стоявшие за ними олигархи просто хорошо помнили, что именно Примаков энергично противостоял Березовскому и публично обещал отправить всех экономических преступников в тюрьму. Кроме того, они намеревались участвовать в распределении кредитов, полученных в результате сохранения хороших отношений с мировыми экономическими организациями, для последующей перекачки значительной части денежных средств в собственные банки, находившиеся после августовского кризиса в очень тяжелом положении.

Когда Дума решила использовать бурный всплеск националистических настроений в стране для вынесения Ельцину вотума недоверия, «семья», как обычно, тут же перешла в атаку. Сперва Примакова без всяких объяснений отстранили от участия в процессе мирного урегулирования. Заниматься «челночной дипломатией» было предложено Черномырдину, спешно назначенному спецпредставителем президента на Балканах. Вполне возможно, что бывшего председателя правительства отправили отсиживаться на «скамью запасных», а затем вновь выпустили на поле.

Судьба Примакова была окончательно решена. Несмотря на все заверения, Ельцин терпел его возле себя только потому, что премьер-министр благодаря умелому поведению и превосходному номенклатурному чутью сумел снять социальное напряжение в стране после августовского финансового краха и умиротворить думскую оппозицию. Одно его присутствие в Белом доме создавало у населения ощущение политической стабильности. Но его излишняя самостоятельность раздражала Ельцина. Оставалось только ждать подходящего момента для замены Примакова более покладистым человеком. В начале апреля 1999 года президент неожиданно позволил себе публично унизить второе лицо в государстве. «Пока он нам нужен, а там посмотрим». Такого пренебрежительного отношения к себе Примаков стерпеть не мог. Он немедленно подал заявление об отставке, но Ельцин не принял ее.

Немедленное снятие Примакова с занимаемой должности сразу же подняло бы его рейтинг на небывалую высоту. Ельцин же из-за столь бесцеремонного обращения со своим подчиненным окончательно потерял бы доверие в глазах народа. Зато думская оппозиция поняла, что у нее есть шанс изменить ситуацию в свою пользу. Несколько лет продолжалась ее борьба с президентом, но именно теперь желанный миг победы над ним был близок как никогда.

Финал

Голосование по импичменту, первоначально намеченное на апрель 1999 года, было затем перенесено на середину мая. Спецкомиссия Государственной думы, состоявшая в основном из непримиримых оппонентов Ельцина, давно мечтавших возбудить процедуру отрешения президента от должности, предъявила ему следующие обвинения: 1) участие в подписании в 1991 году Беловежских соглашений, закрепивших развал СССР; 2) разгон в 1993 году законно избранного парламента и расстрел Дома Советов; 3) злоупотребление служебным положением, выразившееся в развязывании в 1994 году войны в Чечне; 4) разложение Вооруженных сил; 5) геноцид российского народа в результате проведения губительных для него реформ. Почти ни у кого не вызывали сомнений результаты голосования по третьему пункту обвинения, поддержанному даже фракцией «Яблоко». В перспективе Ельцин, чей рейтинг доверия никогда еще не был таким низким, вполне мог лишиться не только политической власти, но и права на неприкосновенность.

В этих условиях, казалось, наиболее разумно было бы начать усиленно обхаживать депутатов и различными способами — вплоть до обещания материальных благ — убеждать их изменить свою позицию. Однако ельцинский клан предпочел пойти ва-банк и вступить в открытую схватку с ними. За день до голосования президент произвел третью за последние 14 месяцев замену кабинета министров и под предлогом отсутствия каких-либо серьезных положительных тенденций в экономике отправил в отставку правительство Примакова. В кулуарах чиновники кремлевского аппарата безапелляционно утверждали, что международные финансовые организации намеренно затягивали выдачу новых кредитов России, не желая предоставлять их правительству с участием коммунистов. В действительности произошло заметное снижение инфляции, появились первые признаки экономического подъема, а днем раньше было достигнуто принципиальное соглашение с МВФ. Но Ельцин руководствовался совершенно иными критериями. Открытая борьба двух ветвей власти достигла кульминации, и ни одна из сторон не хотела отступать. Троекратный отказ утвердить предложенную президентом кандидатуру давал главе государства конституционное право распустить Думу, но лишь в том случае, если она не начала процедуру импичмента. Верхняя палата по-прежнему упорно отказывалась принять отставку Скуратова, хотя по настоянию команды Ельцина опального Генерального прокурора уже лишили охраны, а его кабинет был опечатан. Против него даже возбудили уголовное дело, однако многие юристы утверждали, что это было сделано с грубейшим нарушением закона. Некоторые всерьез опасались перерастания политического противостояния в силовое с последующей ликвидацией одной из противоборствующих группировок, как и в 1993 году.

Неожиданно конфликт разрешился сам собой. Яростная атака коммунистов и разочаровавшихся в Ельцине представителей демократического лагеря провалилась. Ни по одному из пяти пунктов обвинения не удалось набрать необходимого количества голосов. Члены «семьи» втихомолку посмеивались и благодарили президентскую администрацию, возглавляемую Волошиным, за «умение работать с депутатами». Березовский прямо заявил: «Мы никогда не отдадим вам власть», а тесно связанный с ним Иван Рыбкин отстаивал «право президента на неожиданности». Впервые за последние восемь месяцев Кремль сумел перехватить инициативу в «большой игре». Оппозиция потерпела серьезное поражение и немедленно принялась сводить счеты с теми из своих сторонников, кто посмел не согласиться с «генеральной линией». Поэтому выдвинутая Ельциным кандидатура была почти единогласно одобрена народными избранниками, опасавшимися, что разгневанный президент, чего доброго, предложит утвердить председателем правительства Чубайса или свою младшую дочь, а то и вовсе введет чрезвычайное положение и отменит предстоявшие через полгода выборы в нижнюю палату. К тому же новый премьер-министр был им хорошо знаком. Ведь в предыдущем правительстве Сергей Степашин занимал посты первого вице-премьера и министра внутренних дел.

Было не так-то просто найти устраивавшего «семью» преемника Примакова. После провала попытки импичмента позицию депутатского корпуса можно было уже не принимать во внимание. Гораздо сложнее было поставить во главе правительства человека, способного сохранить в стране «гражданский мир». О кандидатуре кого-либо из радикальных демократов не могло быть и речи. Однако решающее значение имело наличие у потенциального кандидата политической воли для совместного с президентской администрацией противодействия формирующемуся предвыборному альянсу между Лужковым и Примаковым. В противовес этому левоцентристскому блоку, лидеры которого в принципе не возражали против союза с коммунистами, предполагалось создать общественно-политическое объединение правоцентристской ориентации, в которое вошли бы также многие представители спецслужб.

Сперва Березовский, выражая пожелание «семейной части» правящей элиты, предложил назначить председателем правительства министра путей сообщения Николая Аксененко. Министра, курировавшего всю систему железнодорожных магистралей от Сибири на востоке до Калининграда на западе, и самого одиозного из российских олигархов связывали несколько лет взаимовыгодного сотрудничества. Стань Аксененко вторым лицом в государстве, его шансы на победу в президентской гонке неизмеримо выросли бы по сравнению с остальными претендентами, а вездесущий бизнесмен, опираясь на кремлевскую администрацию под руководством Волошина, распространил бы свое влияние практически на весь государственный аппарат. Сперва Ельцин одобрил кандидатуру Аксененко и даже известил об этом спикера Думы Геннадия Селезнева, однако изрядно разволновавшийся Чубайс, сам уже превратившийся в олигарха и возглавивший главный энергетический комплекс страны РАО «ЕЭС России», буквально ворвался в кабинет президента и в последнюю минуту сумел переубедить его. Тех, кто вместе с Березовским входил в список самых богатых людей России, никоим образом не устраивал переход высших органов исполнительной власти под его полный контроль. В итоге был достигнут компромисс, и пост премьер-министра предложили занять генералу Сергею Степашину.

Новый ельцинский фаворит со своей несколько полноватой фигурой, бледноватым, интеллигентным лицом с пухлыми щеками и размеренной манерой речи ничем не напоминал бывшего секретаря Совета безопасности и нынешнего губернатора Красноярского края Лебедя — энергичного, агрессивного, говорящего короткими рублеными фразами и не скрывавшего желания стать кем-то вроде российского Пиночета. В 1990 году Степашин был одним из тех, кто стоял у истоков зарождавшейся в противоборстве с союзным КГБ «российской спецслужбы». Позднее Ельцин решил помочь Собчаку и назначил Степашина руководителем органов безопасности Санкт-Петербурга, где он поддерживал хорошие, хотя и не близкие отношения с будущим президентом. Именно Путин в 1997 году после вынужденного ухода в отставку министра юстиции выдвинул на эту должность кандидатуру Степашина. Характерно, что Валентина Ковалева точно так же, как и через несколько лет Юрия Скуратова, засняли скрытой видеокамерой вместе с несколькими обнаженными девицами легкого поведения. По утверждению автора статьи из еженедельника «Совершенно секретно», съемка производилась в сауне, принадлежавшей одной из московских преступных группировок. В марте 1998 года Степашин стал министром внутренних дел. Затем Ельцин существенно расширил полномочия генерала, поручив ему «надзирать» за сферой деятельности Примакова, а когда Степашин заступил на его место, заявил, что отныне основная задача нового премьер-министра — добиться коренного перелома при реформировании социально-экономической структуры общества. Одновременно кремлевский лидер поручил ему обеспечить «проведение выборов в строгом соответствии с законом».

С этого момента все предпринимаемые Кремлем шаги были подчинены одной цели: любой ценой добиться победы своего ставленника на президентских выборах 2000 года. Все прекрасно понимали, какая роль отведена Степашину. От него требовалось демонстрировать полную самостоятельность и во всем следовать указаниям «семьи». В молодости премьер-министр закончил Военно-политическую академию, служил во внутренних войсках, помимо Министерств юстиции и внутренних дел возглавлял такое важное ведомство президентского блока, как Федеральная служба контрразведки, преобразованное позднее в ФСБ, поддерживал хорошие отношения с другими силовиками и потому вполне мог рассчитывать на определенную популярность как среди сотрудников правоохранительных органов, так и в армейских кругах. Вместе с тем Степашин обладал привлекательным в глазах демократической интеллигенции имиджем. Он держался подчеркнуто скромно и не скрывал приверженности базовым либеральным ценностям. Для того чтобы «семейная группа» остановила выбор именно на нем, председателю правительства следовало лишь доказать свою готовность претворять в жизнь нужные ей политические решения. Во всяком случае, Александр Волошин в одном из интервью прямо заявил: «Тот, кто за год до выборов становится премьер-министром, должен обладать также президентскими амбициями».

Однако Степашину не позволили самостоятельно сформировать кабинет министров и тем самым с самого начала лишили возможности создать собственную команду и попытаться добиться коренного перелома. Пока Ельцин отдыхал на Черноморском побережье, Татьяна Дьяченко вместе с Юмашевым и

Березовским буквально «ломали через колено» Степашина, навязывая ему своих людей. В результате в новом правительстве ключевые посты заняли лоббисты различных финансово-промышленных кланов и естественных монополий. Среди них особенно выделялся привыкший идти напролом министр путей сообщения Аксененко, в ранге первого вице-премьера контролировавший теперь большинство министерств и заодно «присматривавший» за самим Степашиным. Таким образом, он и его покровители получили в свои руки важнейшие рычаги управления экономическими процессами.

Приход в Белый дом новой команды ознаменовался еще одним немаловажным событием. Неожиданно выяснилось, что вслед за Березовским в Кремль уже давно пробрался его «наследный принц», пользующийся там теперь почти неограниченным влиянием. Когда-то тридцатидвухлетний Роман Абрамович был младшим партнером знаменитого олигарха в компании «Сибнефть». Все это время он скупал ее акции, прибегая порой к самым хитроумным уловкам, и в конце концов стал владельцем могущественного нефтяного концерна и в прямом смысле слова «казначеем "семьи"». Новое правительство сразу же приняло решение вновь предоставить «Сибнефти» увеличенную квоту на реализацию иракской нефти. Кое-кто утверждал, что возглавивший Министерство внутренних дел бывший начальник московского РУОПа Владимир Рушайло, справедливо снискавший славу «непримиримого борца с мафией», также тесно связан с Березовским. Стремление установить контроль над финансовыми ресурсами, необходимыми для победы в президентской гонке, заставило Кремль добиваться назначения своих ставленников руководителями целого ряда важнейших экономических структур. Генеральным директором «Аэрофлота» в очередной раз был утвержден зять Ельцина Валерий Окулов. Все более набиравшего силу Волошина избрали председателем совета директоров РАО «ЕЭС России» с передачей ему в управление государственного пакета акций. Для смены не устраивавшего их руководства «Транснефти» Волошин и новый министр топлива и энергетики Виктор Калюжный даже направили в офис компании роту ОМОНа.

В начале июля 1999 года завершилась продолжавшаяся более двух месяцев миротворческая миссия Черномырдина на Балканах. В сущности, от него требовалось лишь заставить Милошевича поверить, что у России нет никаких возможностей оказать ему реальную военно-техническую помощь. Правда, на следующий день после подписания соглашения о прекращении военных действий воздушно-десантный батальон из состава дислоцированного в Боснии российского воинского контингента стремительным марш-броском вышел к границам Косова, а затем занял единственный уцелевший военный аэродром в пригороде столицы края Приштины и даже заставил отступить передовую колонну французских войск. Но десантники так и не дождались обещанного подкрепления из-за отказа Румынии, Венгрии и даже Украины предоставить российским военно-транспортным самолетам воздушный коридор. Поэтому в конце концов российским солдатам пришлось передать аэродром войскам НАТО, ежедневно прибывавшим в Косово.

Продолжать переговорный процесс должны были министры иностранных дел и обороны. Черномырдину же в верхах предложили вернуться к более привычному для него амплуа крепкого хозяйственника. Бывший премьер-министр, прославившийся, помимо всего прочего, афоризмами типа «хотели как лучше, а получилось как всегда», был избран председателем совета директоров своего любимого детища — концерна «Газпром». Его глава Рэм Вяхирев уже давно раздражал Кремль чересчур независимым поведением. Ранее эта корпорация предоставила телекомпании «НТВ» кредит на огромную сумму в валюте под залог определенного количества акций. Теперь от Черномырдина и Вяхирева требовалось использовать этот факт и заставить НТВ снизить раздражающий многих высокопоставленных чиновников критический накал ее передач и занять более прокремлевскую позицию.

Никто не сомневался больше в существовании пресловутой «семьи». Ельцин, обладавший по Конституции почти неограниченной властью, уже давно был «пешкой», а все решения за него принимали «слоны», «кони», «ладьи» и, конечно же, Татьяна Дьяченко, считавшаяся в этой партии самой ценной фигурой — «ферзем». Чем же они руководствовались, когда вплотную занялись поисками наиболее перспективного претендента на верховную власть в стране? Может быть, им нужен был человек, способный осуществить постепенную модернизацию российского общественно-экономического уклада, чтобы таким образом успешно противостоять реваншистским проискам коммунистов? Или же от него требовалось обеспечить интересы узкого круга лиц, глубоко убежденных в том, что их интересы полностью совпадают с интересами государства? Пока этих людей вполне устраивал Степашин, но только до тех пор, пока он выполнял установленные «семьей» правила. Все участники игры понимали, что лишь при таких условиях премьер-министру позволят дойти до финиша. Его предшественники сошли с дистанции вовсе не потому, что спасовали перед экономическими трудностями. Просто в их устранении были заинтересованы различные финансово-промышленные кланы. Вздумай Степашин порвать с «семьей», его немедленно ожидала бы та же участь.

С самого начала было ясно, что у Степашина мало шансов на победу на президентских выборах. Одно время окружение Ельцина всерьез собиралось продлить пребывание Бориса Николаевича на посту президента еще на один срок путем объединения России и Белоруссии, которое наверняка потребовало бы внесения в Конституцию соответствующих поправок. Однако Ельцин, потерявший всякий авторитет в глазах российских граждан, совершенно не годился на роль объединителя братских славянских народов. Казалось, он утратил всякое представление о реальности, все чаще раздражался по любому поводу и порой даже напоминал шахматную фигуру, передвигаемую умелой рукой по доске российской политики. Во время официальных визитов в страны дальнего или ближнего зарубежья приближенные ни на шаг не отходили от президента, боясь, что он опять скажет какую-нибудь глупость или просто упадет в обморок. Весной 1999 года у многих создалось ощущение, что на парламентских выборах в конце декабря победит мэр Москвы Лужков, а на президентских летом будущего года — бывший премьер-министр Примаков. Но кремлевская команда считала их своими заклятыми врагами.

Уже в ноябре 1998 года Лужков, опираясь на необычайно разросшийся чиновничий аппарат московской администрации, создал предвыборный блок левоцентристского толка «Отечество», к которому по мере ослабления позиций Кремля и готовности многих членов ельцинского клана к компромиссу примыкало все больше влиятельных лиц. У Лужкова даже появилась собственная медиа-империя, включавшая в себя телеканал «ТВ-6», газеты «Московский комсомолец» и «Литературная газета». Кроме того, Лужков, как, впрочем, и Явлинский, мог полностью рассчитывать на широкую информационную поддержку НТВ. Поэтому мэр спокойно воспринял слухи о готовящейся массированной атаке на него со стороны подконтрольных Березовскому СМИ. Предвыборную кампанию Лужкова финансировали олигархические группировки, находящиеся под покровительством московских властей и распространившие свое влияние на все сферы общественной жизни столицы. Наиболее мощным из них считался концерн «Система» под руководством удивительно похожего на Билла Гейтса Владимира Евтушенкова.

Примаков пока еще не определился и даже не приступил к разработке собственной предвыборной платформы. Но он успел снискать любовь многих россиян подчеркнуто независимой манерой поведения. Его спокойный, деловой стиль управления выгодно отличался от импульсивных взрывных действий Ельцина, питавшего непреодолимую склонность к «аппаратным революциям». Многие помнили, как грубо и несправедливо обошелся с Примаковым президент. Бывший премьер-министр представлялся им эдаким «мудрым дедушкой», всегда готовым утешить и дать добрый совет. Одно его присутствие в рядах партии или политического объединения гарантировало приток избирателей. В частности, интерес к нему проявили многие главы субъектов Федерации. Только при поддержке региональных лидеров, сконцентрировавших у себя огромные финансовые и административные ресурсы, можно было выиграть выборы на всех уровнях и добиться сколько-нибудь заметных успехов в области внутренней политики. Выборность губернаторов делала их практически неуязвимыми и позволяла оказывать неприкрытое давление на беспомощную и слабую федеральную власть. Кое-кто из региональных баронов решил даже перехватить инициативу и занялся формированием собственных предвыборных блоков. Немногочисленные либерально настроенные руководители высшего и среднего регионального звена объединились под началом самарского губернатора Константина Титова, объявившего о появлении на российской политической сцене движения «Голос России». Вошедшие в блок «Вся Россия» наиболее амбициозные представители провинциальных элит сплотились вокруг таких политических «тяжеловесов», как президент Татарстана Минтимер Шаймиев и депутат Думы Олег Морозов из группы «Российские регионы».

Определенные перемены произошли также в правой части политического спектра. Несколько разрозненных группировок, возглавляемых демократами «первой волны», попытались объединиться. Но, кроме «Демократического выбора» Черномырдина, все остальные движения либеральной ориентации — «Россия молодая» Бориса Немцова, «Общее дело» известной предпринимательницы и депутата Думы Ирины Хакамады, «Новая сила» Сергея Кириенко — существовали только на бумаге. Правда, бывший председатель правительства показал, что умеет хорошо держать удар.

Он стоически выдержал обрушившийся на него град обвинений в «сознательном подрыве национальной валюты и нанесении ущерба государственным интересам путем сговора и злоупотребления служебным положением» и даже заявил о своей готовности соперничать с Лужковым на декабрьских выборах мэра Москвы. Летом 1999 года Кириенко, Немцов и Хакамада договорились о создании предвыборного альянса под громким названием «Правое дело». Черномырдин, окончательно убедившись, что у «Нашего дома — России» нет никаких шансов занять даже третье место, и не желая оказаться в положении политического маргинала, занялся выявлением будущего фаворита парламентских выборов, чтобы затем со спокойной душой примкнуть к нему. «Яблоко» же, как обычно, пустилось в одиночное плавание.

На левом фланге партийно-политической структуры по-прежнему доминировал возглавляемый коммунистами Народно-патриотический союз, как обычно, настаивавший на предании суду членов ельцинского клана, частичной ренационализации стратегически важных отраслей промышленности и социальной защите населения. Осенью лидер КПРФ Зюганов прибыл с традиционным ежегодным визитом в Германию. Если Гельмут Коль, как правило, избегал встреч с видными российскими оппозиционерами, то «красно-зеленое» правительство, напротив, устроило Зюганову радушный прием. На вопрос, почему коммунистическая партия до сих пор терпит в своих рядах экстремистов и отъявленных антисемитов, Зюганов ответил: «Радуйтесь, что я держу этих людей у себя под контролем! Если я избавлюсь от них, они создадут собственные радикальные партии и тогда многим не поздоровится!» В новом здании Немецкого общества по изучению внешней политики в Берлине аудитория явно симпатизировала ему. Ведь в своем выступлении Зюганов торжественно обещал «и дальше дрейфовать в сторону социал-демократии».

К концу лета 1999 года все политические движения уже включились в предвыборную борьбу. В погоне за голосами не участвовала только «семья». Попытка Березовского с помощью своего давнего клеврета Александра Лебедя сколотить в противовес блокам Лужкова и Титова «собственную» партию губернаторов поначалу закончилась полным провалом. Кремлевская команда оказалась в крайне затруднительном положении, ибо Степашин мог просто не успеть обойти на повороте главного политического соперника. К кампании по дискредитации столичного градоначальника, развернувшейся в принадлежавших Березовскому СМИ, активно подключились также государственный телеканал и проправительственные газеты. Тем временем Березовский, воспользовавшись случаем, присоединил к своей медиа-империи промосковский телеканал «ТВ-6» и купил через подставных лиц контрольный пакет акций издательского дома «Коммерсант» и фактически стал владельцем популярной у политической и деловой элиты ежедневной газеты «Коммерсант-дейли», имевшей репутацию солидного независимого издания либеральной ориентации.

«Семья» пришла в ужас, узнав, что эти действия ни к чему не привели, так как Лужкову удалось упрочить позиции «Отечества» за счет новых союзников. Сперва он договорился с Примаковым о стратегическом партнерстве, а затем привлек на свою сторону выражавший интересы высшего слоя провинциальной властной элиты блок «Вся Россия». Таким образом, в его распоряжении оказались финансовые ресурсы республики Татарстан, обладавшей огромными запасами нефти. Лужков мог также рассчитывать на голоса нескольких миллионов мусульман. Наконец, столичному мэру удалось добиться раскола Аграрной партии, входившей в Народно-патриотический союз. В результате сторонники пролужковского направления официально заявили о разрыве с консерваторами, сохранившими верность Зюганову. Должностные лица уже не только регионального, но и федерального уровня стремились как можно скорее примкнуть к набиравшему силу новому предвыборному объединению. Губернаторы, главы городских администраций, директора заводов, профсоюзные лидеры и деятели культуры чуть ли не ежедневно выражали готовность поддержать Лужкова и примкнувших к нему президентов и губернаторов. За пять месяцев до выборов в нижнюю палату блок «Отечество — Вся Россия» уже выглядел бесспорным лидером. Многие его руководители не исключали даже завоевания им абсолютного большинства мест в новом парламенте. Во всяком случае, эта тема бурно обсуждалась на заседаниях политсовета.

В Кремле началась настоящая паника. По просьбе президентской администрации Степашин попытался договориться с лидерами «Всей России» о создании предвыборной коалиции, но встретил резкий отпор. Премьер-министр, по аналогии с персонажем детской телепередачи «Спокойной ночи, малыши» прозванный «Степашкой», так и не сумел выполнить свою основную задачу и помешать формированию сильного оппозиционного движения. «Мы сразу поняли, — признался в марте 2000 года в Берлине один из самых молодых кремлевских чиновников, пресс-секретарь Ельцина Дмитрий Якушкин, — что Степашин из тех, кто уверенно занимает второе место. Но нам нужен был человек, настроенный на победу».

Ельцин уже испробовал несколько способов управления страной. Сперва он попытался взять за образец западную модель и решил опереться на команду единомышленников, загнавших Россию в порочный круг «косметических реформ» и в своем стремлении сделать рыночные процессы необратимыми превративших коммунистическую номенклатуру в частных собственников. В результате в высших эшелонах власти постепенно иссяк реформаторский запал, и Ельцин был вынужден согласиться на формирование коммунистического правительства с участием всех политических сил. Во всяком случае, именно к такому выводу пришел руководитель одного из ведущих московских аналитических центров Вагиф Гусейнов в книге, посвященной социально-политическому анализу ситуации, сложившейся в российских верхах в последние годы «ельцинской эпохи». К лету 1999 года выяснилось, что Степашин также не оправдал возлагавшихся на него надежд. Он совершенно не подходил на роль военного «диктатора в белых перчатках», способного установить в России умеренно-авторитарный режим. Новый премьер-министр даже не успел толком показать, на что он способен в области экономики и внешней политики, когда в июле кремлевская команда принялась лихорадочно готовиться к следующему ходу. Подобно своим предшественникам Степашин оставил после себя груз все тех же нерешенных проблем — огромная задолженность по зарплате, нереформированная налоговая система, ставшая одним из основных источников коррупции, необходимость установления контроля над слабым банковским сектором, неблагоприятный инвестиционный климат, отсутствие механизма банкротства. Несомненной заслугой Степашина являлось улучшение отношений с МВФ и договоренность с Парижским клубом относительно реструктуризации части внешнего долга. Продолжавшийся несколько месяцев непрерывный рост мировых цен на нефть позволил крупным нефтяным компаниям получать прежнюю норму прибыли и, следовательно, принес дополнительные средства в бюджет. Однако в Кремле достаточно равнодушно отнеслись к этим «победным реляциям». «Семью» гораздо больше волновала угроза поражения на президентских выборах, нависшая над ее ставленником. Березовский был особенно возмущен неудачной попыткой правительства заменить Рэма Вяхирева, известного своей близостью Лужкову, более подходящим ельцинскому клану человеком. Премьер-министру так и не удалось добиться ни увольнения главы «Газпрома», ни тем более его добровольного ухода в отставку. Непосредственным поводом для смещения Степашина послужили события на Северном Кавказе. Летом 1999 года уже стали привычными ежедневные сообщения о захватах заложников и перестрелках в пограничных с Чечней районах. В конце июля около двух тысяч хорошо вооруженных чеченских боевиков захватили несколько дагестанских горных селений и развернули наступление на один из районных центров. Целью проводимой под лозунгом джихада агрессивной акции было создание на территории этого субъекта Российской Федерации исламского теократического государства с последующим присоединением его к Чечне. Один из наиболее одиозных полевых командиров Шамиль Басаев прямо угрожал отрезать Россию от Каспийского моря.

Кремль требовал от Степашина решительных действий, но премьер-министр медлил. Во время первой чеченской войны он руководил пришедшей на смену КГБ Федеральной службой контрразведки (в настоящее время ФСБ) и не снимал с себя вины за многочисленные жертвы среди военнослужащих и мирного населения. Особенно мучительными были воспоминания о трагическом инциденте в Буденновске, когда отряду исламистов удалось беспрепятственно миновать множество блок-постов и устроить кровавую бойню в небольшом ставропольском городке. Операция по освобождению заложников, удерживаемых террористами во главе с Басаевым в здании больницы, окончилась полным провалом, и не в последнюю очередь из-за ведомственной неразберихи. Бойцам российских спецподразделений пришлось идти на штурм здания по пристрелянному открытому пространству под непрерывным огнем гранатометов, автоматов и крупноколиберных пулеметов. Тогда Степашин подал в отставку. В свою бытность министром внутренних дел он попал в аналогичную ситуацию. Летом 1998 года ваххабиты взяли под контроль два села в центральной части Дагестана и принялись интенсивно возводить там военные укрепления. Желание избежать кровопролития было так велико, что Степашин даже распорядился отвести подальше подчиненные ему войска. Он искренне полагал, что для мирной нейтрализации чеченского сепаратизма достаточно будет установить на границе «санитарный кордон». В преддверии президентских выборов он также не хотел рисковать и сперва предлагал просто взять бандформирования в плотное кольцо. Однако резко обострившаяся обстановка на всем Северном Кавказе требовала радикального решения проблемы. После отмены результатов выборов политический кризис в Карачаево-Черкесии достиг апогея, и республика оказалась на пороге гражданской войны. Возвращение ингушских беженцев в места их прежнего проживания в Северной Осетии грозило вылиться в новый вооруженный конфликт. Отказ Грузии от военного сотрудничества со странами СНГ и обращение этой бывшей союзной республики к США с просьбой оказать содействие в реформировании вооруженных сил по западному образцу привели к дальнейшему ухудшению ее отношений с Россией. После долгих колебаний Степашин, наконец, приказал начать наступление на позиции «бойцов ислама».

Российский политический бомонд в очередной раз занялся выявлением подлинных причин войны и поисками ответа на вопрос: откуда у боевиков самое современное вооружение? Куплено ли оно на деньги, вырученные от торговли наркотиками и людьми? Финансируют ли их страны исламского мира, стремящиеся распространить свое влияние на заселенную в основном мусульманами часть постсоветского пространства? Ведь на стороне сепаратистов сражалось много наемников из Пакистана, Афганистана и Саудовской Аравии. Не исключено, что конфликт намеренно разжигали государства, чьи региональные и геополитические интересы непосредственно связаны с обнаруженными на дне Каспийского моря богатыми залежами нефти и планами строительства трубопровода для ее перекачки в Турцию. Или же обострение ситуации спровоцировано влиятельными преступными группировками, давно пустившими корни во властных структурах и использовавшими территорию Чечни для нелегального бизнеса? Высказывались даже предположения, что вина за нагнетание напряженности в Северокавказском регионе целиком лежит на неких близких к Кремлю таинственных личностях, якобы они замыслили таким образом создать предлог для введения чрезвычайного положения и отмены выборов. Вторжение чеченцев в Дагестан вновь сделало актуальной проблему сохранения единства Российской Федерации.

После возвращения в конце июля из зоны боевых действий Степашин с горечью констатировал, что после Чечни Россия может потерять и Дагестан. Правда, он тут же поспешил добавить, что «не боится взять на себя ответственность», но у Ельцина уже лопнуло терпение. Премьер-министра срочно вызвали в Кремль. В кабинете рядом с президентом сидел первый вице-премьер Аксененко, неизменно представлявший в правительстве интересы Березовского. Вслед за Степашиным в президентский отсек торопливо вошел Владимир Путин, одновременно возглавлявший ФСБ и Совет безопасности, постепенно превращающийся в один из высших органов государственной власти. Ельцин коротко сообщил Степашину о его увольнении и, чтобы подсластить пилюлю, предложил ему должность секретаря Совета безопасности. Степашин отказался и, пройдя мимо двух охранников, медленно побрел по идеально ровному и чистому кремлевскому двору к ожидавшему его черному бронированному автомобилю, оснащенному системой специальной связи. Кое-кто даже утверждал, что видел у него на глазах слезы. На заседании правительства бывший премьер-министр стоял с застывшим, почерневшим лицом и, казалось, еще не совсем оправился от шока. Тем не менее он нашел в себе мужество высказать слова признательности в адрес президента: «Борис Николаевич мальчишкой ввел меня в политику. Я ему всю жизнь буду благодарен и навсегда останусь с ним».

9 августа Борис Ельцин назначил исполняющим обязанности председателя правительства человека, о котором почти никто ничего не знал. Из сменившихся за неполных 17 месяцев четырех российских премьер-министров двое были раньше руководителями спецслужб. Не был исключением и их преемник. Известие об очередной кадровой перестановке среди высших должностных лиц России в мире встретили с удивительным равнодушием, хотя Ельцин совершил поистине беспрецедентный поступок, призвав население голосовать за Путина на президентских выборах, предстоявших менее чем через 11 месяцев. Многие россияне были возмущены тем, что глава вроде бы демократического государства вел себя как монарх, готовящийся передать престол наследному принцу. Большинство наблюдателей пришло к выводу, что отныне последним оплотом ельцинского ре-

жима являются спецслужбы. Предельно цинично на эту тему высказался Березовский: «В переходный период нам не обойтись без авторитарных мер, необходимых для защиты нашего капитализма. Только так мы сохраним перспективу строительства демократического общества». Олигарх недвусмысленно дал понять соперникам, что им следует вести себя осторожно, так как теперь интересы спецслужб и Кремля полностью совпали. На Западе сперва отнеслись к Путину с пренебрежением. Трудно было выбрать лучший способ скомпрометировать претендента на верховную власть в России, чем призыв голосовать за него, прозвучавший из уст потерявшего всякий авторитет президента. Парламентарии, научившиеся устраивать свои дела, прикрываясь думскими мандатами, не стали рисковать привилегированным положением незадолго до выборов в нижнюю палату. Поэтому Путин без проблем получил необходимое количество голосов. Депутаты сочувственно похлопывали его по плечу. Некоторые даже выражали ему соболезнование. Большинство из них уже переориентировалось на блок Лужкова — Примакова, и представленные Ельциным кандидаты их больше не интересовали. Только несколько аналитиков сочли нужным обратить внимание на неисчерпанные властные и информационные ресурсы, пока еще имевшиеся в распоряжении президентской администрации. Окруженная таинственным ореолом красавица Джахан Пыллаева, занимавшая тогда высокий пост в кремлевском аппарате, с загадочной улыбкой сказала одному из западных визитеров: «Вы даже представить себе не можете, каким популярным вскоре станет Путин».

На неофициальном «круглом столе» экспертов Немецкого общества по изучению внешней политики, прошедшем в марте 2000 года в Берлине, Березовский рассказал, каким кремлевская команда видела вероятного преемника Ельцина: «Наш кандидат должен был быть реформатором и обладать пробивными способностями. Черномырдин был реформатором, но быстро израсходовал свой потенциал. Кириенко был реформатором, но его политические позиции были слишком слабыми. Примаков, безусловно, был очень волевым человеком, но не реформатором. Степашин был реформатором, но воли ему явно не хватало. Нам нужен был человек, сочетающий в себе оба эти качества». Им оказался Владимир Путин — реформатор с железной волей.

Известие о назначении исполняющим обязанности премьер-министра шокировало Путина не меньше, чем Степашина — сообщение о его отставке. Ельцин, правда, еще весной намекнул, что нашел «подходящего кандидата», но имя так и не назвал, иначе, дескать, журналисты его «растерзают». Но вряд ли кто-либо предполагал, что он имел в виду одного из «силовиков». Ведь далеко идущие планы обычно разрабатываются так, что не остается никаких доказательств. Однако дальнейшие действия членов «семьи» отличались такой последовательностью, что не оставалось никаких сомнений в наличии у них четко сформированной стратегии. События последующих месяцев удивительно совпали с планом действий очередного премьер-министра, который был предложен Волошиным в июне 1999 года. Напомним, что тогда ставка делалась на Степашина: «Задача главы правительства — создать политическую ситуацию для «удачного» исхода думских выборов. «Удачным» он будет в том случае, если демократы получат большинство». Руководитель президентской администрации не согласился с теми, кто считал, что кремлевскому кандидату сперва следует добиться значительного улучшения экономической ситуации: «Для серьезного улучшения положения в экономике двух-трех месяцев недостаточно, но мы можем продемонстрировать, что правительство предпринимает хоть какие-то усилия и уже добилось определенных успехов. Это прибавит ему авторитета». Иными словами, все социально-политические и экономические мероприятия правительства Путина должны были подчиняться одной цели — борьбе за электорат. Для этого следовало выбрать какую-либо конкретную проблему, а для создания соответствующей политической ситуации задействовать весь «семейный инструментарий» — президентский аппарат, спецслужбы, средства массовой информации и финансовые кланы.

Поначалу человек, назначенный на такую перспективную должность, держался довольно скованно. Он сразу же заявил, что как офицер обязан выполнить любой приказ. Через несколько дней Путину присвоили звание полковника. Уже первые распоряжения нового председателя правительства наглядно продемонстрировали, что на умы и сердца избирателей было решено воздействовать путем силового решения самой насущной из всех российских проблем. Боевые действия приняли невиданные ранее масштабы. В Дагестан непрерывно перебрасывались дополнительные воинские соединения. Путин выполнил свое обещание. После двух недель ожесточенных боев с применением тяжелой артиллерии и штурмовой авиации армии и внутренним войскам удалось выбить исламистов из захваченных ими горных селений.

По приказу Путина бомбардировкам подверглась также территория Чечни. Характерно, что премьер-министр вольно или невольно взял за образец военную операцию НАТО в Косове. Ракетно-бомбовые удары обрушились на промышленные объекты, нефтеперегонный завод и телецентр. В результате при граничные районы захлестнул поток беженцев. В информационной войне российское руководство также использовало испытанное средство, впервые испробованное натовским пропагандистским аппаратом во время авианалетов на Сербию: какими бы массированными они ни были, какое количество сухопутных войск ни сосредоточивалось бы на границе с Югославией или, как в случае с Чечней, участвовало в сражениях с сепаратистами, в официальных коммюнике говорилось исключительно о «контртеррористической операции». На брифингах представители пресс-служб Кремля и силовых ведомств неизменно повторяли расхожую, ставшую чуть ли не официальным лозунгом фразу: «Бандитов нужно уничтожить», а многие репортажи из Дагестана были выдержаны в нарочито бодром «патриотическом» стиле.

Но, несмотря на все усилия, в начале сентября не было отмечено заметного роста популярности премьер-министра. Согласно опросам общественного мнения, за Путина были готовы голосовать только пять процентов электората. Именно такое количество голосов требовалось для прохождения в Думу политической партии или движения, которые Кремлю еще предстояло создать. До полной победы над мятежниками было еще далеко. Более того, в пределы Дагестана с целью освобождения окруженных федеральными войсками сел, более года назад захваченных ваххабитами, вторглось около трех тысяч боевиков. Командованию российского воинского контингента пришлось срочно перегруппировать свои силы и вести боевые действия уже на два фронта. Ко всему прочему внезапно разразились громкие коррупционные скандалы, еще больше скомпрометировавшие президента и его ближайшее окружение. Итальянская газета «Коррьере делла сера» писала, что в обмен

на заключение миллионных контрактов на реконст-
рукцию кремлевской резиденции Ельцина глава
швейцарской фирмы «Мабитекс» не только передал
ему, его дочерям и Бородину огромную сумму в валюте, но и открыл на их имя счета в швейцарских
банках и выдал им кредитные карточки. В Москве тут
же опровергли все обвинения. Но одновременно в
американских газетах появились сообщения о том,
что многие высокопоставленные российские чиновники отмыли через счета в нескольких американских
и других иностранных банках около 15 миллиардов
долларов. Назывался, в частности, такой солидный
финансовый институт, как Бэнк оф Нью-Йорк. По
данным российских и западных экспертов, за рубеж
ушла также значительная часть кредитных траншей
МВФ.

России был причинен невосполнимый ущерб.
Хотя приближенные и уверяли Ельцина, что такого
рода публикации следует рассматривать только в свете разворачивающейся в США предвыборной кампании, хозяин Кремля предпочел вновь надолго исчез-
нуть из общественного поля зрения. Попытки таких
бывших и настоящих соратников Ельцина, как Кириенко, Черномырдин и Чубайс, сплотивших вокруг
себя небольшие, не имевшие никакого политического веса либеральные группировки, образовать совме-
стную прокремлевскую партию, оказались напрас-
ными. За три месяца до парламентских выборов у
Кремля почти не оставалось шансов поднять свой
престиж и сформировать избирательное объединение, способное набрать необходимое количество голосов.

Ситуацию еще больше обострили несколько террористических актов, последовавших один за другим.
4 сентября прямо у стен Кремля взрывом разнесло
зал детских игровых автоматов в торговом центре на

Манежной площади. Затем радиоуправляемая мина была подложена в один из подъездов пятиэтажного дома в гарнизонном городке в Буйнакске (Дагестан). Взрыв унес жизни четырех человек. В основном пострадали семьи офицеров. В ночь на 9 сентября сильнейший взрыв потряс девятиэтажный дом в расположенном на юго-востоке Москвы районе Печатники. Из-под груды развалин спасатели извлекли 93 трупа. Через четыре дня был стерт с лица земли еще один девятиэтажный дом на северо-западе столицы. На этот раз погибли 118 человек. Наконец, заряд взрывчатки, эквивалентный 1,5 тонны тротила и заложенный в машину, стоявшую возле одного из домов города Волгодонска Ростовской области, лишил жизни 17 человек. Первые известия о массовой гибели ни в чем не повинных людей заставили власти принять необходимые меры. В подъездах были организованы ночные дежурства, а работникам коммунальных служб и участковым приказали тщательно проверить чердаки и подвалы. Первоначальная версия о взрыве сетевого газа была сразу же отвергнута. Многие тут же предположили, что теракты совершили чеченские боевики. Первым из официальных лиц на эту тему публично высказался министр внутренних дел Рушайло. Правда, лидеры сепаратистов, еще недавно угрожавшие «актами возмездия» за разрушение чеченских и дагестанских сел, отрицали свою причастность к взрывам в российских городах. Неожиданно ответственность за них взяла на себя никому не известная «Освободительная армия Дагестана». Появились даже соответствующие листовки, последовали анонимные звонки в агентство «Интерфакс» и редакции нескольких влиятельных газет. Некие личности, не пожелавшие представиться и говорившие с явным кавказским акцентом, утверждали, что взрывы домов — это их ответ на бои в Дагестане и бомбардировки Чечни. Антипатия к «черным кавказцам», давно зревшая у многих русских, вылилась в лютую ненависть к ним, сочетавшуюся с ощущением полного бессилия. Теперь уже почти все население поддерживало призыв властей «уничтожить бандитов». Даже такой принципиальный либерал, как Явлинский, выступая по телевидению, повторил эти слова, а затем в своем думском офисе выразил возмущение позицией Германии: «Ну где же вы, немцы, с вашими соболезнованиями?»

Внезапно по столице поползли странные слухи. Сперва их никто не принимал всерьез — уж больно невероятными они казались. Никто из официальных лиц так и не решился высказать вслух такие чудовищные подозрения. Через несколько дней после террористических актов в Буйнакске, Москве и Волгодонске жители одного из домов в Рязани заметили нескольких человек, затаскивающих в подвал мешки. В милиции задержанные предъявили удостоверения сотрудников ФСБ, а наличие в мешках взрывчатки, смешанной с сахаром, объяснили намерением «проверить бдительность людей». К сожалению, следственные органы так и не смогли представить убедительные доказательства того, что взрывы в российских городах — дело рук именно чеченских террористов*. Правда, было задержано несколько подозреваемых, но об их дальнейшей судьбе ничего не известно. После избрания Путина президентом данный вопрос утратил всякую актуальность для Запада, пожелавшего открыть новую страницу в истории своих сложных отношений с Россией.

Как простые граждане, так и известные политические деятели после этих трагических инцидентов поняли, кто их общий враг. Уже никто больше не вспоминал о громких коррупционных скандалах. Проблема

---

* Это неверно. Были не только установлены личности террористов, но и сделаны их фотороботы.

250

нарастания негативных тенденций в экономике также отошла на второй план. Теперь большинство россиян главным образом волновала неспособность государства защитить их. Путин получил карт-бланш на применение в Чечне самых жестких методов. Армия могла быть абсолютно уверена в том, что любые ее действия в рамках «контртеррористической операции» будут одобрены населением. Фотографии и кадры с изображением взорванных домов и изуродованных тел должны были убедить Запад в необходимости принятия российскими властями самых решительных мер, а сведения о финансировании саудовским миллионером и международным террористом № 1 Усамой бен Ладеном чеченских сепаратистов внушить американскому политическому истеблишменту мысль о том, что у США и России есть общий интерес в разрешении чеченской проблемы. 11 октября Путин предъявил Масхадову ультиматум с требованием немедленно выдать организаторов террористических актов, а после его отклонения приказал начать планомерно бомбить Грозный.

Готовность Путина в столь трудный для России час взять на себя всю ответственность всего за несколько дней сделала его самым популярным политиком. Этому способствовало также произнесение им на заседании кабинета министров и пресс-конференции нескольких резких, запоминающихся фраз: «Хватит распускать слюни и сопли», «Сжав зубы, задушить гадину на корню» и «Нужно будет, мы их и в сортире замочим». До сих пор как в России, так и за рубежом не пришли к единому выводу относительно того, было такое изменение «политической ситуации» заранее спланировано или оно произошло спонтанно. По Волошину — премьер-министр продемонстрировал тогда качества, необходимые будущему лидеру России, а именно: решительность, умение отстаивать национальные интересы, способность обеспечить безопасность простых людей и усилить федеральный центр. Вскоре он уже стал неким символом «сильного государства», о котором мечтало большинство россиян и которое было практически полностью уничтожено Борисом Ельциным. Неожиданно выяснилось, что желание Путина и кремлевской команды «получить вменяемую, отнюдь не левую Думу» близко к осуществлению. А ведь еще совсем недавно они не имели практически никаких шансов на успех на предстоящих парламентских выборах. Однако конфликт в Чечне дал им возможность повлиять на настроения электората.

Буквально за ночь Путин стал серьезным претендентом на высший государственный пост. Березовский как сумасшедший носился по коридорам президентской администрации и убеждал чиновников в необходимости создания на волне популярности премьер-министра новой «партии власти». В середине сентября — всего лишь за три месяца до дня голосования — Березовский и его люди приступили к формированию предвыборного альянса. Они умело использовали современные избирательные технологии и в первую очередь сосредоточили усилия на привлечении региональных ресурсов. Сперва сотрудники президентского аппарата заставили 39 региональных баронов подписать обращение к властям и населению под характерным заголовком «За чистые и честные выборы». Затем удивленным главам субъектов Федерации сообщили, что они тем самым заложили краеугольный камень в создание нового общественно-политического движения. В него вошли в основном руководители депрессивных регионов, в свое время отказавшиеся присоединиться к блоку Лужкова — Примакова и теперь рассчитывавшие получить от Путина новые финансовые инъекции.

Шах и мат

1 октября 1999 года в Москве состоялось очередное заседание Бергедорфского форума с участием видных российских политиков. Лужкова представляла его лучшая команда, коммунистов — их лидеры Геннадий Зюганов и Иван Мельников. С немецкой стороны основными докладчиками выступали член наблюдательного совета Дойче-банка и нынешний главный казначей ХДС Ульрих Картеллиери и статс-секретарь министерства иностранных дел Вольфганг Имингер. Последний призвал российское руководство попытаться найти политическое решение конфликта на Северном Кавказе. Собственно говоря, многие представители российского правительства обещали принять участие в сессии форума в «Президент-отеле». Но немцы напрасно ждали их. 1 октября первые крупные соединения сухопутных войск перешли границу с Чечней. Вооруженный конфликт перерос в настоящую войну, и российские официальные лица не хотели, чтобы из-за этого на них обрушился шквал упреков. На заседании появился лишь генеральный директор «Радио Россия» Игорь Амвросов. Он рассказал о только что закончившейся пресс-конференции Путина, на которой премьер-министр четко и недвусмысленно заявил: никакой интернационализации конфликта в Чечне не будет и, следовательно, никакого вмешательства в него со стороны Запада не последует. Далее Амвросов раскрыл кое-какие подробности недавней встречи Путина и Клинтона в Новой Зеландии. Якобы президент США действительно спросил главу российского правительства: «Вы всерьез намерены в этом году покончить с сильной Чечней?» У Путина гневно сверкнули глаза, он воздержался от каких-либо замечаний и преисполненный решимости вернулся в Москву.

Организаторы Бергедорфского форума, заметно нервничая, принялись набирать телефоны кремлевских кабинетов. Им очень хотелось привлечь сегодня к участию в дискуссии кого-либо из ближайшего окружения Путина. Неожиданно раздался телефонный звонок. Бывший советник Немцова Виктор Аксючиц, занятый сейчас поисками работы, сообщил собравшимся, что к ним едет Никита Михалков. Уже было известно, что до назначения Путина премьер-министром в близких «семье» кругах какое-то время всерьез обсуждался вопрос о выдвижении знаменитого актера и кинорежиссера альтернативным кандидатом на будущих президентских выборах. Голос Аксючица звучал все громче и громче: «Непременно примите его, Михалков — один из лидеров нового движения «Единство»! Немцы только недоуменно пожимали плечами. Что еще за «Единство»? Почему Аксючиц так разволновался?

Все последующие дни об этом знаменательном событии уже писали все газеты. Березовскому и «семье» удалось и впрямь за десять недель до парламентских выборов создать новую «партию власти». Ее символом стал медведь, ассоциировавшийся в глазах многих россиян с образом сильной России. Эксперты и аналитики сразу же вспомнили журнал с аналогичным названием, накануне президентских выборов 1996 года всячески «воспевавший» генерала Лебедя. Очевидно, теперь за «раскручивание» нового политического движения взялись те же самые имиджмейкеры. Сочетание слов «Единство» и «Медведь» как бы воплощало надежду миллионов российских граждан на создание в будущем мощного государства и ненавязчиво напоминало им, что именно такую цель поставил перед собой Путин, когда начал войну в Чечне. Название было выбрано удачно еще и потому, что медведь, в случае опасности обычно мгновенно встающий на задние лапы и способный одним своим видом и грозным рычанием отпугнуть противников, вполне мог стать олицетворением политики, направленной на отстаивание подлинно национальных интересов. Лидеры новой общественно-политической организации неустанно подчеркивали, что она выражает интересы всех без исключения российских регионов и не является партией в прямом смысле этого слова. Само ее название создавало иллюзию возможности разом покончить со всеми межрелигиозными конфликтами и примирить между собой Кремль, Думу, партии, олигархов и регионы. Составители программного заявления настойчиво внушали избирателям мысль о полной деидеологизированности политической платформы нового объединения. Тем самым они лишали будущих соперников возможности подвергнуть их критике. Ведь вплоть до завершения выборов так никто толком и не понял, какие, собственно говоря, ценности отстаивает «Единство». Но, главное, отныне любого, кто осмелился бы выступить против него, всегда можно было обвинить в нарушении принципа общественного согласия и попытках противодействовать намерению Путина консолидировать общество.

На состоявшемся в начале октября 1999 года учредительном съезде «Единства» был сформирован федеральный избирательный список, полностью отражавший такие основополагающие принципы движения, как регионализм и желание отмежеваться от всякой идеологии. Первые три места в нем заняли истинные «патриоты» без явных политических пристрастий. Однако отсутствие должного политического «веса» как нельзя лучше компенсировалось их способностью привлечь голоса избирателей. Каждый из них как бы символизировал одно из направлений политики будущего президента. Второе место в списке занимал выдающийся борец классического стиля и многократный олимпийский чемпион Александр Карелин, олицетворявший силу, упорство, решимость и спортивный дух. Благодаря этим качествам парень из простой русской семьи смог стать всемирно известным спортсменом. Исподволь намекалось, что именно эти качества Путин собирается привить молодежи. Поэтому от Карелина не требовались какие-либо заслуги на политическом поприще. Аналогичная роль отводилась генерал-майору милиции в отставке Александру Гурову, занимавшему в списке третье место. Как человек, стоявший у истоков борьбы с организованной преступностью, он воплощал собой стремление Путина навести порядок в стране и его готовность вести беспощадную борьбу с коррупцией, бандитизмом, разгулом уличной преступности и попытками мафиозных и олигархических кланов окончательно «подмять под себя» экономические и социальные институты.

Но особенно замечательно смотрелся кандидат № 1. По слухам, уже на следующий день после вручения Ельциным молодому министру по чрезвычайным ситуациям Золотой Звезды «Героя Российской Федерации» он получил от кремлевской администрации предложение возглавить новую партию. Симпатичный, непринужденно улыбающийся Сергей Шойгу, несмотря на сравнительно молодой возраст, уже имел звание генерал-полковника и заслуженно пользовался огромной популярностью среди населения. В начале девяностых годов ему удалось объединить разрозненные службы спасения в единую федеральную структуру, занятую борьбой с последствиями наводнений, землетрясений и пожаров, а также доставкой продовольствия, одежды и медикаментов в районы стихийных бедствий и техногенных катастроф и эвакуацией оттуда людей.

Поскольку Шойгу никогда не стремился играть самостоятельную политическую роль и не был замешан в каких-либо «дворцовых» интригах, он оказался единственным министром, неизменно сохранявшим за собой свой пост во всех правительствах постсоветской России. Теперь от него требовалось стать своеобразным «дублером» Путина в руководстве прокремлевской политической группировки. Телерепортажи о посещении министром по чрезвычайным ситуациям переполненных лагерей чеченских беженцев в Ингушетии должны были наглядно продемонстрировать стремление федеральных властей облегчить страдания мирного населения. Для контраста российские телеканалы неоднократно показывали кадры с изображением казней чеченскими боевиками российских военнопленных.

Вначале «Единство» занялось расширением социальной базы, созданием отделений в регионах и привлечением на свою сторону региональных руководителей различного уровня. Многие «денежные тузы» оказали «Единству» финансовую помощь в надежде с его помощью пройти в Думу и получить депутатскую неприкосновенность. Подконтрольные Березовскому СМИ развернули беспрецедентную кампанию по дискредитации кандидатов из конкурирующих объединений. Так, например, был создан печатный орган «Фас» с характерным подзаголовком «Журнал политической охоты». На поддержку «Единства» Кремль бросил все имеющиеся в его распоряжении административные ресурсы: от скрытого бюджетного финансирования популистских решений до запугивания политических противников компроматом.

В конце октября Примаков приехал в Берлин для проведения политических переговоров и празднования своего семидесятилетия. Все, с кем он встретился в столице Германии — Коль, министр иностранных дел Йошка Фишер и близкий друг Примакова Клаус Кинкель, — считали его наиболее перспективным кандидатом в президенты. Когда депутат бундестага от ХДС Фридрих Пфлюгер, взявший за правило отводить всех российских политиков к лишенному прежнего купола зданию рейхстага и с гордостью показывать им сохраненные после реставрации надписи, сделанные на его стенах советскими солдатами после взятия ими Берлина в мае 1945 года, спросил, каким ему видится будущее России, Примаков помрачнел. Вообще, он тогда произвел тягостное впечатление. К немалому удивлению слушателей, в своем заключительном выступлении он с похвалой отозвался о Путине. Тем временем в Кремле уже нашли на Примакова компромат. Разумеется, факты, уличающие его в коррупции, были сфабрикованы, но вся эта история стоила бывшему главе российского правительства много сил и нервов.

На двух главных телеканалах страны Лужкову и Примакову, как, впрочем, и Зюганову, и Явлинскому, почти не предоставляли эфирного времени. Зато Путин не сходил с экрана. Миллионы телезрителей, слушая ежедневные сообщения об успехах федеральных сил в Чечне, сразу же ассоциировавшихся с именем премьер-министра, уже не вспоминали больше о «московском строительном чуде», разительно изменившем архитектурный облик столицы в лучшую сторону и являющемся несомненной заслугой ее мэра. В течение нескольких недель российские войска заняли почти всю равнинную часть Чечни и приблизились к Грозному. Жители северных районов мятежной республики, измученные отсутствием элементарных жизненных благ и небывалым ростом преступности, в большинстве своем приветствовали приход «федералов». Несколько известных политиков, ранее не веривших в способность Москвы осуществить в Чечне силовую акцию, настойчиво советовали Путину попытаться достичь компромисса с лидерами сепаратистов. По их мнению, федеральным силам следовало закрепиться на левом берегу Терека и установить вдоль реки «санитарный кордон», а вторую часть Чечни оставить под властью Масхадова. Они руководствовались благими намерениями и искренне хотели избежать кровопролития, однако предлагаемые ими меры «замораживали» ситуацию и отнюдь не способствовали исчерпанию конфликта. В Москве у многих еще свежи были в памяти события, последовавшие после подписания Хасавюртских соглашений. Тогда по всем законам конфликтологии враждующие стороны должны были окончательно договориться между собой. Но ничего подобного не произошло. По-прежнему Чечня существовало в качестве анклава с неопределенным статусом. По-прежнему продолжались нападения на транзитные поезда, травля русского населения приняла самые варварские и кровавые формы, бандформирования вторгались на определьные территории.

Путин был обязан также считаться с предельно жесткой позицией командования Вооруженных сил и — хотя бы поэтому — не мог отдать приказ об одностороннем прекращении военных действий. Премьер-министр прекрасно понимал, что для избавления в будущем от неограниченного влияния «семьи» и близких к ней олигархов нужно, опираясь на армию и спецслужбы, создать на вершине исполнительной власти параллельную структуру. Поэтому он стал первым председателем российского правительства, добившимся молчаливого согласия Ельцина на фактическое переподчинение себе всего «президентского блока». «Семья» слишком поздно разгадала тактику нового фаворита. Осенью 1999 года члены ельцинского клана, еще недавно крайне пессимистично настроенные и не верившие в возможность создания накануне выборов выгодной для них политической ситуации, ликовали в предвкушении близкой победы. Но они хотели быть твердо уверены в готовности Путина неуклонно следовать избранному ими курсу, направленному на консервацию существующих порядков. Понаторевшая в интригах и разного рода политических комбинациях «кремлевская гвардия» после неудачных опытов с Лебедем, Немцовым и Степашиным сделала ставку на Путина вовсе не для того, чтобы в дальнейшем разочароваться в нем. Президентская команда несомненно хотела подстраховаться и в случае попытки премьер-министра найти собственную политическую нишу и отстранить от себя прокремлевскую номенклатурно-политическую группировку оказать на него давление. Но Путин, как известно, совершенно не опасался за свое доброе имя, поскольку его биография не представляла никакого интереса для собирателей компромата. Правда, в период обвальной приватизации ни один чиновник высшего и среднего звена, занимавшийся проблемами собственности, не мог быть абсолютно «чистым», поэтому вряд ли стоит удивляться появлению в некоторых СМИ сообщений о том, что «семью» и Путина связывают общие неблаговидные дела.

Путин уделял повышенное внимание сфере внешней политики еще и потому, что дряхлеющий на глазах Ельцин не справлялся со своими прямыми обязанностями, вел себя неадекватно во время зарубежных визитов и часто нарушал правила дипломатического протокола. Так, в Китае он угрожающим тоном заявил в присутствии председателя КНР Цзян Цзимина, что Западу не следует забывать о наличии у России ядерного оружия. На саммите государств —

участников ОБСЕ в Стамбуле Ельцин, оскорбленный до глубины души выдвинутыми против России обвинениями в применении «чрезмерно жестких» методов борьбы с чеченскими сепаратистами, внезапно прервал переговоры со Шредером и президентом Франции Жаком Шираком и отбыл на Родину. Внутри страны Путин мог сколько угодно приказывать «мочить бандитов в сортире», но за рубежом он вел себя как настоящий дипломат. В Турции он попытался убедить представителей Евросоюза и США не принимать всерьез бестактную выходку Ельцина и в результате сумел добиться смягчения многих формулировок в итоговом документе. Вместе с тем в своих оценках жесткой линии Запада по отношению к России он был не менее резок, чем Ельцин, о чем говорит хотя бы проведенная им аналогия между авианалетами российской авиации на Чечню и натовскими бомбардировками Югославии. Президент и премьер-министр предупредили западных лидеров о недопустимости вмешательства во внутренние дела России и пренебрежении ее национальными интересами и обвинили их в незнании «истинного положения дел» и подлинных причин конфликта. Соотечественников, обеспокоенных угрозой международной изоляции России, премьер-министр заверил в том, что после «победы» в Чечне лично отправится в турне по странам Западной Европы и в течение двух недель добьется нормализации отношений с ними.

Успешное проведение «контртеррористической операции» в Чечне явилось только одной из причин огромной популярности Путина. В конце 1999 года аналитики с удовлетворением отмечали, что пессимистические прогнозы развития экономики России после августовского финансового краха 1998 года не оправдались. Полного развала не произошло. На социально-экономической ситуации в стране по-прежнему благотворно сказывался посткризисный эффект девальвации рубля. Особенно резкий скачок, связанный с ростом импортозаменяющей продукции, наблюдался в пищевой и легкой промышленности. Экономический рост вновь составил два процента. Благоприятная конъюнктура на мировом нефтяном рынке для такой страны — экспортера нефти, как Россия, означала приток дополнительных денег в федеральный бюджет и образование в нем положительного остатка. Правительство смогло не только значительно снизить суммарную задолженность по зарплатам и пенсиям, но и серьезно увеличить военные расходы и обеспечить предприятия военно-промышленного комплекса новыми оборонными заказами. В последние месяцы 1999 года оно даже выделило дополнительные средства на модернизацию вооружения и боевой техники. Объем зарубежных инвестиций опять достиг почти трех миллиардов долларов. На московских биржах вновь наблюдался стремительный взлет показателей деловой активности. К удивлению правительственных чиновников, повысилась собираемость налогов. Умеренная кредитно-денежная политика, сочетавшаяся с регулированием цен на продукцию естественных монополий и ограничением потребительского спроса, способствовала сохранению относительно низких темпов инфляции. Наметилась также тенденция к сокращению безработицы. Одним словом, у россиян были все основания для оптимизма. Многие даже полагали, что страна сможет обойтись без кредитов. Правда, оставалась неурегулированной проблема огромного внешнего долга, и Москва в очередной раз обратилась к Западу с предложением начать переговоры о его частичной реструктуризации.

В декабре уже почти никто не сомневался в победе новой прокремлевской организации, сформированной в рекордные сроки и практически без участия Путина. Вместе с тем премьер-министр в интервью журналистам государственного телеканала обмолвился, что собирается голосовать именно за «Единство». После этих слов был сразу же зафиксирован бурный рост рейтинга предвыборного блока, представлявшего собой, в сущности, фантом и созданного группой московских специалистов по политтехнологиям. Было совершенно очевидно, что от исхода выборов в Думу зависел ответ на вопрос, кто станет президентом России. Ангажированные прокремлевские телеканалы, накаляя общественно-политическую атмосферу, одновременно ловко манипулировали массовым сознанием. Государственный телеканал, второй в стране по мощи и зоне охвата, постоянно показывал огромную карту России, крупным планом выделяя регионы, главы которых объявили себя сторонниками «Единства». Их число заметно возросло за счет маргинализованной части губернаторского корпуса. Те региональные руководители, которые чувствовали шаткость своих позиций, стремились как можно скорее заручиться поддержкой новой «партии власти». Точно так же вели себя лидеры одного из предвыборных альянсов либерального толка, опиравшегося на крайне незначительную часть электората. Возглавляемый Чубайсом, Кириенко, Немцовым и Хакамадой «Союз правых сил» внезапно объявил Путина кандидатом в президенты от демократического лагеря. Неугомонный Кириенко неоднократно встречался с Путиным и всячески убеждал премьер-министра принять разработанную им экономическую программу. Путин не отреагировал на его предложения. Среди политических деятелей, беседовавших в этот день с Путиным, был и другой экс-премьер Степашин, вместе с Явлинским и председателем думского комитета по международным делам Владимиром Лукиным вошедший в первую тройку общефедерального списка «Яблока». Однако действующий председатель правительства ни разу не разъяснил и не озвучил своего политического кредо.

Поздним вечером 19 декабря произошла настоящая сенсация. Никто даже в мыслях не держал, что виртуальная прокремлевская партия сразу же получит такое количество голосов. Но умелое сочетание правильно выстроенной пропагандистской стратегии, активной работы в регионах и мощного финансового обеспечения сыграла свою роль. Кроме того, «Единство» прочно связывалось в сознании избирателей с фигурой самого популярного в тот период российского политика. В результате это общественно-политическое движение завоевало симпатии 23,3% электората, то есть за него проголосовал чуть ли не каждый четвертый избиратель. Оно получило 72 депутатских мандата. КПРФ под руководством Зюганова опережала его всего лишь на один процент. В целом ряде северо-западных областей, а также во многих регионах Центральной России «Единство» получило относительное большинство голосов. Потери коммунистов на декабрьских выборах 1999 года были настолько велики, что от пресловутого «красного пояса» в Черноземье и на Юге страны, еще недавно заставлявшего дрожать Москву, осталась только узкая полоска. Неожиданно выяснилось, что далеко не все «красные губернаторы» готовы полностью ориентироваться на руководство КПРФ. Только благодаря большому количеству кандидатов от компартии и ее союзников по НПСР, одержавших победу в одномандатных округах, коммунисты смогли получить 113 депутатских мест и остаться наиболее многочисленной фракцией нижней палаты. Однако общее соотношение сил в парламенте изменилось в пользу Кремля. Характерно, что в обновленную на две трети Думу не прошел ни один из представителей леворадикальных группировок, выступавших независимо от КПРФ.

Серьезное поражение потерпело также объединение «Отечество — Вся Россия». Никто не ожидал такого оттока избирателей от предвыборного блока, еще в октябре считавшегося бесспорным лидером центристской оппозиции. Однако через два месяца его поддержало только 13,3% избирателей. Правда, на прошедших одновременно выборах мэра Москвы Лужков одержал убедительную победу, получив 72% голосов, но Кремль ясно дал ему понять: «Всяк сверчок знай свой шесток! Оставайся столичным градоначальником и не лезь выше! Иначе мы найдем возможность окончательно скомпрометировать тебя!» После выборов Лужкова Примакову, в результате серьезных стратегических и тактических просчетов так и не сумевшему сохранить за собой выгодную позицию «отца нации», возвышающегося над политическими схватками, пришлось пережить еще одно унижение. Руководители входившего в «Отечество» губернаторского блока «Вся Россия» откровенно заявили, что, исходя из интересов возглавляемых ими регионов, они отказываются от дальнейшей поддержки Примакова. По их единодушному мнению, бывший премьер-министр не имел больше права претендовать на высший государственный пост, так как на выборах в Думу набрал только десять процентов голосов.

Окрыленная успехом кремлевская команда активно взялась за создание в Думе мощного пропрезидентского лобби, способного проводить нужную ей линию. «Союз правых сил», объединявший под своим крылом нескольких изрядно скомпрометировавших себя руководителей государства и правительства и, казалось, не имевший шансов преодолеть пяти-процентный барьер, неожиданно набрал более 8,5% голосов и теперь выразил желание образовать комиссию с думской фракцией «Единства». Но оказалось, что найти общий язык с депутатами от «партии власти» крайне сложно. Многие депутаты, прошедшие от нее по федеральному списку в нижнюю палату, поражали своей безликостью. Кое-кто из парламентариев вообще представил о себе ложные сведения. Один достаточно известный бизнесмен настоял на включении в федеральную часть избирательного списка своего шофера, который теперь вместе с боссом заседал в Думе. Главой фракции «Единства» и председателем ее политсовета был избран Борис Грызлов, совершенно никому не известный выходец из Санкт-Петербурга. Репортеры, заинтересовавшиеся биографией одного из ведущих представителей предвыборного блока, занимавшего теперь лидирующее положение в партийно-политической системе страны, к своему величайшему изумлению, не могли обнаружить следы его проживания в городе на Неве. Высказывались даже шуточные предположения, что этот высокий, статный человек — такой же фантом, как представляемое им движение. Наконец, одна журналистка догадалась позвонить непосредственно в управление ФСБ. «Да, мы знаем его, он работал с нами...» — нехотя сообщили ей в Большом доме. Тем временем выяснилось, что Грызлов 20 лет трудился в закрытом НИИ, занимавшемся разработкой космической техники.

Расстановка сил в Думе выглядела следующим образом. В нижней палате по-прежнему доминировала КПРФ, получившая в общей сложности 123 депутатских мандата. Центр и правый фланг политического спектра представляли соперничавшие между собой, но тем не менее придерживавшиеся в целом демократической ориентации «Единство» (72 места), «Отечество» (67 мест), «Союз правых сил» (29 мест) и «Яблоко» (20 мест). С трудом преодолевшую пятипроцентный барьер партию Жириновского (18 мест) можно было больше не принимать всерьез. Ее руководитель уже давно занимал пропрезидентскую позицию и с начала девяностых годов превосходно играл отведенную ему роль. Ловко пользуясь имиджем скандально известного оппозиционера, он «отбирал» голоса у лидеров праворадикальных и ультранационалистических организации, не контролируемых Кремлем. Расчет «семьи» полностью оправдался. Отныне премьер-министр мог при решении ряда практических вопросов опереться в правительстве на проправительственное большинство и в зависимости от намерений привлекать к сотрудничеству как коммунистов, так и реформаторов.

Алексей Головков, со времен своей деятельности в Межрегиональной депутатской группе снискавший репутацию одного из наиболее талантливых политтехнологов, так охарактеризовал ситуацию, возникшую после декабрьских выборов в высший законодательный орган страны: «Если в эпоху Ельцина коммунисты, имея в парламенте большинство, могли беспрепятственно тормозить принятие многих крайне важных правительственных законопроектов, и прежде всего, перечня объектов, подлежащих приватизации, и проекта Земельного кодекса, разрешающего свободный оборот земельных угодий, то теперь проправительственные фракции в состоянии не менее последовательно — если потребуется, путем грубого нажима — «проталкивать» реформаторские законы». Дальнейшее развитие событий в известной степени подтвердило правоту Головкова. При обсуждении законов, касающихся преобразований социально-экономической и политической сфер, депутаты от политических партий демократического направления были вынуждены во многих случаях выступать единым фронтом. Коммунисты же в новой Думе уже не располагали прежними возможностями.

Но победу «партии власти» еще следовало закрепить. Ведомство Волошина разработало план полной перегруппировки депутатского корпуса. Начиная с первого дня заседания Думы 100 независимых депутатов подвергались непрерывным атакам со стороны лоббистов прокремлевского олигархического клана, выполнявших указания Березовского. На «обработку» народных избранников, прошедших в нижнюю палату по одномандатным округам, они не жалели ни сил, ни средств и даже в открытую обещали им финансовую помощь. Их усилия не пропали даром. Тридцать парламентариев создали группу «Народный депутат» и вместе с представителями «Единства» образовали в Думе простое арифметическое большинство.

Тем не менее положение Путина было довольно шатким. Он достиг пика популярности, однако до президентских выборов, позволявших выявить истинное соотношение политических сил, оставалось еще целых шесть месяцев. За это время премьер-министр был просто обязан выполнить данные им обещания, чтобы не разочаровать поверивших в него людей. Слишком многим россиянам он внушил надежду... Продержится ли рейтинг популярности Путина до июня 2000 года на рекордно высокой отметке? Его противники сильно сомневались в этом. Ведь от второго лица в государстве, внезапно ставшего центром консолидации самых различных сил и слоев российского политического клана и стремительно вошедшего в тройку наиболее реальных претендентов на президентское кресло, требовалось одержать победу в Чечне «малой кровью», повысить жизненный уровень рядовых избирателей (в первую очередь тех из них, кто прозябал в нищете, месяцами не получая зарплату и пенсию), начать эффективную борьбу с коррупцией и не допустить санкций со стороны Запада, недовольного российской политикой на Северном Кавказе. Между тем боевые действия на территории мятежной республики были далеки от завершения. Дальнейшая эскалация конфликта грозила затяжной войной, чреватой, в свою очередь, превращением части страны в военный лагерь. Темпы продвижения российских войск резко замедлились из-за климатических условий, не позволявших задействовать в полном объеме авиацию, и стремления командования избежать серьезных потерь. Дальнейшее проведение «антитеррористической операции» требовало все больших финансовых и людских ресурсов. Поэтому для пополнения рядов сражавшегося с сепаратистами воинского контингента пришлось использовать подразделения всех военных округов и флотов России. Необходимо было изыскать в доходной части бюджета дополнительные средства для восстановления социальной инфраструктуры в освобожденных от боевиков районах и оказания гуманитарной помощи беженцам. Активная подготовка к штурму Грозного также была сопряжена с колоссальными затратами. Кроме того, российские граждане с нарастающей тревогой ожидали новых террористических актов как в тылу объединенной федеральной группировки, так и в крупных городах. Поэтому некоторые аналитики не без оснований полагали, что негативные последствия войны в Чечне отразятся на результатах президентских выборов. Ельцин и его ближайшее окружение достаточно трезво оценивали перспективу реализации их стратегического замысла. Неслыханный рост популярности Путина основывался на его очевидной готовности отстоять национальные интересы, дать отпор чеченским бандформированиям и целиком сосредоточиться на решении главных социально-экономических вопросов. Непрекращающееся повышение мировых цен на нефть несколько снижало остроту такой по-прежнему насущной для страны проблемы, как хроническая задолженность по социальным выплатам. Однако существовал целый ряд негативных факторов, способных к середине будущего года значительно охладить симпатии к Путину. Гарантировать победу выдержавшему испытательный срок премьер-министру могло только скорейшее проведение президентских выборов, так как досрочное голосование ставило в невыгодное положение всех его основных конкурентов. Общеполитическая ситуация складывалась пока в пользу Путина и потому следовало безотлагательно передать ему власть. Ельцин, видимо, единолично принял мучительно трудное для него решение и для его оглашения выбрал наиболее благоприятный момент. За два дня до Нового года он сообщил Путину о намерении подать в отставку. Приходится признать, что «семья» сумела блистательно разыграть финал. Последний раз Ельцин выступал по телевидению в сентябре. Бывший всенародный любимец, олицетворявший когда-то альтернативу коммунистическому режиму, теперь как бы воплощал собой полнейшую деградацию верховной власти: одутловатое лицо, мешки под глазами, тусклый взгляд из-под насупленных бровей, нервное подергивание плеч, дрожащий голос. Говорил он довольно невнятно и, выразив соболезнование жертвам взрывов в московских домах, до конца года избегал участия в каких-либо публичных церемониях. Правда, такое положение могло быть продиктовано сугубо практическими соображениями. По мнению ряда политологов, президент рассчитывал сохранить за собой свободу маневра на случай серьезных неудач федеральных войск в Чечне. Но военная операция развивалась довольно успешно и незадолго до полуночи 31 декабря телезрители увидели совсем другого Ельцина. Он сидел, распрямив массивное тело, и всем своим видом демонстрировал готовность идти до конца. Ельцин твердым голосом сообщил о передаче полномочий премьер-министру, призвал население голосовать за него и по возвращении в Кремль вручил ему «ядерный чемоданчик», считавшийся главным атрибутом президентской власти. Согласно конституции, в ближайшие месяцы следовало провести выборы главы государства, и уже ни у кого не было сомнений в том, что 26 марта 2000 года первым к «финишу» придет Путин.

Начало января не было отмечено сколько-нибудь значимыми событиями, если, конечно, не считать полета Путина в Чечню в кабине реактивного истребителя. Премьер-министр произвел незначительные кадровые перестановки в кремлевской команде, постепенно избавляясь от наиболее одиозных фигур. Дочь Ельцина перебралась в другой, гораздо менее роскошный кабинет. После выдачи швейцарской прокуратурой ордера на арест Бородина его срочно назначили государственным секретарем Союза России и Белоруссии. Он был лишен возможности выезжать за рубеж, так как Интерполу было дано указание задержать бывшего управляющего делами президентской администрации, обвиняемого в коррупции и причастности к отмыванию грязных денег. В России он продолжал оставаться на свободе, поскольку в правящих кругах полагали, что взятие под стражу Пал Палыча, в аппарате которого Путин работал в 1996—1997 годах, может иметь необратимые политические последствия и негативно скажется на имидже исполняющего обязанности президента. Откровенно лоббировавший интересы определенного финансового клана Аксененко был смещен с поста первого председателя правительства и остался просто министром путей сообщения. Михаил Касьянов, никак не афишировавший своих политических взглядов, но зато известный как превосходный знаток финансовых проблем, добивающийся реальных успехов на переговорах с западными кредиторами о реструктуризации и переносе выплаты внешнего долга, стал первым и единственным вице-премьером. Фактически он возглавил кабинет министров. Первоначально Путин поставил перед собой задачу сформировать собственную дееспособную команду и предпринял ряд шагов, направленных на изменение соотношения сил внутри президентской администрации, успевшей стать политическим институтом с широкими и довольно неопределенными функциями. За время работы в ней он тщательно изучил сильные и слабые стороны этого государственного механизма, усвоил принцип его функционирования и хорошо знал, на какие административные рычаги следует нажимать, чтобы подчинить себе мощную иерархическую структуру, возвышающуюся над органами исполнительной и представительной власти. Александр Волошин, внесший решающий вклад в победу «Единства» на парламентских выборах, номинально остался ее руководителем и по-прежнему представлял в Кремле интересы объединенных общими намерениями, капиталами и родственными узами членов «семейной группы», но Путин приставил к нему трех новых заместителей, существенно ограничивавших его влияние. Все они приехали в Москву из Санкт-Петербурга. Сорокалетний опытный чиновник Игорь Сечин с 1990 года неотступно, словно тень, следовал за Путиным и с полным основанием считался одним из самых близких ему людей. Тридцатичетырехлетний выпускник юридического факультета Ленинградского университета Дмитрий Медведев в бытность Путина вице-мэром исполнял обязанности его советника по правовым вопросам. С пятидесятилетним Виктором Ивановым Путин познакомился более двадцати лет тому назад. В 1988—1994 годах он занимал ряд руководящих должностей в органах безопасности северной столицы. Когда Путин ведал внешнеэкономическими связями Санкт-Петербургской мэрии, Иванов отвечал за борьбу с контрабандой и экономическими преступлениями. Затем он подал рапорт об отставке, успешно занимался бизнесом и в 1998 году по настоятельной просьбе будущего президента вновь надел погоны и возглавил Управление контрразведки ФСБ. В апреле 1999 года Путин назначил его своим заместителем по вопросам обеспечения экономической безопасности страны. С января 2000 года Виктор Иванов — начальник Главного управления кадровой политики администрации президента.

Круг лиц, введенных Путиным в Кремль и Белый дом, не ограничился только этой троицей. Премьер-министру удалось достаточно быстро расставить по ключевым постам лояльных ему людей из числа друзей и бывших сослуживцев. Преемником Бородина стал сорокаоднолетний предприниматель из Санкт-Петербурга Владимир Кожин, в период перестройки работавший в Германии, а затем руководивший северо-западным отделением Федеральной службы по валютно-экономическому контролю. Впоследствии он возглавил это государственное учреждение. За недолгое время пребывания в должности генерального директора санкт-петербургского объединения совместных предприятий Кожин помог Путину установить контакты со многими иностранными бизнесменами. Еще один «германист», тридцатитрехлетний Игорь Щеголев встал во главе кремлевской пресс-службы. Двенадцать лет назад он учился в Лейпцигском университете. Путин тогда служил в представительстве КГБ в Дрездене. Наконец, пост руководителя аппарата правительства занял Дмитрий Козак. Он также закончил соответствующий факультет Ленинградского университета, работал в прокуратуре, возглавлял правовое управление мэрии и руководил собственной юридической фирмой. Вообще, перечень бывших сослуживцев Путина, ныне занявших видные посты во властных структурах, можно продолжать до бесконечности. К ним принадлежат уже упоминавшиеся секретарь Совета безопасности Сергей Иванов и пользующийся безграничным доверием Путина директор ФСБ Николай Патрушев. Наряду с Виктором Ивановым нынешний руководитель ведущей российской спецслужбы также пользуется репутацией специалиста высшего класса по борьбе с экономической преступностью. На Лубянке они последовательно возглавляли Управление контрразведки. Естественно, сразу же возникает вопрос: не являются ли эти назначения первыми признаками будущей крупномасштабной кампании по искоренению коррупции в высших эшелонах власти?

Частичное обновление кадрового состава в верхнем слое правящей элиты за счет бывших офицеров Ленинградского управления КГБ и предпринимателей, впервые заявивших о себе во времена перестройки и, несомненно, тесно сотрудничавших с органами государственной безопасности, как нельзя лучше характеризует управленческий стиль Путина. Очевидно, он полностью доверяет только людям своей профессии или давним знакомым. Отличительными чертами новых представителей российского политического истеблишмента являются относительно молодой возраст, служба в КГБ и, по всей видимости, любовь к армейской дисциплине. Не следует также забывать о том, что многие из них — способные менеджеры, накопившие богатый опыт общения с западными бизнесменами и умеющие находить с ними общий язык. С их помощью Путин незаметно для окружающих упрочил свою власть. Они получили прямой доступ к президенту и сделались его ближайшими советниками, взяв под контроль все стадии подготовки различными инстанциями любых инициатив в политической и экономической областях. Но их ни в коем случае нельзя отождествлять с Татьяной Дьяченко, тоже имевшей официальный статус советника, но использовавшей свое положение для «проталкивания» нужных ей и ее окружению решений и зачастую своими действиями вносившей разлад в работу государственных учреждений.

Тех, кто полагал, что Путин немедленно объявит войну олигархам, ожидало горькое разочарование. Но они не учитывали густоту сплетенной «семьей» паутины политико-экономических связей. Для ее разрыва необходимо было выстроить собственную нишу внутри существующей системы власти. Поэтому члены прокремлевской олигархической группировки смогли в полной мере воспользоваться «плодами победы». За весомый вклад в подрыв политических позиций оппонентов Кремля Березовский и Абрамович, уже прибравшие к рукам нефтяную промышленность Западной Сибири, получили возможность ухватить в процессе приватизации еще один жирный кусок и завладеть расположенными там же алюминиевыми заводами. Фактически под их контроль перешли 70% мощностей этой стратегически важной сырьевой отрасли. Еще в ноябре Путин с негодованием отверг помощь, предложенную ему «великим комбинатором» и «главным финансистом „семьи"». Он назвал ее «троянским конем» и добавил знаменательную фразу: «Бойтесь данайцев, дары приносящих». Тем не менее после декабрьских выборов в России начался новый этап передела собственности. В марте 2000 года Березовский выступал с докладом в Берлине. На вопрос, почему власти позволили ему стать монополистом и считает ли он такое положение вещей справедливым, один из столпов российского бизнеса ответил: «Мы живем в мире глобализации. Объединяется все и вся, даже «Даймлер» и «Крайслер», Дойче-банк и Дрезденер-банк. Консолидированный российский капитал подыскал себе нового директора-распорядителя — вот в чем, на мой взгляд, смысл избрания Путина».

Тем временем исполняющий обязанности главы государства целиком сосредоточился на подготовке к выборам. Для убедительной победы в первом туре, позволяющей с полным основанием говорить о всенародной поддержке Путина, требовалось заранее вывести из игры Зюганова и Примакова, вместе с ним входивших в тройку наиболее популярных политиков. Сперва «кремлевская гвардия» предприняла ряд тактических шагов, нацеленных на углубления раскола в довольно разношерстном лагере левой оппозиции. «Справа» ситуация складывалась в пользу правящих кругов. Лидеры «Союза правых сил» после первоначальных колебаний дружно выразили поддержку реформаторским планам Путина. Собственно говоря, ничего другого им не оставалось. Этот блок слишком зависел от его финансовой и информационной поддержки. Напротив, коммунисты, несмотря на провал проекта единого предвыборного альянса «коммуно-националистической» направленности и наметившуюся тенденцию распада некогда монолитных рядов КПРФ, по-прежнему оставались главной оппозиционной силой, с которой приходилось считаться. Поэтому в январе 2000 года «закулисным торгом» занимались уже во время распределения портфелей председателей важнейших парламентских комитетов. К немалому удивлению демократов, депутаты от «Единства» договорились за их спиной с коммунистами. В итоге важнейшие думские комитеты возглавили представители проправительственной фракции, КПРФ и группы «Народный депутат». Кремлевской команде удалось не только удовлетворить избирателей, голосовавших за партию Зюганова, но и не допустить избрания Примакова спикером нижней палаты. Таким образом, еще более четко обозначилась перспектива его отказа от участия в президентских выборах.

Демократы пали жертвами циничного расчета. В качестве компенсации им предложили посты председателей второстепенных комитетов. В знак протеста члены фракций «Отечество», «Союз правых сил» и «Яблоко» в полном составе покинули зал заседаний. Однако они недолго испытывали терпение власть предержащих. Поразмыслив немного, Кириенко первым из демократов решил смириться с сокрушительным поражением и пойти на попятную. Через какое-то время к аналогичному выводу пришли также парламентарии остальных двух фракций. Большинство из них так и не поняло тактики Путина. На самом деле будущий президент, скорее всего, просто в очередной раз демонстрировал силу. В Кремле сочли нужным, не отказываясь от стратегической концепции реформирования экономики и государственного устройства, заключить с коммунистами «временное перемирие». В новом политическом раскладе либералам, вопреки их ожиданиям, отводилось довольно скромное место.

Исход выборов 26 марта 2000 года был уже вполне предсказуем, и будущая команда-победительница могла спать спокойно, не опасаясь каких-либо неприятных сюрпризов и не беспокоясь за финал большой игры, где на кон была поставлена власть в потенциально самой богатой в мире стране. Соперникам заранее объявили шах, а затем мат — и пешка вышла в короли. Правда, после предварительного подсчета голосов на Дальнем Востоке и в Западной Сибири выяснилось, что Путин не смог набрать в этих регионах необходимые 50% голосов. Зюганова же там поддержали свыше 30% избирателей. Ельцину, уже приготовившемуся вместе со своим преемником отпраздновать победу за «семейным» столом, и Путину, сразу же после голосования отправившемуся в сауну, наверняка пришлось пережить несколько неприятнейших часов ожидания. Только в полночь они немного расслабились, услышав долгожданное и очень радостное для них известие о том, что в целом по стране Путину отдали голоса 52,5% электората, Зюганову 29,4%, а ярому поборнику либеральных реформ Явлинскому — только 5,8%.

Результаты мартовского народного волеизъявления подтвердили наличие в российском обществе тенденции, впервые обозначившейся после президентских выборов 1996 года и парламентских выборов 1999 года. Примерно 50% россиян поддержали призывы к наведению порядка и укреплению дисциплины, сочетавшиеся с обещаниями продолжить демократические преобразования. Они одновременно выразили доверие «Единству», представлявшему собой, в сущности, партию авторитарного типа, и «Союзу правых сил», объединившему в своих рядах наиболее видных деятелей из либерального лагеря. Именно эти чаяния и надежды большинства электората воплощал собой Путин. Характерно, что в отличие от 1991 года третье место занял не Жириновский, привыкший завлекать избирателей обещаниями дешевой водки, и не представлявший тогда левый фланг, а ныне решивший отмежеваться от коммунистов, формально беспартийный кемеровский губернатор Аман Тулеев, а претендующий на роль лидера либеральной оппозиции Григорий Явлинский.

В марте 2000 года высший государственный пост в России занял сильный и дееспособный человек. Страна выбрала третий путь, отличный и от авторитарного режима, и от демократии. Его символом стал именно Путин, не скрывавший приверженности базовым демократическим принципам Запада и одновременно призывавший совместить их с нашими традиционными российскими ценностями. Ни Жириновский с его популизмом, ни Лебедь, в 1996 году так и не сумевший объяснить, как он собирается обеспечить стабильность в государстве, наделавший немало ошибок в должности секретаря Совета безопасности, а после избрания губернатором Красноярского края погрязший в местных проблемах и интригах своего окружения, были явно не в состоянии выполнить эту миссию. Совершенно очевидно, что победой на досрочных президентских выборах Путин во многом обязан кремлевскому аппарату, максимально использовавшему как административный ресурс, так и возможности печатных и электронных СМИ. Но формально соблюдение избирательных процедур еще не означало полного торжества демократии в России. Самое главное, что, вопреки всем пессимистическим прогнозам, в выборах приняли участие почти 70% избирателей, и только 1,7% проголосовали против всех кандидатов. Остается лишь возблагодарить Всевышнего за то, что не сбылись предсказания тех, кто утверждал, что за последние четыре года, насыщенные громкими скандалами и интригами, россияне утратили всякий интерес к политике.

ЧАСТЬ III

Кто такой Путин?

Вопрос. Почему все дума-
ют, что сразу же после выборов
вы все радикально измените.
Вы действительно хотите изменить все и вся?
Путин. Этого я не скажу!

Коммерсант, 10.03.2000

Холодный блеск в глазах

После победы Путина на президентских выборах
еще более возросла потребность найти ответ на целый ряд насущных вопросов. Никто не мог с уверенностью сказать, какую именно политику будет проводить новый российский лидер. Этого не знали даже
высокопоставленные кремлевские чиновники. Как
внутри страны, так и за ее пределами не прекраща-
лись попытки осмыслить, что конкретно собой представляет «русский сфинкс», каковы его планы и намерения. Почти ни у кого не было сомнений в том,
что с приходом к власти Путина в России произойдет
смена поколений правящей элиты и изменится политический климат. По мнению некоторых аналитиков,
специализировавшихся на раскрытии подоплеки
«закулисных игр» в Кремле, общественно-полити-
ческая атмосфера станет более напряженной. А система государственного управления — более жесткой.
Один из российских журналистов накануне выборов,
посетивший штаб-квартиру «Немецкой волны» в
Кёльне, следующим образом описал складываю-
щуюся в России ситуацию:

«Вы там у себя на Западе слишком долго унижали

нас. Вы относились к нам с предубеждением и постоянно донимали мелочной опекой и вели вы так себя по отношению к нам потому, что во главе нашего государства стоял алкоголик, у которого с годами произошла полная деградация личности. Но теперь все будет по-другому. Наш новый президент — душевно стойкий, глубоко порядочный человек, способный возродить Россию. В трудные времена народ избрал себе подлинно народного лидера. В его лице вы критикуете процессы нашего возрождения».

У западных политиков и экспертов, давно отвыкших от таких речей, немедленно вызвавших в памяти ассоциации с последним периодом существования Веймарской республики, наверняка мороз пробежал по коже. После поражения в Первой мировой войне Германия, лишившаяся всех колоний, сфер влияния и значительной части территории, утратила имперский статус и оказалась в международной изоляции. Державы-победительницы намеренно поставили ее в униженное положение страны-изгоя. Тогда многие немцы мечтали о появлении на политической арене сильной личности, способной утвердить свой «светлый образ» в их сердцах и внушить им надежду на скорое возрождение государства. Разумеется, не следует проводить прямые аналогии между нынешней Россией и Германией тридцатых годов. Не исключено, что Путин далеко не в восторге от навязываемой ему многими соотечественниками роли «мессии» и вовсе не склонен полностью идеализировать себя с персонажем, описанным выше — его земляком-журналистом. Да и что, в конце концов, плохого в том, что Россия научится отстаивать свои национальные интересы, станет гордиться не только прошлым, но и настоящим и более уверенно смотреть в будущее, зная, что сумеет прожить без иностранной помощи. Вскоре Путина стали рассматривать как своеобразный социально-психологический феномен. В российских СМИ неоднократно писали о загадочности его натуры, о том, что в нем есть какая-то тайна, и даже окружили будущего президента мистическим ореолом. Огромное количество россиян, за десять лет демократического развития показавших себя мыслящими и, казалось бы, любящими свободу людьми, в первые месяцы двухтысячного года пребывало в состоянии труднообъяснимом с точки зрения западных наблюдателей: люди тешили себя иллюзиями, утрата которых грозила обернуться антипатией, смешанной с горечью разочарования и чувством вины, а при неблагоприятном стечении обстоятельств даже волной насилия. Путин лично не имел никакого отношения к попыткам создать благоприятную почву для нового культа личности. Более того, он сам и члены его команды были застигнуты врасплох столь неожиданным поворотом событий. Интеллигенты, лишившиеся в последние годы достатка и материальных благ, превратившиеся, по сути дела, в маргиналов, простые граждане, измученные многомесячными задержками социальных выплат, офицеры, еще не так давно считавшиеся гордостью нации, а теперь вынужденные числиться в рядах доведенной до нищенского существования армии, уволенные в отставку сотрудники спецслужб и правоохранительных органов — все они с надеждой взирали на Путина и восторженно отзывались о нем. Не отставали от них и журналисты, как и в старые добрые времена фактически ставшие имиджмейкерами будущего главы государства и внезапно пока еще без достаточных на то оснований обнаруживших в нем качества, присущие настоящему руководителю. Мало кто в те дни отваживался открыто критиковать самого популярного российского политика. Вряд ли это объясняется только тем, что почти все крупнейшие газеты, журналы, радио- и телевизионные каналы контролировались олигархами, сформировавшими на их основе медиа-холдинг.

Самое удивительное, что о Путине тогда еще толком ничего не знали. Подавляющее большинство россиян впервые увидело своего будущего лидера лишь в августе 1999 года в момент назначения его премьер-министром. По мнению экспертов, именно этим объясняется феномен Путина. Людям надоели одни те же лица, одни и те же расхожие фразы. Политики различного толка, многие из которых ухитрились побывать депутатами Верховного Совета и Государственной думы всех созывов, олицетворяли собой прошлое, они слишком откровенно заботились о личном благосостоянии и за последние годы окончательно забыли о своих предвыборных обещаниях. Люди жаждали появления в коридорах власти подлинного новатора, иначе говоря, молодого, удачливого политического деятеля с непримелькавшимся лицом, готового взяться за претворение в жизнь новых идей и внушить измученным безысходностью российским гражданам веру в будущее. Путин казался им таким человеком. К нему как нельзя лучше подходили знаменитые слова Тютчева: «Умом Россию не понять... в Россию можно только верить!»

Феномен Путина заключался еще и в том, что внешне он ни у кого не вызывал раздражения, в отличие от других представителей российского политического бомонда, высокомерно рассуждавших о высоких материях. Путин внешне выглядел как обычный россиянин, одевался скромно, говорил свободно и непринужденно. Появись он на публике в ботинках на пластиковой подошве, по которой в начале девяностых годов на Западе безошибочно распознавали советских туристов, никто бы даже не удивился. Демократы были твердо убеждены, что Путин начнет ускоренными темпами проводить структурные реформы и сформирует правительство с их участием. Националисты понимали, что он сумеет осуществить их заветную мечту и воссоздать могучее союзное государство. Сторонники принятия жестких мер по восстановлению законности и порядка считали, что Путин начнет беспощадную борьбу с криминальным беспределом. Стремление Путина покончить с сепаратистскими настроениями и вернуть центру властные полномочия в сочетании с успешным завершением первого этапа войсковой операции в Чечне принесло ему славу чуть ли не нового «собирателя русских земель».

Разумеется, и противники Путина не сидели сложа руки. Приглашенная в день выборов в студию еженедельной информационно-аналитической программы НТВ «Итоги» журналистка Евгения Альбац чувствовала себя едва ли не будущим диссидентом. Она с горечью констатировала, что Путин представляет собой зеркальное отражение российского общества, одержимого ложными идеями. В ее представлении будущий президент — «типичный уличный мальчишка, приученный полагаться только на грубую физическую силу и хитрость». По натуре он «примитивный субъект, привыкший идти напролом», а жесты и манера поведения свидетельствуют о неуверенности в себе и сильной закомплексованности. Поэтому, дескать, он предпочитает видеть вокруг себя людей в форме. По заказу президентской администрации был проведен социологический опрос. Его поистине ошеломляющие результаты были впоследствии использовались специалистами по избирательным технологиям при организации предвыборной кампании Путина. В опросе участвовали тысячи людей из самых различных регионов. Им предложили выбрать из всех кремлевских владык XX века наиболее достойного кандидата в президенты. Кто же занял первое место? Председатель КГБ Юрий Андропов. Правда, через полтора года он скончался, но за короткое время сумел заставить людей поверить в себя. Можно ли сравнивать Путина с Андроповым. Во всяком случае, ориентированные на него политтехнологи провели целый ряд акций для того, чтобы в российском обществе ощущение грядущих кардинальных перемен было не менее сильным, чем в Советском Союзе после смерти Брежнева. Сама мысль о возможности консенсуса между правящей элитой и остальной частью населения ранее казалась абсурдной. Тем не менее Путину удалось добиться общественного согласия. Путин создал себе имидж просвещенного правителя, поставившего перед собой цель осуществить революцию сверху и реформировать экономику по китайскому образцу. Чуть заметно обозначившиеся контуры политики будущего президента позволяли предположить, что он намерен унифицировать систему власти и усилить государственное регулирование в экономической и политической областях при сохранении почти в полном объеме либерально-демократических завоеваний последних лет.

Таким образом, можно с уверенностью сделать вывод о том, что его популярность базируется в основном на приверженности большинства российских граждан политике национал-либеральной ориентации.

Чего добился Путин за время исполнения им обязанностей президента?

После ожесточенных боев Грозный был очищен от сепаратистов. Однако бывшая столица мятежной республики превратилась в груду развалин. Ко дню выборов военные действия были в самом разгаре. Федеральные войска и подразделения Министерства внутренних дел несли потери, а засевшие в горах хорошо вооруженные отряды боевиков ожесточенно сопротивлялись и, перейдя к тактике партизанской войны, регулярно совершали вылазки в равнинную часть Чечни. О намеченном комплексе мер по оздоровлению экономики Путин говорил много, но довольно расплывчато. Его опубликованные в «Известиях» и помещенные на нескольких сайтах статьи были написаны на основе аналитических материалов, подготовленных группой экспертов во главе с чистокровным немцем Германом Грефом. Еще будучи премьер-министром, Путин распорядился организовать при правительстве собственный Центр стратегических разработок. Несколько олигархов, и в первую очередь председатели правлений РАО «ЕЭС России» Чубайс и «Газпрома» Вяхирев, немедленно предложили новому государственному учреждению финансовую помощь. Общее руководство взял на себя глава правительственного аппарата Игорь Шувалов. Непосредственно же руководил этим аналитическим центром юрист Греф — родился в 1964 году в Казахстане в семье вынужденных переселенцев из Поволжья, в 1990 году закончил юридический факультет Ленинградского университета. Греф хорошо зарекомендовал себя во время работы в отделении Госкомимущества в Петергофе. В совете директоров были представлены практически все члены правительства. Исполнительным директором стал сорокалетний психолог Дмитрий Мезенцев, ранее занимавший ряд руководящих должностей в Ленинградском горкоме комсомола, а в 1990—1996 годах исполнявший обязанности пресс-секретаря Собчака.

В новом президентском институте числилось 10 штатных сотрудников. Перед ними была поставлена поистине грандиозная задача, а именно разработка концепции развития России на ближайшие десять лет. Соответствующие рабочие группы возглавили заместители министров иностранных дел (Александр Авдеев), юстиции (Эдуард Ренов), экономики (Андрей Свипаренко), политолог Максим Майер и социолог Евгений Гонтмахер. По мнению члена совета директоров пролужковской финансовой корпорации «Система» Вагифа Гусейнова, в работе центра далеко не случайно участвовало столько экспертов немецкого происхождения. Вывод известного московского политолога подтверждается сведениями, полученными из других источников. Новый президент, действительно, придает огромное значение стратегическому партнерству с Германием во всех сферах общественной жизни, поскольку превосходно знает эту страну и, по его собственному признанию, чувствует себя там как дома.

Составлением внешнеполитической программы занимался такой авторитетный неофициальный орган, как Совет по внешней и оборонной политике. Известнейшие политологи Алексей Пушков, Вячеслав Никонов, Андрей Федоров и Алексей Арбатов не покладая рук день и ночь трудились над формированием новой международной стратегии России. Роскошный офис рядом с Октябрьской площадью часто посещал Виктор Черкесов. По некоторым данным, Путин поручил первому заместителю директора ФСБ подготовить докладные записки о борьбе с коррупцией и усилению контроля главной российской спецслужбы над ситуацией в регионах. Все прекрасно понимали, что мероприятие по активному противодействию криминально-бюрократической псевдоэлите нельзя откладывать до бесконечности, но и до выборов, и после них ни Путин, ни члены его команды из числа питерских чекистов так и не сумели объяснить, как они собираются бороться с коррупцией (известно, что это был идефикс Андропова) и стимулировать приток в страну иностранных инвестиций, без которых, по словам президента, нечего даже и думать о каком-либо экономическом росте. Любой предприниматель подтвердит, что для безупречного функционирования рыночных механизмов необходимо упорядочить экономическое пространство, четко разграничить власть и бизнес, не допустить дальнейшей криминализации общества. Поэтому неудачные попытки атаковать нарастающий вал преступности, порожденный целым рядом экономических, политических и правовых факторов и усиливающий в обществе криминальную напряженность, могут негативно отразиться на имидже Путина. Практически все совершенные за последние годы громкие убийства так и остались нераскрытыми. Но для искоренения причин организованной преступности и коррупции необходимо было заменить мафиозные методы приватизации социально-экономическими. Только отсутствие четко узаконенного порядка передачи государственной собственности в частные руки породило такой произвол при разделе национального достояния.

Порой Путин позволял себе высказывания, тональность которых, несмотря на недостаточную точность формулировок и отсутствие конкретных примеров, вызывала тревогу у профессиональных политиков, всерьез озабоченных обеспечением безопасности на Европейском континенте. Так, например, после президентских указов о введении в средних школах военного обучения и массовом призыве на военные сборы на Западе сразу же поднялась волна антироссийских настроений и еще громче зазвучали голоса тех, кто утверждал, что события в России начали развиваться по наихудшему сценарию, а определяющим фактором новой политической системы станет постепенная милитаризация важнейших сфер общественной жизни. Ведь о такого рода явлениях в постсоветский период уже успели забыть. Команда Путина так и не сформулировала ко дню выборов четкие концептуальные основы будущего экономического развития, но з это представила широкой общественноси новую доктрину национальной безопасности. Так можно ли с полной уверенностью утверждать, что многоходовая хитроумная «большая игра» за право завладеть одной из богатейших в мире стран закончилась? На этот вопрос мы с полным основанием можем ответить: «Нет!» Ее финал еще не предрешен. Россия вновь на развилке исторического пути. Одна из наиболее могущественных финансово-промышленных группировок, используя материальные и административные ресурсы, а также различные способы информационного воздействия на электорат, добилась избрания президентом своего ставленника. Однако новый политический лидер сразу же ясно дал понять, что не намерен идти на поводу ключевых фигур прежней команды. Человек спортивного телосложения, с крепким рукопожатием и холодным блеском в глазах, умеющий держать в памяти огромный объем информации и скрывать нервное напряжение, уже продемонстрировал умение консолидировать вокруг себя всю властную элиту, а не только один ее узкий слой, представленный близким Ельцину и его домочадцам политико-предпринимательским кланом.

Широкая поддержка населением обеспечивает Путину свободу политического маневра и предоставляет шанс вывести страну из продолжающегося десять лет экономического спада с помощью даже непопулярных мер, но которые дадут мощный импульс общественному развитию. Путин уже доказал, что свойственный ему аккуратный стиль принятия решений и претворения их в жизнь, в отличие от столь любимых Ельциным «аппаратных революций», позволяет хоть и медленно, но двигаться вперед. Российский вариант «китайской» модели общественного устройства означает не возврат к репрессивному режиму и политико-идеологическому монополизму, а всего лишь минимизацию влияния олигархов на государственные институты, ограничение их деятельности определенными рамками. Не следует забывать, что выстраивание новых отношений власти с политической элитой, финансово-промышленными магнатами и обществом происходит в условиях кризиса российского либерализма. Тем не менее главная задача нового президента на рубеже веков — создание нормальных условий для развития страны.

Немецкая карта

У собравшихся в конференц-зале штаб-квартиры Немецкого общества по изучению внешней политики на Раухштрассе были строгие лица. К середине февраля 2000 года новый кремлевский лидер уже в значительной степени определил внешнеполитический курс России. Перед представителями берлинского политико-экономического истеблишмента выступал новый председатель Комитета по международным делам Государственной думы тридцативосьмилетний Дмитрий Рогозин. Он заявил, что «Россия готова к сотрудничеству, но не намерена все терпеть» и перечислил по пунктам прегрешения Запада. Агрессия против Югославии, совершенная с грубейшим нарушением международного права, то есть без санкции Совета Безопасности ООН, в котором Россия имела право вето. Настойчивое проталкивание администрацией США плана отказа в одностороннем порядке от выполнения условий договора по противоракетной обороне 1972 года под предлогом необходимости создания эффективной системы обороны страны от межконтинентальных ракет. Тем самым нарушился стратегический паритет между двумя ядерными державами. А отказ сената США ратифицировать договор о всеобъемлющем запрещении ядерных испытаний обрек на провал все дальнейшие попытки воспрепятствовать распространению оружия массового поражения. Развертывание широкой кампании протеста против военных действий в Чечне с подключением к ней политических, общественных и правозащитных организаций, сопровождаемое угрозами отсрочки или даже полной приостановки предоставления западных кредитов.

Проделывая это, Запад, по словам Рогозина, совершенно не представляет себе истинных масштабов зверств и насилий, совершаемых чеченскими боевиками, и упорно отказывется признать за Россией право на защиту своей территориальной ценности.

Рогозин подверг резкой критике российских специалистов по информационным технологиям за их непрофессионализм. По его мнению, федеральные власти так и не смогли внятно объяснить Западу, что именно происходит в Чечне и какие силы заинтересованы в дестабилизации обстановки на Северном Кавказе. Очевидно, слова Рогозина нашли отклик в Кремле. Во всяком случае, ответственным за информационное противодействие чеченским сепаратистам был назначен не кто иной, как бывший пресс-секретарь Ельцина Сергей Ястржембский, работавший вместе с Путиным в президентской администрации. Отныне опытный дипломат выполнял ту же роль, что и представитель НАТО Джами Ши во время военного конфликта в Косове. В конце выступления Рогозин сменил интонацию и счел нужным подчеркнуть, что «президент Путин испытывает особые чувства к вашей стране». Вел заседание посол, несколько лет проживший в России. Он сразу насторожился, услышав, как кто-то в первом ряду прошептал: «Сейчас выложат немецкую карту». Рогозин и Ястржембский представляли новое поколение российской дипломатии. Самоуверенные, не скрывавшие своих антикоммунистических взглядов, свободно владеющие иностранными языками и привыкшие проводить отпуск на Средиземноморском побережье, они даже внешне ничем не отличались от жителей западноевропейских стран или США и превосходно знали западный менталитет и западную систему ценностей.

Если бы не война в Чечне, этих недавно пришедших в политику молодых людей встретили бы за рубежом с распростертыми объятиями. Несколько раздражали, правда, их великодержавные амбиции. Ради величия государства они были готовы даже пожертвовать демократией и нисколько не сомневались в том, что Россия по-прежнему является одним из важнейших факторов мировой политики. Ее новая правящая элита обладала качественно иным историческим опытом и по-иному относилась к действующим в эпоху глобализации в системе международных отношений правилам игры, чем политический клан западных стран. Это поколение не стеснялось открыто проявлять патриотизм, повсеместно считавшийся на Западе чуть ли не анахронизмом XIX века. Известный внешнеполитический обозреватель Алексей Прудков на прошедшей в конце января 2000 года в Берлине первой сессии Европейского союза, посвященной положению в Чечне, произнес знаменательную фразу: «Мы чувствуем, что являемся великой державой. Без этого чувства мы лишимся объединяющей идеи». Александр

Солженицын призвал Запад, вот уже тридцать лет, по его мнению, упорствующий в своих заблуждениях, наконец одуматься и понять, что после падения коммунистического режима Россия сможет стать современным демократическим государством лишь при условии ее возврата к традиционным ценностям XIX века.

Несмотря на общий агрессивный тон выступления Рогозина многие слушатели с одобрением отнеслись к его словам. Депутаты различных фракций бундестага, представители концерна «Даймлер-Крайслер» и журналисты засыпали его вопросами. В конце концов профессор Кайзер пригласил всех в расположенный за углом французский ресторан «Дю Понт». Русский, с примесью черногорской крови, говорил настолько искренне, что произвел сильное впечатление даже на своих оппонентов. Естественно, что далеко не все поддержали его. «Постоянно получается, что Россия оказывается перед альтернативой: или сотрудничество с Западом на основе его идей, или, напротив, конфронтация с ним». «Так дальше дело не пойдет», — прямо заявил Рогозин, стремясь вызвать присутствующих на откровенность. «Российская сторона не должна всегда и всюду жаловаться на плохое обращение. На Западе создалось впечатление, будто Россия воспринимает финансовую помощь с его стороны как нечто само собой разумеющееся. Уж очень некрасиво относиться к нам только как к щедрому кредитору», — услышал в ответ российский парламентарий. «Мы скоро вновь станем великой державой, поэтому с нами придется считаться», — улыбаясь, Рогозин погрозил пальцем. «России не выжить без западной помощи, не стоит переоценивать ее потенциал», — возразили ему. «Так помогите нам встать на ноги. Европе нужна Россия, чтобы в дальнейшем совместными усилиями принять вызов времени», — примирительно произнес Рогозин.

Начиная с 1992 года МВФ предоставил России кредиты на общую сумму в 21 миллиард долларов. За тот же период из нее вывезли нелегально около 180 миллиардов долларов! «Получите эти деньги назад и тогда такая западная помощь вам больше не понадобится», — посоветовал Рогозину один из членов бундестага и дружески похлопал его по плечу. В ходе дискуссии выяснилось, что Россия и Запад по-разному воспринимают друг друга. После окончания «холодной войны» сложился новый миропорядок, в основу которого легли ценности либеральной демократии. Постсоветская Россия вначале стремилась присоединиться к нему. После краха августовского путча и распада СССР в декабре 1991 года Ельцин и его окружение поставили перед собой задачу добиться вхождения демократической России в западную систему безопасности и принятия ее в международные финансовые организации. Новая российская политическая и деловая элита была готова окончательно избавиться от тяжелого наследия коммунистического режима и принять западные правила игры в международных отношениях, надеясь, что Запад поможет реформировать прежнее общественно-экономическое устройство. Сначала сотрудничество между главными соперниками эпохи «холодной войны» развивалось чрезвычайно успешно, но уже в середине девяностых годов романтический период их отношений закончился. Чеченская война с ее многочисленными жертвами вызвала бурные протесты на Западе, и процесс расширения НАТО на Восток встретил упорное сопротивление со стороны Москвы. Россия пересмотрела свои отношения с западными странами и отказалась от первоначальной стратегии быстрой интеграции в сообщество демократических государств.

Основная проблема России заключается сейчас в том, что, в отличие от Польши, Венгрии или Чехии, ей предстоят гораздо более сложные преобразования. Самое трудное для нее — не переход к демократии и рыночной экономике, а отказ от имперской идеи. Западные государства хотят видеть Россию демократической и экономически развитой страной, но отнюдь не амбициозной сверхдержавой. Поэтому Запад постоянно требует от Кремля отказа от централизованной властной вертикали и великодержавных устремлений. В свою очередь российская правящая элита твердо убеждена в том, что дальнейшее расширение прав регионов лишь способствует укреплению явных, как в Чечне, или скрытых, как в Татарстане, сепаратистских тенденций.

Развитие ситуации внутри СНГ также послужило поводом для конфронтации России с Западом, настаивавшем на необходимости придерживаться принципа геополитического плюрализма в отношениях с постсоветскими государствами. Москва же упорно использовала термин «ближнее зарубежье», создавая тем самым ощущение, что лишь частично признает суверенитет бывших советских республик. В период второго президентского срока Ельцина ослабленная непрекращающимся экономическим кризисом и неудачной войной в Чечне Россия уже не могла эффективно противодействовать новому процессу дезинтеграции на всем постсоветском пространстве. В конце девяностых годов в Каспийско-Черноморском регионе возник альтернативный геополитический блок, получивший название ГУУАМ, поскольку в него вошли Грузия, Украина, Узбекистан, Азербайджан и Молдавия. Утрата Россией вначале девяностых годов контроля над воздушным пространством стран Балтии привела впоследствии к общему ослаблению ее военного потенциала в южной части постсоветского пространства. Президент Путин наверняка попытается теперь вывести зашедший в тупик процесс интеграции на качественно более высокий уровень. Он уже намекает на заманчивые для бывших советских республик перспективы российского рынка и намерен оказать политическую поддержку экономической экспансии крупных российских компаний в эти страны. Но, похоже, момент уже упущен. Государства — члены ГУУАМ придерживаются прозападной ориентации и весной 1999 года открыто поддержали военную акцию НАТО на Балканах.

Именно во время событий в Косове российское руководство наконец осознало, что не в состоянии эффективно противостоять Западу и осуществить на практике свои великодержавные амбиции. Интеграция в мировое сообщество требует от России соблюдения определенных «правил поведения». В последние годы Запад, и в первую очередь США как единственная оставшаяся супердержава, зачастую вмешивался в политические процессы, чтобы удержать Москву в русле нормальных отношений с ним. В марте 1997 года президент США Клинтон обещал Ельцину в Хельсинки поддержать просьбу России о ее присоединении к странам «Большой семерки» и ВТО при условии ее молчаливого согласия на начало первого этапа расширения НАТО на Восток. Через два года Россия приложила немало усилий и даже предприняла отчаянный марш-бросок десантников в Приштину с целью повлиять на политическое обустройство Балкан и определение будущего Югославии, но так и не сумела добиться нужных ей результатов. Но, с другой стороны, на прошедшем в Стамбуле в ноябре 1999 года саммите глав государств — членов ОБСЕ, несмотря на оказанный на Россию премьер-министрами нескольких западных стран натиск в связи с войной в Чечне, переговоры между Кремлем и Западом не были сорваны.

Здесь, безусловно, сыграла свою роль позиция Ельцина, никогда не допускавшего в отношениях с Западом разрушительных тенденций. Бывший российский президент неуклонно придерживался внешнеполитического курса, начатого Горбачевым в 1988 году, поскольку инстинктивно понимал, что без западной помощи стране не удастся довести до конца экономические реформы. Тем не менее в российскую внешнюю политику были привнесены значительные изменения с целью противостоять усиливающимся претензиям США на первую роль в международных отношениях и помешать реализации концепции однополярного мира. Российская властная элита решила мобилизовать все ресурсы для повышения геополитического статуса России. Смена направления российской внешней политики была тесно связана с именем тогдашнего министра иностранных дел Примакова и представляла собой, в сущности, реакцию на продвижение НАТО в восточном направления. Примаков стремился привлечь в качестве союзников Китай и Индию, однако эти страны уже давно руководствовались собственными геостратегическими интересами, далеко не во всем совпадающими с намерениями России. Они не собирались помогать ей вновь превратиться в доминирующую сверхдержаву на европейском пространстве. Китай согласился сделать вид, будто готов стать стратегическим партнером России, лишь для того, чтобы несколько умерить внешнеполитические амбиции США. На самом деле эти государства стремились использовать Россию как противовес Западу. Москва же из-за собственных завышенных претензий порой никак не желала этого признать.

Собственно говоря, для Путина также не существует какой-либо альтернативы прагматичному сотрудничеству с Западом. Разумеется, он пытается разработать новую стратегическую концепцию интеграции нашей страны в мировое сообщество с учетом обеспечения собственных экономических и политических интересов.

Очевидно, новое руководство считает стратегической ошибкой одностороннюю ориентацию США, государства, за последние годы всячески препятствовавшего усилению позиции бывшего соперника на мировой сцене. Современное международное положение Путин расценивает с точки зрения профессионального разведчика. В книге «От первого лица» он подробно описывает, как представители радикальных исламских кругов пытаются, опираясь на поддержку стран Ближнего и Среднего Востока, распространить свое влияние на южные регионы СНГ и после завоевания Северного Кавказа подчинить себе часть территории Волжского бассейна. На берегах Волги, где находятся важнейшие стратегические запасы нефти, в Татарстане и Башкортостане проживает бо́льшая часть российских мусульман. Если эти субъекты Федерации окажутся под контролем исламских экстремистов, которым удастся продвинуться до Урала, то, по мнению Путина, неизбежен распад России на европейскую и азиатскую части с последующей утратой государственного суверенитета. Для лидеров европейских стран крайне важно знать, как Путин собирается строить отношения с исламским миром. Такое многонациональное государство, как Россия, не может допустить возникновения на своей территории нового вооруженного конфликта с исламистами. Исторический опыт свидетельствует, что такого рода тенденции чреваты очень опасными последствиями. Достаточно вспомнить, что мусульмане в России поддерживали косовских албанцев, русские — сербов. Стоит ли говорить о том, что такие разногласия таят в себе взрывоопасный материал огромной разрушительной силы.

Во внутренней политике Путин ловко маневрировал между коммунистами и демократами, авторитарными и либеральными идеями, усилением в экономике государственного контроля при одновременном укреплении частного сектора. В области внешней политики он вел себя точно так же, ибо вплоть до окончательной консолидации своей власти не хотел ни с кем портить отношения. С одной стороны, он обещал западным бизнесменам устроить для них в России «инвестиционный рай». И естественно, завоевал симпатии крупных немецких, французских и английских предпринимателей, способных повлиять на политические решения своих правительств. Представителей западного политического истеблишмента он сумел убедить в своей готовности подумать над проблемой вступления России в НАТО. С другой стороны, новый президент умело использовал в своих целях великодержавные амбиции высшего генералитета. Но Россия обладала единственным атрибутом подлинного государственного величия — ядерным оружием, которое Путин, как и его предшественники, намеревался, разумеется, использовать только в качестве средства политического давления.

Восстановление военной мощи государства было объявлено приоритетным направлением в политике Путина, и Вооруженные силы сделались его любимым детищем. По меткому замечанию известной московской журналистки, «Путин не служил в армии, но за последние несколько недель с лихвой наверстал упущенное. Он летал на истребителе, находился на борту подводной лодки в момент погружения, ночевал в каюте командира авианесущего крейсера, собственноручно подал сигнал к испытательному запуску ракеты среднего радиуса действия. Вот только в космос он пока не летал». Еще будучи исполняющим обязанности президента, Путин увеличил военный бюджет в целом и расходы на разработку новых систем стратегических вооружений в частности на пятьдесят процентов.

Некоторые политологи сразу же заговорили о «ползущей» милитаризации российской внешней политики и усилении в ней силового фактора. Другие наблюдатели, напротив, полагали, что Путин всерьез собирается превратить пришедший при Ельцине в полнейший упадок высокотехнологический промышленный комплекс в двигатель реформ, нацеленных на оздоровление и подъем всей российской промышленности.

Стратегическим военным партнером России по-прежнему остается Европейский союз. Она ни в коем случае не намерена оставаться в стороне от проводимой странами — членами ЕС скоординированной внешней и оборонной политики. Москва опасается, что после расширения НАТО на Восток и усиления влияния государств — членов организации Североатлантического договора на Балканах и в Каспийском регионе ее попросту отстранят от участия в процессе интеграции внутри Европейского союза. Российское руководство предложило Западу начать переговоры о создании всей европейской системы коллективной безопасности. Новая российская стратегия в отношении ЕС предусматривает также расширение экономического сотрудничества со странами Западной Европы. Европейским компаниям по добыче энергоресурсов обещают создать льготные условия на российском рынке. Существует также план формирования валютных резервов исключительно из евро. Россия открыто предлагает странам — членам ЕС приступить к осуществлению совместного проекта создания Каспийского трубопроводного консорциума, так как всерьез опасается, что сооружение нефтепровода Баку—Джейхан, транспортировка нефти исключительно по «турецкому маршруту» и реализация проекта транспортного коридора Европа—Кавказ—Центральная Азия» повлекут за собой уменьшение ее влияния в районе Каспийского моря и даже ее вытеснение из Закавказья и Средней Азии. Российское руководство также хочет добиться от ЕС согласия на создание глобального навигационно-информационного пространства и расширить масштабы сотрудничества в области борьбы с организованной преступностью. И наконец, Россия обещает, что при проведении экономических реформ будет ориентироваться на западноевропейскую модель социального рыночного хозяйства в противовес американской модели либеральной экономики.

После событий в Косове, резкой критики западными странами военных методов борьбы с чеченским сепаратизмом и особенно после августовского финансового краха, разрушившего основы рыночной экономики девяностых годов, в России к Западу относятся с крайним предубеждением. Как политический истеблишмент, так и широкие слои населения, введенные в заблуждение краткосрочным экономическим подъемом (в 1999 году происходил непрерывный рост производства определенных видов отечественной продукции), полагали, что в дальнейшем смогут обойтись без такой «тягостной ноши», как финансовая зависимость от Запада, и проводить политику «конструктивного изоляционизма» или «прагматичного реализма». Иначе говоря, Путин намерен обойтись без западных кредитов, что совершенно не исключает взаимовыгодного сотрудничества с Западом в определенных областях при непременном соблюдении собственных великодержавных геополитических интересов.

В Германии многие надеялись, что с приходом к власти Путина произойдет восстановление доверительных отношений с Россией. Ведь он — настоящий германофил с изрядной примесью достаточно романтических представлений о той любимой стране, в которой он, по его собственным словам, побывал великое множество раз. Путин превосходно разбирается в германской политике и знает менталитет германской элиты лучше многих своих дипломатов-германистов. Будущий президент в качестве частного лица побывал даже в самых отдаленных уголках ГДР, а затем и воссоединенной Германии.

Еще два года назад ни у кого не вызывало сомнений, что российско-германские отношения никогда еще не были такими прочными и стабильными. Это произошло благодаря Ельцину и Колю. Германия выступала в роли главного ходатая России в процессе ее интеграции в европейские организации и военно-политические блоки. Ни одна другая страна так не поддерживала проводимые в России в девяностых годах реформы, как Германия, ни одна другая страна не располагала таким количеством представительств своих компаний в России. «БМВ» инвестировал строительство автомобильного завода в Калининграде, концерн «Рургаз» скупил почти пять процентов акций «Газпрома», а корпорация «Даймлер-Крайслер» воздвигла огромное офисное здание в самом центре Москвы. Во время многочисленных правительственных кризисов Германия также с бо́льшим пониманием относилась к необходимости изменения курса реформ, чем остальные государства — члены «Большой семерки».

«Истинно мужская дружба» между Колем и Ельциным выдержала все испытания. На ней никак не отразилась ни шумиха вокруг так называемого «русского следа» в темной истории с контрабандой плутония, ни война в Чечне, ни фактический отказ российских властей от возвращения принадлежавших Германии произведений искусства, захваченных советскими войсками в конце Второй мировой войны. Политика Коля, основанная на совместных с Ельциным посещениях сауны и катаниях на лодках, привела в тому, что переход России в конце девяностых годов к новой геостратегии повлек за собой ухудшение ее отношений с Германией. Вину за продвижение НАТО на Восток и усиление влияния западных государств на постсоветском пространстве в Москве по-прежнему возлагали на США. Избранная Колем удачная тактика налаживания дружеских связей с российской стороной, в конце концов полностью перешедших под его личный контроль, позволила Германии взять на себя роль посредника между Россией и Западом.

Коль не только безотказно предоставлял Ельцину огромные кредиты. Бонн и Москва приступили к разработке чрезвычайно интересных совместных проектов. Достаточно сказать о так и не осуществленном из-за российко-украинских разногласий плане совместного создания военного самолета АН-70 и все более тесном сотрудничестве в такой сфере, как строительство газопровода и поставки природного газа. Угроза социального взрыва в России вынуждала Германию обращаться за помощью к этой стране в борьбе с контрабандой, международной торговлей наркотиками, нелегальным провозом ядерных материалов, незаконной эмиграцией и международным терроризмом. Немецкое общество по изучению внешней политики и другие организации провели во второй половине девяностых годов ряд встреч с видными российскими политиками, посвященных проблеме противодействий международной преступности. Так, в декабре 1997 года на одной из подмосковных государственных дач и в июне 1998 года в отеле «Редут» с российскими министрами встречались руководитель администрации федерального канцлера в ранге государственного министра Б. Шмидтбауэр и начальник одного из отделов А. Ханнинг, возглавивший позднее Федеральную разведывательную службу. После прихода Путина к власти ДГАП обсуждала с представителями министерства по атомной энергии РФ возможности экономического использования плутония. Но вопреки желанию кое-кого из российских политических деятелей великодержавного толка российско-германские отношения отнюдь не наводили на мысль о возникновении втайне от других европейских государств оси Бонн — Москва. Разумеется, неверное истолкование в российской столице внешнеполитического курса объединенной Германии смущало многих немцев. Бонн упорно отказывался от возврата к политике двадцатых годов прошлого века. Германия после Второй мировой войны твердо заявила об отказе от любых притязаний на гегемонию в Европе.

Бонн также отнюдь не стремился вести с Москвой переговоры о создании каких-либо новых геополитических блоков без участия США и стран Центральной и Восточной Европы. К идее создания «тройки» Германию подтолкнуло, с одной стороны, желание не ссориться с Ельциным, а с другой — боязнь заставить руководителей других европейских держав усомниться в искренности намерений федерального канцлера. В марте 1998 года он встретился в правительственной резиденции под Москвой с президентами России и Франции для того, чтобы свободно обменяться мнениями по целому ряду вопросов. На этой встрече Франция исполняла роль «добропорядочной дамы». Россия же демонстративно стремилась «станцевать танго» с европейскими странами с целью заставить Вашингтон ревновать себя. В итоге Ельцин был вынужден примириться со следующим печальным для него обстоятельством: европейские государства предпочитают и дальше «состоять в законном браке» с США и даже не помышляют о разводе, ибо более подходящего партнера нет и вряд ли предвидится. Осенью 1998 года в Германии было сформировано коалиционное правительство Шредера — Фишера. Сама суть отношений с Россией не изменилась, но их дух стал совершенно иным. Шредера абсолютно не интересовала «великая историческая перспектива» его восточного партнера. Он предпочитал руководствоваться прагматическими соображениями, в понимании нового федерального канцлера его страна в первую очередь являлась крупнейшим кредитором России. К моменту его прихода к власти ее суммарный внешний долг уже приближался к ста семидесяти миллиардам долларов. Выплачивать его предполагалось на протяжении жизни нескольких поколений. На Германию приходилась почти половина внешних заимствований России. Шредер никак не мог понять, почему это государство в условиях обострения кризиса не обратится к историческому опыту Германии, оказавшейся после окончания Второй мировой войны в аналогичной экономической ситуации. Утрата восточных земель, составлявших все же 25 процентов сельскохозяйственных угодий бывшего германского рейха, вынуждала ради подъема народного хозяйства всемерно укреплять и развивать внешнеэкономические связи. Тогда США, подобно возникшему позже МВФ, активно способствовали выходу Германии и других промышленно развитых европейских стран на мировой рынок и в 1948—1952 годах выделили на оказание им финансовой помощи 14 миллиардов долларов. В переводе на нынешний курс это примерно 80 миллиардов долларов. Приблизительно столько Россия должна теперь Германии. Но сколько можно было еще ждать позитивных перемен в российской экономике? Российская сторона сразу почувствовала, что при новом главе федерального правительства проблемы, связанные с погашением внешней задолженности, могут самым негативным образом отразиться на ее отношениях с Германией. Шредера отнюдь не прельщала роль «друга Герхарда».

При прежнем правительстве Москва практически всегда имела шанс получить новый кредит. Российские наблюдатели подчеркивали, что лидер христианских демократов, сумевший при поддержке России, в отличие от Бисмарка, бескровно объединить Германию, испытывал своеобразный «комплекс благодарности». По словам бывшего председателя Комитета по международным делам Государственной думы прежнего созыва, в лице Коля «ушло целое поколение, тяжело переживавшее раскол страны и зацикленное на проблеме воссоединения».

В сентябре 1999 года федеральное правительство переехало в Берлин. Расстояние между двумя столицами сократилось на 600 125 километров. Российские политики тут же гурьбой устремились в Германию. Лидер коммунистов Геннадий Зюганов счел своим долгом дать занявшее немало эфирного времени интервью берлинскому телеканалу «РТВД», ориентированному на русскоязычную аудиторию. «В Берлине все-таки живут почти 100 000 русских, — заявил он, — и многие из них непременно отдадут голоса одному из кандидатов в президенты. Поэтому я начинаю здесь предвыборную кампанию». Некоторые представители российского политического бомонда, приехавшие в Берлин вслед за Зюгановым, откровенно агитировали в пользу Путина. Их появление в столице Германии далеко не случайно совпало по времени с неофициальными визитами других посланцев Кремля в Лондон и Париж. Неожиданно появившийся в кабинете английского премьер-министра Тони Блэра бывший руководитель президентской администрации Юмашев, видимо, сумел все-таки убедить его в правильности проводимой Путиным политики. Еще несколько московских эмиссаров более низкого ранга настойчиво внушали французам следующую мысль: «Запомните: немцы хотят отдельно от всех договориться с Путиным. Вам непременно нужно их опередить».

Однако продолжение военных действий в Чечне заставило европейцев, надеявшихся на значительное улучшение отношений с Россией, отказаться от своих иллюзий. В январе кампания осуждения российской политики на Северном Кавказе, как обычно сопровождаемая угрозами приостановить или отсрочить выделение кредитов, вдруг резко пошла на убыль. Европейские лидеры как бы давали Путину срок «одуматься» и попытаться найти вариант политического решения конфликта. На следующий день после объявления итогов президентских выборов представители ЕС предложили новому «хозяину Кремля» вновь приступить к переговорам о «стратегическом партнерстве». Правда, правительство никак не отреагировало на приход к власти Путина. Инициативу у него тут же перехватил Тони Блэр. В марте он и Путин провели вместе с женами в Санкт-Петербурге политико-культурный уик-энд и в результате стали обращаться друг к другу на «ты». Через три недели после избрания Путина президентом и еще за месяц до инаугурации Блэр предложил «другу Владимиру» совершить свой первый зарубежный визит именно в Англию.

Путин уже приоткрыл «немецкую карту». Его советники нисколько не сомневались в том, что после вступления в должность он немедленно отправится с официальным визитом в Германию. Но федеральное правительство упустило свой шанс, и Путин решил разыграть эту «карту» в более подходящий момент.

P. S.

Осень 2000 года. Вена. Российский культурный центр. Презентация книги Александра Рара «Владимир Путин. „Немец" в Кремле». Участники дискуссии — дипломаты, политологи, журналисты ведущих газет Австрии и других стран. По приглашению одного из венских издательств и директора Российского культурного центра М. Владимира автор этих строк — участник этой встречи.

Особый интерес, безусловно, вызывает сентябрьская встреча А. Рара с российским Президентом В. Путиным, продолжавшаяся более трех часов.

Кто же такой Александр Рар?

Сын бывшего сотрудника радиостанции «Свобода» Глеба Рара и Софьи Ореховой, известный германский политолог, один из ведущих сотрудников Германского общества внешней политики. Не только авторитетный и признанный в мире эксперт-международник, к чьему мнению прислушиваются, но и тонкий знаток политической кухни России.

Отметим безошибочность политического чутья Рара, который первым на Западе откликнулся на вопрос: «Кто Вы, господин Путин?» Вопрос, над которым ломали голову представители делового и политического мира Запада.

Несколько слов о личных наблюдениях.

Принимая участие в последние годы вместе с А. Раром в работе различных европейских форумов и конференций, я не мог не обратить внимания на добротность и аналитическую глубину его оценок и выводов, касающихся процессов в мире, Европе и России. Поддерживающий постоянные рабочие связи с рядом российских политиков и политологов, А. Рар имеет возможность быть в гуще политических процессов. И не удивительно, что автор книги «Владимир Путин. „Немец" в Кремле» не ограничился рамками жизнеописания карьеры и взлета нынешнего российского Президента, а сделал серьезный анализ развития событий в российском обществе.

Парадоксально, но этот анализ по своей актуальности, насыщенности фактами, по точным наблюдениям, не всегда безошибочным, но интересным суждениям во многом опережает работу отечественных биографов и политологов. Разумеется, полной и абсолютно достоверной информацией о себе располагает только В. Путин, однако его мемуаров особенно нетерпеливым читателям, видимо, придется еще долго ждать. Поскольку книга А. Рара написана «по горячим следам», в ней есть неточности, которые автор сможет поправить в новых, расширенных изданиях.

Мне же хотелось бы остановиться лишь на некоторых из них. Многих у нас в стране, да и за рубежом, интересует и интригует тот период жизни В. Путина, когда он работал в советской разведке. Относительно чего циркулирует особенно много небылиц и слухов, вызванных обывательским любопытством и стремлением удовлетворить его. Есть и откровенно недоброжелательные публикации на эту деликатную тему, попытки представить В. Путина то вездесущим суперменом, нанесшим непоправимый ущерб Западу, то «провалившимся» или никак не отличившимся рядовым сотрудником КГБ. Вдумчивый и рассудительный А. Рар не относится ни к тем, ни к другим, но все же некоторые гуляющие по страницам мировой прессы штампы не миновали его книги.

Общаясь с нашими авторитетными разведчиками, работавшими в ГДР одновременно с В. Путиным, я не без труда смог получить от них факты, опровергающие некоторые мифы. Например, далеки от реалий выдвигаемые версии о том, что В. Путин был «типичным кабинетным работником и ему не поручали важных заданий» (хуже участи для уважающего себя оперативного работника не придумаешь!) или, наоборот, «был настолько законспирирован, что о его существовании не подозревали даже в вышестоящих инстанциях» (звучит заманчиво, но даже Флеминг не додумался до такого статуса Джеймса Бонда!). Владимир Путин рассматривался как вдумчивый, знающий, умеющий интеллигентно работать с людьми и перспективный разведчик, пользовался уважением у непосредственных руководителей и, что более важно, авторитетом в коллективе.

Не место красит человека. Работая в периферийном, с точки зрения снобов, Дрездене, В. Путин уверенно для своего молодого возраста продвигался по служебной лестнице и поднялся за командировку на две ступени в должности и звании. Неверны утверждения о том, что ГДР, особенно во время происходивших в мире бурных перемен, была для наших разведчиков неким «отстойником», хотя определенное омоложение руководящего состава было желательным и зрело. Представительство и его подразделения были эффективным и не в коей мере не репрессивным загранаппаратом. Не следует рассматривать всерьез предположение о том, что «перед тем как отправиться в Бонн или другой западногерманский город, требовалось прослужить несколько лет начальником отдела центрального аппарата КГБ». К деятельности группы «Луч» (вокруг которой на Западе строится много домыслов), изучавшей и анализировавшей на безагентурной основе общественно-политические процессы в стране пребывания, В. Путин отношения не имел.

В свете изложенного стоит ли удивляться, что он, как отмечает А. Рар, избегает любых разговоров на эту тему? В деталях рассказывать о столь специфической сфере работы любому бывшему офицеру разведки не пристало, нахваливать себя Президенту было бы нескромно, а заниматься самобичеванием — не за что! Заслуживающую внимания фразу бросил как-то в беседе с В. Путиным бывший госсекретарь США Генри Киссинджер: «Все приличные люди начинали в разведке. Я тоже».

В целом у Александра Рара получился неплохой портрет В. Путина: взгляд информированного и стремящегося к объективности человека на видимые и подспудные процессы, происходящие в России, а также прогноз возможных процессов будущих российско-германских отношений.

Безусловно, последнее десятилетие российско-германские отношения отличались стабильностью и предсказуемостью. Пожалуй, правы те, кто и в Германии, и в России считали и считают, что ни одна другая европейская страна не оказывала российским реформам, несмотря на их спорность и непоследовательность, столь мощной финансовой и политической поддержки, как Германия.

Вспомним заявление бывшего германского канцлера Гельмута Коля, объявившего российское направление германской внешней политики своим приоритетом. В русле этой политики двигались и такие капитаны немецкого бизнеса, как Даймлер-Крайслер, БМВ, Рургаз, Дойче-Телеком и другие.

Между тем и в России, и в Германии многие политики и аналитики не могли не видеть серьезных издержек в создании правового государства, социально ориентированной рыночной экономики, несмотря на мощную поддержку западных стран, а может быть (и скорее всего), из-за ее бездарного использования.

На память приходят мнения российских и германских участников Бергердорфского форума, проходившего в 1999 году в Москве. Стоит привести слова вице-президента Дойче-банка У. Карьтельери: «Россия утратила с начала перестройки немногие преимущества бывшего планового хозяйства, но так и не сумела воспользоваться огромными преимуществами рыночного хозяйства. Вместо этого российская экономика приобрела все пороки неконтролируемого капитализма». Все это не могло не тревожить немецкое общественное мнение, финансовые и промышленные круги.

Обратимся к марту 2000 года. Победа Владимира Путина, как мы помним, вызвала на Западе разноречивые комментарии. На фоне таких клише, как «загадка», «феномен», «мистика», А. Рар — один из немногих западных экспертов, сумевший взвешенно и непредвзято подойти к личности нового лидера нашей страны, увидеть и понять поведение российского избирателя.

Россияне хотели видеть руководителем государства молодого политика с новыми идеями, динамичного, с цельным характером и волей. «Политика, — пишет А. Рар, — которому можно было вновь верить после столь долгих лет разочарований.

Путин сумел обеспечить в сегодняшней России, внутри ее элиты и среди ее населения столь широкий консенсус, который никогда не считался возможным...»

А. Рар прав, когда говорит о том, что в багаже В. Путина есть важный запас, который может помочь справиться с грузом задач, возложенных на него. Это

312

знание Германии, а через германскую призму и всего западного мира.

Отметим, что Президент России — один из немногих руководителей страны, кто не понаслышке знает и понимает жизнь за границей со всеми ее плюсами и минусами, умеет сопоставлять и учитывать опыт, приобретенный на практике.

Прошел год, как Владимир Путин у власти. В какой-то мере этот год дал ответ на вопрос А. Рара: способен ли российский Президент консолидировать российское общество, готов ли поставить на реалистические рельсы отношения с ведущими государствами мира, сумеет ли в хорошем смысле слова «разыграть немецкую карту». Уже сегодня можно сказать, что немецкое направление российской внешней политики работает полнокровно и активно.

Другое дело, что в самой Германии существуют два подхода к России. Сторонники первого — ряд политиков и многие высшие представители германской экономики — с оптимизмом относятся к будущему нашей страны. Они верят, что Россия сделала свой выбор в пользу Европы и взаимной стабильности, а западным предпринимателям обеспечено получение здесь хорошего дохода от бизнеса. Другие по-прежнему смотря на Россию с недоверием, выражают серьезные сомнения в успехе демократического реформирования и опасаются ее мощного конфликтного потенциала, исходя из того, что Кремль озабочен единственной проблемой — восстановлением своего статуса сверхдержавы. Представители этого лагеря советуют правительству ФРГ дистанцироваться от В. Путина и «понуждать» российского лидера к углублению рыночных реформ и построению гражданского общества. Второй путь, разумеется, тупиковый, и автора книги нельзя упрекнуть в приверженности ему.

Правительство ФРГ во главе с Герхартом Шредором, указывал А. Рар в одном из своих интервью, пытается совместить эти два подхода, полагая, что недоверие можно развеять прежде всего путем конкретного и прагматического сотрудничества.

О Владимире Путине еще много напишут, но книга А. Рара стала отправной. В ней даны ответы на многие вопросы и поставлены новые, которые предстоит решать России и ее Президенту.

Вагиф Гусейнов,
директор Института стратегических оценок и
анализа, генерал-майор.
Апрель, 2001 год

ИМЕННОЙ УКАЗАТЕЛЬ

Андропов Юрий Владимирович (1914—1984)

Родился в ст. Нагутская Ставропольского края. Закончил техникум водного транспорта. Перед Великой Отечественной войной занимал ряд руководящих постов в органах ВЛКСМ. В 1953—1957 гг. чрезвычайный и полномочный посол СССР в Венгрии. В 1967—1982 гг. председатель КГБ СССР. Генерал армии. В 1982—1984 гг. Генеральный секретарь ЦК КПСС и Председатель Президиума Верховного Совета СССР. Скончался в 1984 г.

Барсуков Михаил Иванович

Родился в 1947 г. в Липецкой области. Закончил Московское высшее военно-командное училище им. Верховного Совета РСФСР и Военную академию им. М. В. Фрунзе. Генерал армии. С 1992 г. начальник Главного управления охраны Российской Федерации — комендант Московского Кремля. В 1995—1996 гг. директор ФСБ.

Березовский Борис Абрамович

Родился в 1946 г. в Москве. Закончил факультет электроники и счетно-вычислительной техники Московского лесотехнического института, мехмат Московского государственного университета и аспирантуру. В 1969—1987 гг. научный сотрудник, затем зав. сектором Института проблем управления АН СССР. Член-корреспондент РАН. Возглавляет или имеет непосредственное отношение к целому ряду мощных коммерческих и банковских структур, из которых наиболее известными являются холдинг «Логоваз», «Автомобильный всероссийский альянс», «Автовазбанк», АКБ, Объединенный банк и т. д. Заместитель председателя правления Общественного российского телевидения (ОРТ). В 1997—1999 гг. занимал посты заместителя секретаря Совета безопасности РФ и исполнительного секретаря СНГ.

Берия Лаврентий Павлович (1899—1953)

Родился в Абхазии. Учился в городе Сухуми и Баку. Возглавлял ОГПУ Закавказья. В 1931—1938 гг. руководил партийной организацией Грузии. В 1938—1945 гг. нарком внутренних дел СССР. Маршал Советского Союза (1945). В 1945 г. был назначен председателем спецкомитета по созданию ядерного оружия. После смерти И. В. Сталина занимал должность министра внутренних дел СССР. В декабре 1953 г. расстрелян по приговору Специального судебного присутствия Верховного суда СССР.

Бородин Павел Павлович

Родился в 1946 г. в г. Вилюйске. Закончил Московский геологоразведочный институт. В 1990—1993 гг. председатель горисполкома г. Якутска. В 1993—2000 гг. управляющий делами администрации президента РФ. С 2000 г. государственный секретарь Союза Россия — Белоруссия.

Брежнев Леонид Ильич (1906—1982)

Родился в с. Каменское (ныне Днепродзержинск). Закончил Курский землеустроительно-мелиоративный техникум. Занимал ряд руководящих постов в комсомольских и партийных органах областного масштаба. В 1941—1945 гг. заместитель начальника Политуправления Южного фронта, начальник политотдела 18-й армии, начальник Политуправления 4-го Украинского фронта. Генерал-лейтенант (1953). Маршал Советского Союза (1977). После октябрьского (1964) Пленума ЦК КПСС — первый, затем Генеральный секретарь ЦК КПСС. С 1977 г. одновременно Председатель Президиума Верховного Совета СССР.

Гайдар Егор Тимурович

Родился в 1956 г. в Москве. Закончил экономический факультет Московского государственного университета. В 1991—1992 гг. заместитель председателя правительства РСФСР по вопросам экономической политики. В марте — декабре 1992 г. занимал должность министра экономики и финансов РФ и одновременно исполнял обязанности председателя правительства. С сентября 1994 г. — первый заместитель премьер-министра РФ. В 1993—1995 гг. председатель депутатской фракции «Выбор России» Государственной думы. Доктор экономических наук, директор Института экономики переходного периода, лидер общественно-политического движения «Выбор России».

Горбачев Михаил Сергеевич

Родился в 1931 г. в Ставропольском крае. Закончил юридический факультет Московского государственного университета и заочное отделение экономического факультета Ставропольского сельскохозяйственного института. В 1970—1978 гг. первый секретарь Ставропольского крайкома КПСС. В 1978—1985 гг. секретарь ЦК КПСС. В 1985—1991 гг. Генеральный секретарь ЦК КПСС. В 1990 — 1991 гг. президент СССР. Президент Международного фонда политических и социально-экономических исследований (Фонд Горбачева).

Гусинский Владимир Александрович

Родился в 1952 г. в Москве. Закончил ГИТИС. В 1985—1986 гг. заведующий художественно-постановочной частью Всемирного фестиваля молодежи и студентов и главный режиссер культурной программы для иностранцев Игр доброй воли. В 1988 г. создал кооператив «Инфэкс», ставший зародышем финансового холдинга «Группа "Мост"». Создал и возглавил информационный холдинг «Медиа-мост», включающий в себя телекомпанию НТВ, радиостанцию «Эхо Москвы», «НТВ-Плюс» и издательство «Семь дней».

Дьяченко Татьяна Борисовна

Родилась в 1960 г. в Свердловске. Закончила факультет вычислительной математики и кибернетики Московского государственного университета. Работала в КБ «Салют» и московском филиале АКБ «Заря Урала». В 1996–2000 гг. советник президента РФ Б. Ельцина по имиджу.

Ельцин Борис Николаевич

Родился в 1931 г. Бутке Свердловской области. Закончил строительный факультет Свердловского политехнического института. Занимал руководящие должности в областном партийном аппарате, несколько лет руководил Свердловским обкомом КПСС. В 1985–1987 гг. первый секретарь МГК КПСС. В 1989 г. избран членом Совета народных депутатов СССР. В 1990–1991 гг. Председатель Верховного Совета РСФСР. В 1991–1999 гг. президент РФ.

Клинтон Билл Уильям Джефферсон

Родился в 1946 г. в Хоупе, штат Арканзас. Закончил Оксфордский и Йельский университеты. В 1975–1978 гг. главный прокурор штата Арканзас. В 1979–1981 и в 1983–1993 гг. губернатор штата Арканзас. В 1993–2000 гг. президент США.

Коль Гельмут

Родился в 1930 г. Закончил Франкфуртский и Гейдельбергский университеты. В 1969–1976 гг. премьер-министр земли Рейнланд-Пфальц. В 1976–1982 гг. председатель фракции ХДС / ХСС в бундестаге. В 1982–1998 гг. федеральный канцлер Германии.

Коржаков Александр Васильевич

Родился в 1950 г. в Москве. Работал в 9-м управлении КГБ, преобразованном в 1991 г. в Главное управление охраны. В 1993–1996 гг. начальник службы безопасности президента. Генерал-лейтенант, депутат Государственной думы предпоследнего и последнего созывов.

Кравчук Леонид Макарович

Родился в 1934 г. в Ровенской области. Закончил экономический факультет Киевского государственного университета и Академию общественных наук при ЦК КПСС. В 1989–1990 гг. секретарь ЦК Компартии Украины. В 1990–1991 гг. председатель Верховного Совета Украинской ССР. С декабря 1991 по июнь 1994 г. президент Украины.

Крючков Владимир Александрович

Родился в 1924 г. в Волгограде. Закончил Всесоюзный заочный юридический институт и Военную дипломатическую школу МИД СССР. В 1988–1991 гг. председатель КГБ СССР. Генерал армии. В августе 1991 г. арестован как член ГКЧП. В феврале 1994 г. амнистирован постановлением Государственной думы.

Лебедь Александр Иванович

Родился в 1950 г. в Новочеркасске. Окончил Рязанское воздушно-десантное училище им. Ленинского комсомола и Военную академию им. М. В. Фрунзе. Служил в Афганистане. Генерал-лейтенант. В 1992–1995 гг. командовал 14-й армией в Приднестровье. В 1996 г. занял третье место на президентских выборах и указом Б. Н. Ельцина был назначен секретарем Совета безопасности РФ. В сентябре 1996 г. уволен в отставку. С 1998 г. губернатор Красноярского края. Лидер Российской народно-демократической партии.

Лужков Юрий Михайлович

Родился в 1936 г. в Москве. Закончил Институт нефтехимической и газовой промышленности. В 1987—1990 гг. первый заместитель председателя исполкома Моссовета. В 1991—1992 гг. вице-мэр Москвы. С июня 1992 г. мэр Москвы.

Немцов Борис Ефимович

Родился в 1959 г. С декабря 1991 по март 1997 г. губернатор Нижнего Новгорода. В 1997—1998 гг. вице-премьер, ответственный за социальную политику и реформирование жилищно-коммунального хозяйства. Лидер фракции «Союз правых сил» в Государственной думе.

Николай II (1868—1918)

Родился в 1868 г. В 1894—1917 гг. император. В марте 1917 г. отрекся от престола в пользу брата Михаила. В ночь с 16 на 17 июля 1918 г. расстрелян вместе со всей семьей в Екатеринбурге.

Примаков Евгений Максимович

Родился в 1929 г. в Киеве. Закончил Московский институт востоковедения. В 1962—1970 гг. работал в газете «Правда» корреспондентом по странам Ближнего Востока. Действительный член АН РФ. После 1985 г. входил в состав Политбюро ЦК КПСС и возглавлял Совет Национальностей Верховного Совета СССР. В 1991—1996 гг. глава Службы внешней разведки. В 1996—1999 гг. председатель правительства РФ. Один из лидеров фракции «Отечество» в Государственной думе.

Распутин (Новых) Григорий Ефимович (1864 или 1865—1916)

Родился в селе Покровское Тобольской губернии. Имел известность как «целитель» и «прорицатель». Основал секту христоверов. Оказывая помощь наследнику престола, больному гемофилией, приобрел неограниченное доверие императрицы Александры Федоровны. Оказывал влияние на внутреннюю и внешнюю политику Российской империи. Убит заговорщиками в ночь на 17 декабря 1916 г.

Руцкой Александр Владимирович

Родился в 1947 г. в Курске. Закончил Военно-воздушную академию им. Ю. А. Гагарина и Академию Генерального штаба им. К. Е. Ворошилова. Генерал-майор (1991), Герой Советского Союза (1988). Участвовал в боевых действиях в Афганистане и в 1988 г. оказался в плену в Пакистане. Освобожден в обмен на пакистанского разведчика. В 1991—1993 гг. вице-президент РФ. В октябре 1993 г. арестован как один из руководителей вооруженного выступления оппозиции. В феврале 1994 г. амнистирован постановлением Государственной думы. В 1997—2000 гг. губернатор Курской области.

Хасбулатов Руслан Имранович

Родился в 1942 г. в г. Грозном. Закончил юридический факультет Московского государственного университета. Член-корреспондент РАН. В 1990—1991 г. первый заместитель председателя Верховного Совета РСФСР. В 1991—1993 гг. председатель Верховного Совета РФ. С октября 1993 по февраль 1994 гг. находился под арестом как один из лидеров вооруженного выступления оппозиции. Амнистирован постановлением Государственной думы.

Черномырдин Виктор Степанович

Родился в 1938 г. в Оренбургской области. Закончил Куйбышевский политехнический институт. В 1982—1985 гг. заместитель министра газовой промышленности СССР. В 1985—1989 гг. министр газовой промышленности СССР. В 1989—1992 гг. председатель правления государственного концерна «Газпром». С декабря 1992 г. по март 1998 г. председатель правительства РФ.

Чубайс Анатолий Борисович

Родился в 1955 г. в Минской области. Закончил Ленинградский инженерно-экономический институт. В 1990—1991 гг. первый заместитель председателя Ленгорисполкома, главный экономический советник мэра Санкт-Петербурга. В 1991—1996 гг. председатель Государственного комитета по управлению государственным имуществом. В 1996—1997 гг. руководитель администрации президента РФ. В настоящее время председатель правления РАО «ЕЭС России». Один из лидеров «Союза правых сил».

Шушкевич Станислав Станиславович

Родился в 1934 г. в Минске. Закончил Белорусский государственный университет. Член-корреспондент АН Белоруссии. В 1991—1994 гг. Председатель Верховного Совета Республики Беларусь.

Юмашев Валентин Борисович

Родился в 1957 г. в Перми. Закончил факультет журналистики Московского государственного университета. Работал корреспондентом газет «Московский комсомолец» и «Комсомольская правда». В 1991—1995 гг. заместитель главного редактора журнала «Огонек». В 1996—1997 гг. советник Б.Н. Ельцина по взаимодействию со средствами массовой информации. В 1997—1999 гг. руководитель администрации президента РФ.

Явлинский Григорий Алексеевич

Родился в 1952 г. в г. Львове. Закончил Московский институт народного хозяйства им. Плеханова. В 1989 — 1990 гг. заведующий Сводным отделом экономической реформы аппарата Государственной комиссии Совета Министров СССР по экономической реформе. В 1990 г. заместитель председателя Совета Министров РСФСР, председатель Государственной комиссии по экономической реформе. С декабря 1991 г. руководитель Центра экономических и политических исследований («ЭПИцентр»). Лидер общественно-политического движения «Яблоко», депутат Государственной думы.

СОДЕРЖАНИЕ

Александр Рар

ВЛАДИМИР ПУТИН

«Немец» в Кремле

Редактор *А. Смирнова*
Младший редактор *О. Никанорова*
Художественный редактор *И. Суслов*
Технический редактор *Л. Бирюкова*
Корректор *Л. Логунова*

Налоговая льгота — Общероссийский классификатор продукции
ОК-005-93, том 2; 953000 — книги, брошюры

Лицензия ИД № 05480 от 30.07.01

Подписано в печать 19.12.01.
Формат 84×108^1/$_{32}$. Бумага офсетная. Гарнитура «Ньютон».
Печать офсетная. Усл. печ. л. 16,8. Доп. тираж 10 000 экз.
Изд. № 00-2360. Заказ №2707.

Издательство «ОЛМА-ПРЕСС»
129075, Москва, Звездный бульвар, 23

Отпечатано с готовых диапозитивов
в полиграфической фирме «Красный пролетарий»
103473, Москва, Краснопролетарская, 16